本书是宁波工程学院科研培育项目(编号: 2022TS20)和
2023年度国家教育部人文社会科学研究项目(编号: 23YJCZH033)的研究成果。

陈微 著

韩儒艮斋田愚心性思想研究

上海三联书店

总　序

《周敦颐理学研究丛书》的选题范围定位为周敦颐及儒家理学研究。

周敦颐的理学思想，主要体现在《太极图说》和《通书》两部著作中，可以视为一个比较核心的系列。其中《通书》初名《易通》，全称当作《易通书》，通论《易经》六十四卦，而合并为四十章，又糅合《中庸》之"诚"，形成一种《易》《庸》之学。而《太极图说》的主体应当是《太极图》，其《说》匹配其《图》，体例上属于上古图文之学，与《河图》《洛书》同一渊源。但《太极图》流传至今，受到雕版的限制，图形多有差异，宋本《太极图》的图形大约有两种类型，各有错讹，均不完备。而对于《太极图》的授受以及"无极"概念是否成立，南宋已有朱子与陆子的激烈辩论。自朱子、张栻以下历元、明、清、民国，对《太极图说》的注解极多，已构成一个专题系列。《太极图说》言"无极而太极""太极本无极"，就其独到价值而言，应当称为"无极图说"，"太极"是《易传》原有概念，"无极"才是周敦颐的独创，"无极"与"太极"的形上思辨应当是中古时期中国哲学的最大问题。

周敦颐的相关文献，有《濂溪集》《濂溪志》《濂洛关闽书》《近思录》《性理大全》等，并各自构成一个专题系列。《濂溪集》以及《周子书》分在集部和子部，理学部分则大致相同，宋、明、清时期多有编纂刊刻，近年已有影印集成。《濂溪志》是志书体的周敦颐专志，包括周敦颐的理学著作以及以濂溪祠、濂溪书院为中心的诰命、碑记和纪咏，明、清两代刊刻亦夥。《濂洛关闽书》及《宋四子抄释》是周敦颐、二程、张载、朱子著作选编的合集，而得名则受朱子所编《伊洛渊源录》的影响，这类文献也已构成了一个专题系列。《近思录》出于朱子与吕祖谦之手，卷一收录《太极图说》全文，此书传播极广，学子几于人手一册，而《太极图说》亦借以传播推广。《性理大全》为明儒奉敕官修，清代又有御纂《性理精义》，卷一均首录《太极图说》全文。朱子门人陈淳纂《性理字义》，蔡渊、黄榦弟子熊刚大纂《性理群书》，"性理"之名由是而起，明、清两代由于科举的推动，"性理"类读本层出不穷，推动了理学思想的社会普及，近年性理文献也有影印出版。此外，元儒、清儒都编有《濂洛风雅》，汇集理学家的诗作，可以视为理学诗的合集。周子后裔又汇编纪咏诗文为《濂溪遗芳集》，而在各种《周氏家谱》中也往往收录周敦颐的主要著作，可以视为《濂溪集》的别本。

《宋史·道学传》《宋元学案·濂溪学案》等书阐释了周敦颐在中国儒学史上的地位。周敦颐的思想学说经过朱子等人的阐发，再经史馆官修《宋史》的肯定，确定为理学的开山人物，居于濂洛关闽之首，"周程张朱"遂成为理学的正脉。而两宋理学与晚周时期的"孔曾思孟"同条共贯，与老庄道家之类同时并流，诸子十家均以唐虞三代"姚姒子姬"为总源。"姚姒子姬"是中国学术传统的经学、王官学形态，"孔曾思孟"是中国学术传统的诸子儒家形态，"周程张朱"是中国学术传统的理学、道学形态。"姚姒子姬"是中国学术传统的开端，"孔曾思孟"是中国学术传统的上古中兴，"周程张朱"是中国学术传统的中古中兴。中国学术传统上下绵历四五千年，屡踬屡起而不绝，其大纲谱系称为"道统",其详见于《伊洛渊源录》《道命录》《道南录》各书。

东亚各国,同文同伦。近数百年以来,理学在古代韩国、日本、琉球、越南的影响极大,古代韩国有《圣学十图》,以周敦颐《太极图》为"第一太极图",又有《太极问辩》、《太极书撰集辩诬录》,古代日本有各种《太极图述》《太极图说钞》《太极图说解》《太极图说谚解》《太极图说十论》以及多种《太极图》《通书》和《近思录》讲义。理学在时间上有纵向的展开,在空间上又有横向的展开。

理学、道学,义蕴弘深。"理学"又称"道学",又称"性理学"。推崇"理"而不推崇"欲",故名"理学"。推崇"道"而不推崇"物",故名"道学"。《书经》《道经》《论语》《荀子》四种文献俱载尧舜禹三圣心传"人心惟危,道心惟微;惟精惟一,允执厥中"十六字,前两句揭示"人心""道心"的难题,后两句指出"精一""执中"的对策,花开两朵,各表一枝,一面开出后世"道学"的源流,一面开出后世"心学"的源流。秦汉以后,汉学、宋学、理学、道学、心学,乃至实学、考据学,无一不在"道心""人心"的总纲上延展表现。

理学、道学自有其历史使命与当下意义。宋儒认为"人欲横流"是社会文明的大敌,"人于天理昏者,是只为嗜欲乱着他"。理学的精神宗旨萃集于《四书》,而其悲悯蒿目全在《乐记》一篇,所谓"夫物之感人无穷,而人之好恶无节,则是物至而人化〔于〕物也。人化〔于〕物也者,灭天理而穷人欲者也",恰似预言今日人欲横流之困局。

周敦颐(1017—1073),字茂叔,号濂溪,谥元,学者尊称濂溪先生、周濂溪、周元公、周子。北宋中期真宗、仁宗、英宗、神宗时期在世,曾任湖南郴县知县、桂阳知县及郴州知军,故有"三仕郴阳"之说。又在郴州授学二程兄弟,传《太极图》。为此,湘南学院于2022年6月成立周敦颐研究院,12月周敦颐纪念馆建成开放，2023 年获批湖南省社科研究基地，今年又有组织出版《周敦颐理学研究丛书》之举。

周敦颐的理学著作言简意赅，《太极图说》249 字，《通书》2832 字，其他如《爱莲说》119 字，《拙赋》65 字。学者阐发其哲学思想，或揭示其存世文献，不甚容易，非在义理上不厌其精、反复研磨，在文献上尽量扩充、不遗一言不可。

以"周敦颐理学"为主题的学术丛书是海内首次编纂出版。本丛书在已出著作的铨衡寔正方面，未出著作的选题推荐方面，均望得到学界同仁的关注和支持。

张京华

2024 年 3 月写于湘南学院

推荐序

此书我洙汀陈教授名微之博士论文也。呜呼！我艮斋老先生生乎朝韩之末而集群儒之大成，绰乎升堂接续夫圣贤道统之大儒也！

遥自尧舜孔孟以来，群圣群贤根乎天理而明夫人道，使之循理行道，此诚亘万世而必遵之心法也！大易《说卦》孔子曰："昔者圣之作《易》也，将以顺性命之理。"大哉至圣之言也！此片言十四字，展也劈破夫"性即理""心即理"之讼之神斧，而吾儒学之大本领也！既曰"顺性命之理"，而不曰"顺心灵之气"，则圣人顺性，佛氏本心，而为正异之别，恰若天壤悬绝矣！圣人之言，岂不畏乎？噫！自吾道不明，口诵孔子而心趋异学者，间或出焉，弃我"性即理"而顺性之正学，反取"心即理"而本心之异学，匍匐入于荆路茅塞我道学。呜呼！可胜叹哉！于以我艮翁老生远受孔朱栗尤之道学心法，瞭然明乎"性即理""心是气"底道器上下之分，创提"性师心弟""小心尊性"之新说，扶竖得数千年传来之吾儒正学，伟乎大哉其继启之功也！

我陈洙汀，中国湖南产也，尝受讲于湖南科技学院国学院院长张京华教授，仍受业于武汉大学欧阳祯人教授，又留学于韩国训蒙斋。我奇其鹏程，爱其聪敏，共吃疏食菜羹于深山中，而互相讲磨。及夫归国而取得博士于武汉大学，今为宁波工程学院教授，讲我儒学，何其壮哉！

昨冬仆受湘南学院之聘，与其青衿讲学于濂溪书院。陈教授与其何郎君抱乳子希哲驶车三千里而赴之，参于讲席，猗欤美哉！其殷勤之情，何可忘之？今将刊其论文册子也，远嘱夫玄晏文。余虽不文，顾于心乎爱矣之地，何忍辞之乎？并望其益加淬砺而达于左右逢源，拔乎为大硕学，振我儒学于神州，而为之序焉。

孔纪二五七五年甲辰仲春春分节，大韩国冠岳山翁金忠浩序。

目 录

绪　论

　　朝鲜性理学继承程朱理学，而又有独特发展，绚丽多彩，是韩国儒学的核心。正如林月惠教授所说："朝鲜时代（1392—1910）的性理学，前后发展 500 余年，诸多性理学者以朱子学为主轴，透过大规模论争的开展，对朱子思想辨析入微，而其义理的丰富性，超迈同时代的中国与日本朱子学者，呈现韩国儒学的在地化特色。故朝鲜性理学既是韩国儒学的核心，也是东亚朱子学的奇葩。"[1] 程朱理学在传播转化与诠释发展的过程中，既保持了根本属性，又具有地域特殊性，呈现出韩国儒学的个性形态。韩国儒学的独特性，归功于其论辩的传统。正如张立文教授所说："朝鲜李朝大儒通过核心话题的反复论辩，梳理盘根错节的生命情结，把朝鲜民族的理论思维推向高峰，涌现出一大批理论思想家，这是民族灵魂的所在。"[2] 正是在反复论辩中，儒学思想纷呈，大儒涌现，生机蓬勃，为一派繁荣景象。

---

[1]　林月惠：《艮斋学派与俛宇学派之思想异同及其特征——以田艮斋与郭俛宇的〈心说论辩〉为中心》，《艮斋先生의　学问과　思想》2018 年第 4 辑，第 552 页。

[2]　张立文：《中国与朝鲜李朝朱子学的比较及特质——以朱熹、退溪、栗谷、艮斋为例》，《社会科学战线》2017 年第 6 期，第 19 页。

心性问题是宋明理学的核心问题之一，心性论在宋明理学的范畴和理论体系中具有非常重要的地位。同样地，在韩国儒学中，心性论也是不能忽略的重要组成部分。朝鲜时代后期，栗谷学派（以艮斋田愚为代表）、华西学派、寒洲学派关于"心即理"与"心即气"等论题展开了广泛且长久的论辩，从而将韩国儒学的心性论推向了高峰。

田愚（1841—1922），字子明，号艮斋，又号秋潭、臼山。其人生经历可以分成三个阶段：求学问道，讲学论辩；颠沛流离，辗转于西海孤岛；守义自靖，隐遁继华岛。艮斋笔耕不辍，著作等身，主要有《艮斋私稿》《艮斋私稿续编》《秋潭别集》等。艮斋在儒道衰微、国家危亡之际，卫正斥邪，开淑后进，可谓朝鲜末期守卫儒道的殿军。他以"拗过天地之心"，践行"中华礼义之道"，以"基异日阳复之本"，其精神与日月同光。他以斯道为己任，继承栗谷学派，又开启艮斋学派，为韩国儒学的传承发展做出了重要贡献。

艮斋融汇程朱、栗谷的思想，建构了宏大而精密的思想体系，可谓朝鲜末期性理学的集大成者。其建立在独特体会基础上的心性思想，深通而精致，尤其值得关注。

艮斋心性论源于程朱思想而又有拓展。就性论而言，艮斋在"性即理"的基础上，发挥程伊川"圣人本天"与朱子"心觉原性"的思想，将"本性论"推展到极致。就心说而言，艮斋判定心属于气的位分，并进一步主张明德属于气而为心，道心亦属于气。就心性关系而言，艮斋创造性地提出了"性师心弟"的表述方式。艮斋心性论还来源于李栗谷的性理学思想，他在阐释、辩护栗谷"气发理乘""理通气局""理气之妙""理为气主""心是气"诸说的过程中，开展出独具特色的心性论体系。

艮斋心性论主要包括"性尊心卑""性为心宰""小心尊性""心本性""性师心弟"诸说。"性尊心卑"与"性为心宰"凸显本体，"小心尊性"揭示修养工夫，"心本性"与"性师心弟"既凸显本体，又揭示工夫。"性尊心卑"的含义有三方面：从本体论层面而言，性为形而上之道，心为形而下之器，性体心用；从道德价值层面而言，性理是纯粹至善的，心是本善的；尊卑指伦序，并非尊贵与卑贱的对立。艮斋对"主宰"作自然与能然的两重划分，而从源头处与流行处分别为言。由此，他将"性为心宰"的"宰"规定为自然的主宰，强调性对心的本原意义，彰显性理之为绝对价值标准。"小心尊性"巧妙涵化程朱"主敬"的修养工夫，意在通过主体之心自觉谦卑，以尊奉性理。"心本性"即心以性为本，有两方面的含义：一是"心原性"，性为心之本体依据；二是"心学性"，心应当尊奉、效法性。"心原性"是"心学性"的理论前提。"性师心弟"的含义可以分为两个方面：一是"性为心师"，强调性理作为准则的优先地位；二是"心师性"，强调主体之心尊奉、效法性理的能动功用。

艮斋笃守程朱、栗谷之学，旗帜鲜明地反对心学诸论。艮斋于心性论富有创见地提出"性尊心卑""小心尊性""性师心弟"诸说，正可以与王阳明"心即理""致良知""四句教"诸说相对应分析，以探究艮斋学与阳明学思想形态的差异，反观其各自的学理坚持。李华西倡导本心主理，将心的主宰能力归结为理，强调心理合一。艮斋严格分判性理与心的位分，主张心具性理，二者是性体心用的关系。华西以本心主理，是指向意义，艮斋关注的重点在于本心不能为理，是判定意义。李寒洲继承退溪学派的思想主张"心即理"，艮斋继承栗谷学派的思想主张"心即气"。寒洲"心即理"说强调本心的主宰，致力于解决道德实践的动力问题，指向通过道德修养工夫所达到的"心理合一"的境界。艮斋将寒洲"心即理"命题视作本体论概念界定，反对心具有本体论的尊位，强调性理为本体而心为妙用。

艮斋心性论的特色表现在三个方面：推尊本体之性，确保性理作为绝对准则的地位；界定主体之心，既肯定心的能动功用，又强调心的自觉谦卑、自觉反省、自我操持；创造性地阐述心性关系，用"性师心弟"的譬喻表达"性体心用"，主张性理为心的本原依据，心应当自觉尊奉性理。艮斋心性论的意义可以概括为四点：是程朱理学在韩国的创新发展；是栗谷性理学的延续拓展；是区别于心学的思想形态；是韩国现代儒学精神的源泉。

从韩国儒学史、思想史来看，韩国学界对朝鲜末期的义兵运动和改革派研究较多，对隐遁守道的儒士（以艮斋为代表）的关注较少，对守卫儒学道统的价值意义关注不够。直到20世纪90年代，韩国学界才逐渐开始对艮斋学的研究。由于艮斋学会及相关领域学者的推动，21世纪以来艮斋学研究蓬勃发展，成果丰硕。因为多种因素影响，中文学术界虽然已经注意到艮斋学的研究价值，但是目前关于艮斋学的研究较少，尚处于初始阶段。研究主要集中于艮斋的心性论、经学思想，以及艮斋与朱子、王阳明、华西学派、寒洲学派的比较。这些研究成果，具有十分重要的学术价值和意义，奠定了中文学术界艮斋学研究的基础。此外，这些研究论文大部分发表于艮斋学会主办的《艮斋学论丛》与《艮斋先生의 学问과 思想》刊物，表明中文学术界的艮斋学研究深受韩国学术界的影响。日本学界对艮斋亦有相关研究，如藤井伦明《艮斋对朱子思想的继承发展及其思想特征》《艮斋思想에서의 心과 性》等论文，还有小川晴久《艮斋田愚와 四七论辨》。总而言之，学界已注意到艮斋思想的学术重要性，进行了一定的研究。不过，正如韩国学者宋河璟所言："与艮斋田愚在其生存时代的社会地位和学问成就相比，对他个人的研究和介绍却大为不足。"① 关于艮斋，还有进一步深入研究的余地，并且，艮斋思想也有进一步研究的价值。

从本书的选题意义而言，笔者有四点期待。一、在一定层面上促进韩国儒

---

① （韩）宋河璟：《艮斋的生平与思想》，《艮斋先生의 学问과 思想》2014年第1辑，第57页。

学的研究。域外儒学研究，是儒学面向世界，面向未来的必要过程。韩国儒学绚丽多彩，具有丰富的学术资源，是东亚儒学乃至于整个域外儒学的重要组成部分。艮斋思想是韩国儒学的重要代表，艮斋学研究是理解韩国儒学的有效途径。二、丰富朱子学、阳明学研究的多样性。本书力图全面呈现艮斋的心性论思想，又探讨艮斋对朱子心性论的继承与发展，辨析艮斋与王阳明心性思想的差异，涉及中韩儒学的比较研究。三、扩大观察程朱理学的视野，挖掘、深化程朱理学思想的内涵，为程朱理学的进一步发展探索新的途径。艮斋继承发展程朱理学，而又在新的历史条件、思想境遇中，建立自己的理论体系。因此，艮斋学具有理学的共性，又具有地域的特殊性，是程朱理学在韩国的新形态。四、通过对艮斋心性论的探讨，寻求获得崇高精神的自我满足的有效途径，能够为现代人们的德性修养提供借鉴。笔者以为，面临当前道德困境，应当发掘儒学的真精神，焕发儒学的生命力，唤起儒学对人心的感召力，为当今时代人们的德性修养，探寻切合的途径。艮斋心性论强调对性理的尊崇以树立道德准则，既肯定心的主观能力，又警惕心的猖狂恣肆，是面向实践的学问，具有重要的现实意义。

第一章　学行述评

第一节　生平述略

　　田愚（1841—1922），初名庆伦，字子明，学者尊称艮斋先生，是韩国朝鲜时代末期大儒。"艮斋"之号，为其师任宪晦（1811—1876，号全斋）所赐，其《自志》曰："弱冠停身从师，师希阳翁（任全斋）写《艮·象辞》，为《艮斋箴》，既而再赐敦艮二字。"①《周易·艮·象》曰："艮，止也。时止则止，时行则行，动静不失其时，其道光明。"②"艮"的主旨在于"止"，"止"的关键在于"时"，行止不失其时则符合理义，不以其时则不合理。艮斋一生行谊，符合《艮·象》之义，也遵循了其师全斋以"艮"赐号的初衷和期许。艮斋系出潭阳田氏，潭阳别称"秋潭"，故自号"秋潭"，以寄寓思乡怀祖之情。其父母双亲合葬于臼山，因此自号"臼山"，以寄寓思亲之情。曾因有疾，自号

① （韩）权纯命、柳永善、吴震泳编：《艮斋先生年谱》，（韩）田愚著：《艮斋全集》第12册，大田：学民文化社，2011年，第472页。
② （清）阮元校刻：《十三经注疏·周易正义》上册，北京：中华书局，1980年，第62页。

"畏庵"，以寓警省。曾见肃斋赵秉德书中有"虚中无我"语，因此自号"虚斋"，任全斋为其作《虚斋铭》。

笔者结合社会背景，将艮斋的人生经历分成三个阶段：求学问道、颠沛流离、仁归华岛，以展现艮斋的心路历程。

一、求学问道："以敏底才，用钝底功"

1841年（宪宗七年），艮斋出生于全罗北道全州府青石桥。父亲是田在圣（谱中敬称为听天公），母亲是南原梁氏。艮斋天赋异禀，《年谱》称曰："始生，眉宇秀朗，高准大耳，清粹之气如瑞日美玉；稍长，风仪俊爽，语音低徐而响亮。"[①] 其聪明才智，早早显露。"才性绝伦，文理日就，识者知其必远到也。"[②] 艮斋九岁时，一日冬梅盛开，父亲令其作诗句，他即兴说："听雪鼓弦琴韵冷，看梅题句墨痕香"[③]。对仗工整而意境绝佳，其父惊叹不已。艮斋虽然有过人的天资，却更加用勤苦之功，遍读儒家经书。"记性绝人，过眼成诵，书十数行俱下，而用遵晦翁'以敏底才，用钝底功'。"[④] 少年时文采满腹，书法绝妙，志于道后即不流连于文章书艺。"是岁（十四岁），聚秃笔余墨各一箮，其勤苦如此！先生笔法入妙，为近世儒贤之最，而弱冠前已名振京师。自志学后，文章且不屑为，况字墨乎？"[⑤] 十四岁时，随其父移居汉城贞洞，后又移居三清洞及顺洞。十五岁开始，奉父亲之命，学习科举的课业，作时文而精熟。艮斋还与洛中才士八人结成书社共同学习时文，"文章大就，声闻蔚

---

① （韩）权纯命、柳永善、吴震泳编：《艮斋先生年谱》，（韩）田愚著：《艮斋全集》第12册，第465页。
② 同上，第466页。
③ 同上，第466—467页。
④ 同上，第467页。
⑤ 同上，第468页。

然"①。二十岁时，读李退溪文集，深受启发，知道时文之外有为己之学，遂志于道。概而言之，艮斋天资聪颖，勤奋好学，并且受到了非常良好的家庭教育。

1861 年，艮斋二十一岁，奉父亲之命，前往忠南牙山新阳拜全斋任宪晦为师。全斋对艮斋一见倾心，视为道统传人，对他说："天资清澈无一点尘气，吾于梅翁谬被是教，然终不敢当，而如君可以当之矣。"②梅翁，即全斋之师洪直弼（1776—1852，号梅山）。全斋在写给艮斋父亲的书信中称赞说："令胤天资近道，笃信好学，洵大受之器也。"③因为父亲身体状况不好，艮斋多次往返于汉城与忠南，兼顾孝道与学业。艮斋亦常常跟从全斋拜谒当时的硕儒名流，增进学识与阅历。1866 年，洋夷侵犯江都，"时全翁作诗遍示诸生曰：'二千余岁宣尼学，五百来年李氏臣。要无困跲宜前定，从古原无不死人。'先生服膺是训，常以李臣孔学为一大义，使子孙各记于名佩"④，可知艮斋严于华夷之辨，深受全斋影响。也可以说，全斋的精神气质，影响了艮斋晚年自靖守义的抉择。同年，全斋自新阳移居公州明刚，艮斋亦举家迁往明刚跟随。"自后逐日侍奉，性理经礼、出处语默，靡不讲质。"⑤

1867 年，艮斋二十七岁，其父亲与母亲先后逝世。据《年谱》记载："先生事亲有至性，视听于无形无声，志意所在，不待见闻而先喻，怡然承顺。梁孺人教先生必以义方，曰：'人心不乐，以有欲耳，苟能胜欲，自乐。'及先生欲废科为学，辄欣然许之，曰：'若苟志学，斯已幸矣，他何足问？富贵不可必得，惟愿子孙有贤孝行'。至是见背，哭擗号踊，哀动旁人，糜粥不进者累

---

① （韩）权纯命、柳永善、吴震泳编：《艮斋先生年谱》，（韩）田愚著：《艮斋全集》第 12 册，第 469 页。
② 同上，第 474 页。
③ 同上，第 475 页。
④ 同上，第 487 页。
⑤ 同上，第 488 页。

日，质素虚脆，观者危之。"①艮斋之母亲深明大义，给予艮斋义理之教，并且尊重其为学求道的选择。艮斋对双亲的孝顺挚情也感人至深，令人动容。

1870年，艮斋三十岁，奉全斋之命，仿照《近思录》的体例，撮取静庵赵光祖、退溪李滉、栗谷李珥、沙溪金长生、尤庵宋时烈五贤之书，编纂《五贤粹言》十四卷。《五贤粹言》的编纂，奠定了艮斋的学术基础，确定了其学术方向。

1873年10月，艮斋回复柳重教（1832—1893，号省斋）书信，探讨心性学问，从此开启了与省斋漫长的学术论辩。《年谱》曰："柳号省斋，李华西高弟，与先生道义相交，虚心讲贯，论心性、理气、太极、明德之说，十四年往复，凡累数万言。"②1874年4月，省斋再次拜访艮斋，《年谱》称："先生喜其声气相感，心肝洞澈，而相与数日讲论心理语，无所不到，而终未归一。"③艮斋继承畿湖学统，主张"性即理""心即气"，省斋继承老师李恒老（1792—1868，号华西）的观点，认为本心主理。艮斋与省斋持有不同的学术观点，持续辩论学术问题，可以说互相成就了彼此。

1876年正月，艮斋听闻朝廷与日本缔结修好条约的消息，忧虑重重而力陈预防策略。金平默（1819—1891，号重庵）希望全斋上疏斥和，"全翁举'不在位不谋政'之圣训以谢之，又据朱子'身不出言不出'之法门，尤翁'未嫁女不宜议夫家得失'之戒，而固守不动，确乎不拔。"④全斋虽然忧虑国家前途，但是作为在野之儒，固守儒门出处语默精义，而婉拒了重庵上疏斥和之意。重庵是华西高弟，"尚气节，好事功。语及倭好时事，而曰：'不可胶守常

---

① （韩）权纯命、柳永善、吴震泳编：《艮斋先生年谱》，（韩）田愚著：《艮斋全集》第12册，第489—490页。
② 同上，第502页。
③ 同上，第506页。
④ 同上，第513页。

法而恝然坐视'。"① 在出处问题上，全斋与重庵的思想有根本分歧，以至于重庵致书全斋而有讥讽之语。同年 9 月，重庵来访，与艮斋讨论时事与心性问题，艮斋赞成全斋之说，故二人的观点未能达成一致。

1876 年 11 月，全斋逝世。《年谱》曰："先生事全斋，恩义两尽，相视如父子，非但如世所谓师生者也。号哭如不欲生，心丧三年，尽其情礼。"② 艮斋作《祭全斋先生文》："不侈然自大之中，有蔚然经济之具者，先生也。嚣然自乐，而恻然有忧者，先生也。谓之柔则又似刚，谓之辨则又不间者，先生也。春阳之温，秋山之清，先生之气象也。涑水之诚，曾某之孝，先生之内行也。以言乎学术，则平生《大学》之书，定是有体而有用。以言乎出处，则虽潜龙之不可拔，还抱耿耿于中夜。以言乎尚友，则曰朱宋之默契，与葛陶之旷感。至于谈经说礼，酬世应物，则又皆行其所无事也。"③ 他高度赞赏全斋之人品与学术。艮斋也真正传承了全斋的学问精神，"为全斋之第一高弟"④。全斋逝世后，艮斋开启独自探索学术的漫漫长路。

1881 年 5 月，艮斋住吉祥寺读书。《年谱》："先生取其闲寂，宜讲书，前后多往山寺，或数月，或经年而归。"⑤ 全斋故去后，艮斋多住山寺读书，也经常拜谒同道学友，开展讲会。11 月，作《华西雅言疑义》。《华西先生雅言》十二卷，为金重庵与柳省斋汇编李华西讲学宗旨而成。李华西之说多认心为理，因此艮斋设疑问以讨论李华西的心说思想。

1882 年 8 月，除缮工监假监役官，即移监役官，不仕。同年 9 月，承传旨

---

① （韩）权纯命、柳永善、吴震泳编：《艮斋先生年谱》，（韩）田愚著：《艮斋全集》第 12 册，第 513 页。
② 同上，第 524 页。
③ （韩）田愚著：《艮斋集》，《韩国文集丛刊》第 333 册，首尔：民族文化推进会，2004 年，第 247 页。
④ （韩）李丙焘著：《韩国儒学史略》，首尔：亚细亚文化社，1986 年，第 316 页。
⑤ （韩）权纯命、柳永善、吴震泳编：《艮斋先生年谱》，（韩）田愚著：《艮斋全集》第 12 册，第 565 页。

升六品典设司别提，移拜江原道都事，不就。对此，《年谱》解释说："先生自以时局塞难，而才猷疏拙，前后除官并不就，亦不疏辞，实遵闵贞庵'除官无召不先进疏'之义，而出处语默之精于义，为先生平生大节也。"① 艮斋自从志于道，即废弃科举之业，专心于为己之学。虽然朝廷授予官职，艮斋也依据时势境况，选择婉言拒绝而没有接受。

1883 年，艮斋四十三岁，住闻庆深源寺，弟子数十人跟从学习。1884 年闰 5 月，住圆寂寺，崔命喜、权永巽等从学者三十余人。《年谱》称曰："先生学不厌，教不倦，循循雅饬，而使学者敦本务实，蔚然有邹鲁之遗风焉。"② 艮斋专心治学著述，教授后进，门人弟子日益增多。学舍不能容纳，因此经常携弟子入住山寺讲学论道。对此，《年谱》有详细记载，不一一罗列。

1884 年 6 月，艮斋听闻朝廷颁布变更衣服制度而改用狭袖的命令，艮斋要求子弟门人严守旧规，并且论述说："义之所不可，君命亦有所不能曲从。位在搢绅者，陈义以谏而不见听，则终于去已矣。身处草茅者，守礼自靖而律以犯禁，则致其命已矣。言虽不行于一时，身虽见歼于当世，而其所守之道，犹可得行于百载之下矣。盖世治则教出于君，世乱则教立于士，士虽贱，君虽贵，而其随时之污隆而维持天常纲纪人道之权，则初不以位之尊卑有所加损焉，而士之责任如是之重，其所执之义有非君上之所能夺也明矣，岂可苟乎？"③ 艮斋严防夷夏，认为古人所定衣制是华夏礼仪的象征，不可随意更改。狭袖代表夷文化，阔袖代表华夏文化，艮斋对衣制的坚持，就是对华夏文化的坚守。通过对衣制的坚持，艮斋也指出儒士对道的护卫，超越现实地位的尊卑。从艮斋的这段论述，可知当时已然为乱世，而他自觉担当起卫道的

---

① （韩）权纯命、柳永善、吴震泳编：《艮斋先生年谱》，（韩）田愚著：《艮斋全集》第 12 册，第 575 页。
② 同上，第 579 页。
③ 同上，第 584—585 页。

职责。

概而言之，艮斋第一阶段的人生，自 1841 年至 1893 年，主要是求学问道，讲学论辩。艮斋二十岁前一直接受儒式家庭教育，二十一岁至三十六岁，跟随全斋学习。全斋逝世后，艮斋开启独自探索学术的漫漫长路，而后逐渐有弟子从学。

二、颠沛流离："万劫终归韩国士，一生窃附孔门人"

1894 年，朝鲜爆发东学党事件，日本趁机占领朝鲜。在日本的胁迫下，朝鲜启动近代化改革，史称"甲午更张"。同年 7 月，除授司宪府掌令，亦不就。8 月，艮斋移居台三之上流万籁山下，将居住的村落命名为李臣村，将自己的居所命名为孔学堂，表明尊奉朝鲜国君以及信仰儒学的心志。随着社会的巨大动荡，国家的危亡，艮斋的人生也偏离了原来的轨迹，逐渐走上了一条孤寂、艰难的道路。

1895 年 3 月，亲日开化派朴泳孝以艮斋为守旧党魁而妨碍开化改革为理由，上奏高宗请求杀害艮斋，高宗未允许。同年 6 月，除授顺兴府使，艮斋因为逆臣的奏荐，誓死不出。10 月，发生乙未事变，明成皇后（闵妃）惨遭杀害。艮斋作《示诸君》，阐述出处之道，曰："近日之变，万古创见。昨秋以后时义，以愚浅见言之：身为大臣者，虽在原任与休退之列，不可不出而明大义以讨逆贼；其在将帅监兵之任者，不待请命于主上而整军旅以击逆贼。此天理民彝之所当然而不容已者。侧听久之，迄未有一人起而诛之者，岂可曰国有人乎哉？……今日事，不啻如鱼烂，纵有贤能者当之，毕竟收拾不上，只有一败而已。然仁人者，'正其义，不谋其利。明其道，不计其功'，理之所在，为之而已。成败利钝，岂可豫料而为之前却也哉？我辈人，只有讲前圣之道，守先王之法，以庶几扶竖得已倒之太极矣。是为'素夷狄行乎夷狄，素患难行乎患难'底义谛，愿与诸贤共勉焉。"① 面对国家受辱，国母遇害，艮斋指出作为大臣应该提出诛讨逆贼，作为将帅应该率军攻击逆贼，但是令人失望的是没有大臣、将帅这样做。国家运势不可逆转，但是儒士应当秉持天理而行，知其不可为而为之。具体而言，儒士应当做的就是讲明圣贤之道，遵守先王之法，守卫儒道，以期挺立将要倾倒的国家。12 月，见到朝廷颁布的窄袖剃发公文。艮斋训诫子孙门人深衣幅巾，誓死守义，并且将学生的居室命名为"守善社"，寄寓守死善道之意。

1896 年 10 月，艮斋移居泰安洙沧，门人沈能淡、全弘、孟冕述、李绚雨等举家搬迁而跟从。门人崔命喜在泰安建立洙社，学友聚集。这一年，艮斋有浮海的意愿，先派遣弟子沈能淡、全弘在安民岛寻找合适的地方，于是先移居洙沧，为入岛作准备，最后未能完成。1897 年，艮斋五十七岁。是年，为高宗皇帝光武元年，朝鲜改称"大韩帝国"。国家的局势愈加动荡不安，艮斋作为在野之儒士，只有授徒讲学，辨析义理，守护儒道。

1901 年 6 月，艮斋作《心本性说》。《年谱》评价说："从上群圣所传，固皆是心本性、心学性之义，而无有立文发明者。至先生，特患世儒认心为理、不以性为本之误，苦心至诚，阐发蕴奥，以立万世学的，平生受用，教诲后人，左右逢源，大有功于圣门继开之业矣。"② 艮斋终其一生都在探讨心性问题，而思考日益深厚，"心本性"的思想，是其心性论的重要主旨。8 月，艮斋作《〈自西徂东〉辨》。《自西徂东》，德国传教士花之安撰，全书分仁、义、礼、智、信五集，共七十二章，光绪十年（1884）香港中华印务总局初版。对于《自西徂东》，《年谱》说："德国花之安所编西教之书，以其习染之性，加

---

① （韩）田愚著：《艮斋集》，第 336 册，第 382 页。
② （韩）权纯命、柳永善、吴震泳编：《艮斋先生年谱》，（韩）田愚著：《艮斋全集》第 13 册，第 2 页。

以淹博之识，捭阖之文，出入吾经传子史，摘得近似之语，以饰其妄诞之术。"① 艮斋以华夏文化为本位，面对异质文化的冲击，作出护卫儒学、辞辟邪说的回应。可见，艮斋并不是封闭的乡野之儒，而是面对现实世界，具有宽阔眼界的鸿儒。

1905 年 10 月，艮斋听闻在日本胁迫下签订《乙巳条约》的变故。据《年谱》记载："日虏犯阙胁约，上再三峻拒，至谓宁殉社稷，决不认许，而逆臣李完用、李址镕、李根泽、权重显、朴齐纯等私相认准。"② 11 月，艮斋上《因变乱疏》③，请求斩杀胁迫签订条约的逆臣贼子。《因变乱疏》曰："弃吾礼义之正，而藉彼仇敌之力，则平和决不可永远，皇室决不可尊严，此陛下所以再三峻拒，而至谓宁殉宗社，决不认许者也。於乎！伟哉！此实天下古今直上直下之正理也。……伏乞陛下亟斩当日捺章诸贼之头，悬诸宫门，以泄神人之愤。仍将虏使渝盟越法、勒兵胁约之罪，布告天下，而共摈斥之。又宜招延英俊贤能之士，与之励精图治，卧薪尝胆，期以扶植纲常，誓雪仇耻。幸而得成，则宗社臣民之福也。不幸而败，犹足为得正而毙矣。岂不愈于屈辱而苟存乎！"④ 批旨曰："省疏，具悉尔恳，嘉乃之言。"⑤ 政治局势的复杂与各方势力的争斗，岂是艮斋一区区儒士所能左右，因此，虽然有批旨，但是朝廷并没有采取实质性的措施。11 月，军部大臣尹雄烈拜访艮斋。据《年谱》记载："尹自谓：'国事罔极，欲闻道理，仍请先生警谕国人，使人心不死'云云。"⑥ 鉴于国事沦落、人心涣散，艮斋作《奉同国人立誓》，呼吁："凡

① （韩）权纯命、柳永善、吴震泳编：《艮斋先生年谱》，（韩）田愚著：《艮斋全集》第 13 册，第 3 页。
② 同上，第 47 页。
③ 华岛本《艮斋私稿》正文标题及目录均作《因变乱请斩诸贼疏》。
④⑤ （韩）田愚著：《秋潭别集》，《艮斋全集》第 9 册，大田：学民文化社，2011 年，第 13—14 页。
⑥ （韩）权纯命、柳永善、吴震泳编：《艮斋先生年谱》，（韩）田愚著：《艮斋全集》第 13 册，第 54 页。

我搢绅士民，宜皆沫血饮泣，腐心切齿，以为我是三千年孔教之人，五百载李氏之臣，死当为天地之明神，誓不作仇虏之臣妾。目前只见得《春秋》义理之重，不知有刀锯鼎镬之威，纵缘势弱力诎，而不能行诛讨兴复之举，然苟能以是存心，以是终身，亦以是传世，庶几神明助顺，得可为之机而成其志，则可以归报先王矣，可以下见前圣矣。其或命道益穷，值必死之地，而全其节，犹足以不负帝衷矣，犹足以不辱遗体矣。斯乃为拗过天地之心，斯乃为中华礼义之道。"① 作《告世文》，强调伦理纲常。作《警世文》，谴责变服剃发。作《乱极当思》，曰："今我于寿夭能不疑贰，惟修德守道，静以俟之。当生则生，当死则死，胸中多少洒落，直与太平无事时一般。"② 作《乱中工夫》，曰："心之识察持守，能不自用，而常要根极于性命之理，则奴隶之耻，誓不肯受，死生之变，视同朝暮矣。"③ 作《临乱问答》，阐述义理重于形气的出处之道。

1906 年 4 月，艮斋听到崔益铉（号勉庵）举兵起义的消息，对诸门生说："国家大乱，勉庵忘身勤王，我则处地虽殊，讲学无异平日，于义未安。"④ 于是他继而写文鼓励支持，派遣门人金泽述及孙子田镒健传送书信。可惜因崔益铉已经出发，书信未能送达。艮斋《与崔勉庵》曰："忽闻洪州义旅之声，不觉感奋鼓勇之至，继而又闻台监见方召募兵丁，而已发陈行。《易》所谓'师贞丈人吉'者，可谓今日准备语也。以若忠肝义胆，激厉壮士，将有云集风驰之势。……愚也窃附斯义，日夜默祷义旅之日振，寇贼之日蹙，期于扫清世界，而奠安宗社矣。"⑤ 台监，即崔益铉，是义兵运动主要领导人之一。在国家

① （韩）田愚著：《秋潭别集》，《艮斋全集》第 9 册，第 241—242 页。
②③ 同上，第 246 页。
④ （韩）权纯命、柳永善、吴震泳编：《艮斋先生年谱》，（韩）田愚著：《艮斋全集》第 13 册，第 63 页。
⑤ （韩）田愚著：《艮斋集》，第 336 册，第 347 页。

危难之际，艮斋以儒士的身份选择隐遁讲学，以保存、积蓄国家复兴的力量；崔益铉则集结义士，开展实际的反抗运动。他们爱国、忧国之情是相同的，只是选择了不同的方式而已。艮斋时刻关注着义兵运动，日夜默祷，希望获得胜利。对于艮斋隐遁讲学而未直接参与义兵运动，其门人柳永善说："先生之入海避世，欲置理乱于不闻之地，世人之或以为未合中者，此是识未到而然。尔如何强令知之？昔年，宋心石丈与先生书云：'执事以抱经痛哭、入山枯死八字，高揭楣上，真斯世洁身之元符，实获我心，不胜钦叹。宋某见崔参奉，问："世人病我师不起义，其言何如？"答云："艮斋处地与吾先人异。惟教诲后进，使知华夷之辨，而不至沦胥，乃其职也。"'此二公，即渊丈之弟，勉丈之子，而其言如是，岂非公论乎？"① 宋秉珣（号心石），为宋秉璿（号渊斋）之弟。崔参奉，即崔永祚，为崔益铉之子。宋秉璿与崔益铉都是义兵运动的核心人物，而他们最亲近的人对艮斋守义自靖的抉择给予了高度赞赏与肯定。韩国学者琴章泰认为艮斋的思想并非消极的，指出："也许他会因为只尽自己的本分专注于讲学，缺少积极行动而受到谴责。但是从另一个角度看，义兵活动的外向性与自靖守善的顽固性就像阴阳关系一般，在这种时代状况下具有两面性，二者是相互补充、相互作用的。"② 认为艮斋的守义自靖保存国家精神，义兵运动进行现实抗争，从国家的长远发展来看，二者具有互补的作用。

1907 年，高宗退位，纯宗受禅即位为"大韩帝国"第二任皇帝，也是末代皇帝。朝鲜沦为日本的保护国。8 月，艮斋再次计划浮海之事，前往安民岛考察流亡之地，不过并不如意。1908 年正月，艮斋告先祠传家于长孙田镒孝。一则以年龄渐长，身体衰弱；二则意欲隐遁于山海之间，不能按时归家祭奠。此

---

① （韩）柳永善著：《玄谷先生文集》，韩国文集编纂委员会编：《韩国历代文集丛书》第 352 册，首尔：景仁文化社，1999 年，第 78—79 页。
② （韩）琴章泰：《艮斋学在韩国思想史上的地位》，《艮斋先生의 学问과 思想》2014 年第 1 辑，第 198 页。

时，艮斋下定决心归隐，因此安排家事。9 月，乘桴入智岛之北眺嶝岛，门人金教润、金淇述从行。艮斋作七言绝句《浮海》（"南蛮鴃舌银三等，东鲁麟经泪万行。旧日太华山里客，飘然一棹入沧溟。"①）表明入山海之间隐遁的心志。1909 年 4 月，入居沃沟之君山岛龟尾村，朴正瑞及门人金钟熙、柳永善从行。7 月，门人申洪均、金钟熙、柳永善斫薪累石，备经艰辛，筑土室三间，建成安阳书室。艮斋与门人聚集于此，讲学论道。

1910 年，艮斋七十岁。7 月，日本迫使韩国签订《日韩合并条约》，解散"大韩帝国"政府，设立"朝鲜总督府"，史称"庚戌合邦"。自此，朝鲜半岛沦为日本殖民地。8 月，艮斋闻知合邦之变，痛愤不欲生，率门人入山痛哭，数日夜不止。艮斋寝食俱废，哽咽气塞，门人都交相劝慰："先生入海守道，讲明大义，以扶线阳于既坠，实今日天地圣贤之所望于先生也，愿加详审十分精义。"②艮斋痛哭说："吾自乙巳以后，断以入山浮海，欲置理乱于不闻之地，而遭此罔极之变，痛迫欲死，何惜投海，但未知精义何如。"③艮斋制定更加深入西海孤岛的计划，于是从君山岛再迁到眺嶝岛。门人申允中、权纯命及孙田镒精等从行，门人田玘镇、金钟熙、南轸永、柳永善等亦稍后跟从。心如死灰的艮斋发誓不再踏出海外一步地，并且给儿子田敬九寄书信，令他置办寿衣。

1911 年 11 月，日本警务部高等军官秘密前往眺嶝岛，拜谒艮斋，见书房内的墙壁上悬挂着"万劫终归韩国士，一生窃附孔门人"④对联，称赞艮斋高风亮节，是真正的韩国儒士。艮斋以自己的处义精神，赢得了日本人的尊重。

---

① （韩）田愚著，柳永善编：《白山风雅》卷 2，光州：重川出版社，1965 年，第 12 页。
②③ （韩）权纯命、柳永善、吴震泳编：《艮斋先生年谱》，（韩）田愚著：《艮斋全集》第 13 册，第 92 页。
④ 同上，第 100 页。

三、仁归华岛:"中流谁砥柱,孤竹独清风"

1912 年 3 月,艮斋又从睢嶝岛迁回君山岛的安阳书室。9 月,从君山岛迁居扶安继华岛壮子洞,门人金钟熙、权纯命、柳永善及孙田镒精从行。1913 年 2 月,定居于继华岛阳里,将讲舍命名为"继华斋"。艮斋多年辗转西海孤岛之间,最终定居继华岛。"继华岛"原名"界火岛",宋炳华(号约斋)因为音相同而改名"继华",以寓继承中华文明之志愿,简称"华岛"。艮斋定居继华岛后,再未踏足被日本人统治的内陆土地,一直在这里持守道义,而跟随从学的弟子日益增多。5 月,艮斋与弟子们登丹心台,有诗曰:"丹心客上丹心台,纵有丹心孰与开。休道丹心知者少,丹心祇恐死如灰。"① 艮斋与门人相与品题而赋咏,一起开创了继华岛的人文胜景。继华岛十胜景有:望华山、超然台、丹心台、清风台、千仞冈、水月潭、濯足滩、砥柱峰、朝宗浦、咏归岩。宋约斋使成玑运刻"中流砥柱,百世清风"八字于继华岛岩崖,以拟艮斋之风节。艮斋闻之,命令撤除,并作小诗曰:"中流谁砥柱,孤竹独清风。寄语精庐士,为余谢约翁。"② 他不居功劳,而以高洁的精神自傲。

1914 年,艮斋七十四岁。《年谱》称:"盖先生以朱宋正学,箕孔出处,晚年望专一国,道高天下,四色共尊,华夷同慕。故虽国亡君废,异教滔天,而犹此闻风执帚者,南暨济州,北薄间岛,海门堂室,归者如市,继之以筑室成村,此盖旷古所罕有者也。"③ 艮斋隐居继华岛后,讲学论道更加勤恳,学逾进而德逾高,闻风而来学者众多,讲社不能容纳,诸门生前后几年间相继筑室。权纯命筑勉学堂,成玑运筑扶阳斋,柳永善筑时敬斋,金钟熙筑强学堂,金宗中筑惜阴斋,赵瀚奎筑葆真斋,金龟洛筑困学堂,赵济元筑永华斋。在艮斋的

---

① (韩)田愚著,柳永善编:《白山风雅》卷 2,第 16 页。
② (韩)权纯命、柳永善、吴震泳编:《艮斋先生年谱》,(韩)田愚著:《艮斋全集》第 13 册,第 107 页。
③ 同上,第 112—113 页。

精神感召下，继华岛逐渐成为人文荟萃之地。这一现象，可以遥望舜帝之时。"舜耕历山，历山之人皆让畔；渔雷泽，雷泽上人皆让居；陶河滨，河滨器皆不苦窳。一年而所居成聚，二年成邑，三年成都。"① 这都是受道德精神的感召而人心聚集的盛景。

1916 年 9 月，艮斋与弟子们登上望华山绝顶，作《次农岩九日登高韵》："万丈峰头绝点尘，黄花素月遇佳辰。一樽感慨无穷泪，大界遨游自在人。试看迂儒豪兴发，枉教壮志鬓毛新。巢由犹隐唐虞世，莫问烟波老幅巾。"② 这首诗充分表达了艮斋晚年隐遁继华岛的心境。国家被占领了，内心感慨无限，但还是追求精神的自由。虽然被视为顽固迂腐的老儒，但是心中的志向依然坚定，不输年轻的壮士。唐尧、虞舜所处的盛世尚且有贤士隐居，况且是身在乱世中的一介老儒呢？艮斋隐遁的抉择不被理解，遭受开化派与时务派的误解、诟骂、威胁，他只能孤苦自持。

1918 年 6 月，扶安郡守尹寿炳以艮斋不入籍为理由，招艮斋之孙田镒孝。艮斋作《书示镒孝》曰："吾以韩国遗民，岂肯入籍于他邦。……吾七十年学道，正为今日用，若不能忍一时之死，将蒙垢受污于万世，岂肯二心以负腹中诗书乎？吾之姓名，天下皆知之，彼若自写以为之，则非吾之所知，汝虽死，不可捺章。"③ 他表达了誓死守义的意志，告诫田镒孝虽死不可捺章。艮斋虽然隐遁孤岛，但是因为德高望重，被视为儒门标杆，因此也常常遭受逼迫与骚扰，艮斋只得以死相待。12 月，光武皇帝暴崩，艮斋率领诸门生举哀成服。据《年谱》："先生痛愤仇怨，痛哭为日，如不欲生。"④1907 年高宗禅位给纯宗，

---

① （汉）司马迁撰：《史记》第 1 册，北京：中华书局，1959 年，第 33—34 页。
② （韩）田愚著，柳永善编：《白山风雅》卷 2，第 34 页。
③ （韩）田愚著：《艮斋集》，第 336 册，第 232 页。
④ （韩）权纯命、柳永善、吴震泳编：《艮斋先生年谱》，（韩）田愚著：《艮斋全集》第 13 册，第 143 页。

因此有言论认为不应当为旧君服孝，艮斋则坚持认为当用三年之服。这也是艮斋对礼义的坚守。

1919年，岭南学派金昌淑推举自己的老师郭钟锡（号俛宇），并主导了巴里①长书事件。据《艮斋先生年谱》及《石农年谱》记载，艮斋门人孟辅淳（字士幹）等亦推举艮斋为代表开展向巴里万国和平会议②发送长篇请愿书的运动。门人吴震泳屡次恳请，艮斋起初答应了，于是命吴震泳草拟公函，携带其印章前往庆尚南道镇海与李秀洪商议。不过，李秀洪因为万岁事件而被捕入狱，因此吴震泳只得折返。之后，因为巴里长书事件脱离了艮斋的预期，于是他拒绝署名。关于拒绝署名的原因，艮斋在己未年（1919）所作《答孟士幹》中有详细的说明。他说：

> 遣书后，分明复得李氏宗社而不许统领名色，分明立得孔子道教而扫除耶稣邪术，分明洗得君父之冤，分明驱得仇仇之夷，分明禁得髡首之制否？凡此数事，皆所以使环东土亿万人士得免为禽兽者也。诸公于此，果可以担保而不少疑虑否？如此则可以从命而身作万段，亦且含笑而入地矣。万之一未然，是诸公之劝署名，究不过为一时之名而为之，不过为一身之祸而为之。是岂吾儒平日居敬致知之本意耶？诸公之志义虽高，而区区陋见如此，决不可以替署贱名也。③

艮斋以道为重，严防华夷，认为如果巴里长书能够恢复国家的主权，能够恢复孔教而摈斥耶稣之教，能够洗刷冤屈而驱除侵略者，能够恢复先圣礼教制

---

① 即今法国巴黎，本文依韩国儒林的旧译名。
② 即巴黎和会，1919年第一次世界大战后协约会议。
③ （韩）田愚著：《艮斋集》，第334册，第66页。

度，则愿意署名，即使为此牺牲性命也欣然奔赴。但是，巴里长书的实际诉求却与艮斋的预期意图截然相反，只能获得一时之名，招惹一身之祸。如此，则只是胡乱妄动，不符合理义，不符合中道。因此，艮斋拒绝署名，即使背负骂名，也坚守理义正道。

艮斋署名与否的反复态度，招致了很多的批评，不过也得到了一部分人的理解与支持。艮斋《答崔锡胤》曰：

> 苟得复辟，寄书远人，虽极难安，区区迷见，不惜一身之死，而初欲为之。既而闻之时人之意，不在复辟而却主共和，不在尊孔而乃在西术，然则君臣之义，圣贤之教，一切废置而后已，已不可为矣。且闻茶公国未及复而身先为夷，则尤不敢生意矣。于是时人谓之反复而恶詈之，至有不堪闻之言矣。今承崇谕，谓华翁而在者，只有杜门自靖，以待天下之清而已，决不与世俗之人同浴矣。据此以观之，使其门下诸贤而当之，亦必无他道。区区者于是乎可以自信而无惧矣。①

艮斋起初答应署名，是出于爱国、忧国、救国的热烈感情，以为巴里长书能够恢复国家政权与儒学礼教。得知巴里长书的意图在于主张共和制度，引进西方思想，并且其主导者已经深受西学影响，艮斋坚决反对署名。对于世人的漫骂，崔永祚（字锡胤）认为在当时的情势下，即使是宋时烈（号华阳、尤庵）在世，也只能选择"杜门自靖"，所以艮斋的选择无可厚非。宋时烈严防华夷，是持守义理的象征，所以崔永祚引其以论述守义自靖的正当性。

1922 年 7 月，艮斋逝世，享年八十二。9 月，葬于全北益山玄洞后麓艮坐

---

① （韩）田愚著：《艮斋集》，第 334 册，第 36 页。

之原。据《年谱》："门人知旧加麻而从者二千人，观葬者六万余人。题主不书官衔，只书'处士'，亦治命也。"① 一代哲人，与世长辞，正如艮斋之诗句"孤竹独清风"，最终，这一簇孤竹，化作一缕清风，飘散于天地之间。

艮斋逝世后，门人弟子持续开展纪念活动。1930 年，享安阳祠，泰安门人崔钦等建祠，行释菜礼。1934 年，享继阳祠，湖南门人金益容、李起焕等就继华岛靖献遗址立祠，行释菜礼。1937 年，奉安影真于智异山之白云精舍，岭右门人韩升等朔望瞻拜，春秋会讲。1940 年，岭右门人田玑镇等与士林共同建成宜山书堂，奉安影真，朔望瞻拜。德星书院与台山祠，至今仍供奉艮斋及其他儒贤，春秋祭祀。训蒙斋山长金古堂（艮斋再传弟子），至今仍朔望瞻拜、焚香奉省。现今继华岛清风台上有石碑刻"砥柱中流，百世清风"八字，以传扬艮斋之风节。

艮斋的一生，也是朝鲜遭受侵扰、磨难的时期，正如琴章泰所说："26 岁时丙寅洋扰（1866），33 岁时辛未洋扰（1871），36 岁时开港（1876），42 岁时甲申政变（1882），54 岁时甲午更张（1894），55 岁时乙未事变和断发令（1895），65 岁时乙巳条约（1905），70 岁时庚戌合邦（1910），79 岁时 3.1 万岁运动和儒林团巴里长书事件（1919）。"② 如此艰难痛苦的经历，使艮斋内心备受煎熬，也铸就了其高拔的人格精神。

艮斋的人格精神与人生抉择得到了后学的认可与称赞。艮斋门人吴震泳所作《白山先生状略》称："其卫辟继开之功，固莫竞于万世，而出处语默，粹然一出于圣贤，使道之统绪，确有所传。"③ 艮斋门人柳永善所作《墓碣铭》

---

① （韩）权纯命、柳永善、吴震泳编：《艮斋先生年谱》，（韩）田愚著：《艮斋全集》第 13 册，第 166 页。
② （韩）琴章泰：《艮斋学在韩国思想史上的地位》，第 191 页。
③ （韩）田愚著，吴震泳编：《白山先生四书讲说》，（韩）田愚著：《艮斋全集》第 9 册，大田：学民文化社，2011 年，第 673 页。

曰："先生身值天地翻覆，岛夷猖獗，君上幽废，圣贤污蔑，而忍痛含冤，沫血饮泣，窜身绝海，开淑后进。"① 在国家危亡的情势下，在开化浪潮的席卷下，在儒道衰微之际，面临国家大势已去的无奈境况，艮斋以"理"为判断标准，以超越的高明见识，最终选择遁世守道，守义自靖，护卫孔孟圣贤之道，使道学得一线之存续，功莫大焉。

现代学者也赞赏艮斋的人格精神，充分肯定了他在韩国思想史上的地位。张学智教授说："艮斋以壁立千仞的意志，以独支倾厦的绝人勇力，以得于孔子、朱子及退溪、栗谷、尤庵三大儒所镕铸成的学养，为韩国精神价值之保存，为民族文化之延续与发扬，做了最后的抗争。"② 吴光教授说："今天对于艮斋先生的文化保守主义应作出历史主义的分析与评价，应该充分肯定其反抗民族压迫，坚守君子人格，高扬儒家道德人文精神的思想贡献，而不能简单地将他归入反对'开化改革'的保守派行列。"③ 韩国学者宋河璟说："对于纯粹的儒学者和性理学者，只是以义兵运动为尺度来讨论、评价其是非也不见得就是合理的。在天崩地裂的极度艰难情况下，默默地讲论学问和义理、培养后学的事情不亚于持刀枪与敌人战斗，同样是珍贵而伟大的。"④ 并且，他论断："艮斋是朝鲜朝最后一位坚守儒学传统和道统的巨儒。"⑤

不过，韩国现代学界也延续着对艮斋的批判。这种批判应该是源于玄相允

---

① （韩）柳永善撰：《墓碣铭》，（韩）田愚著：《艮斋全集》第 13 册，大田：学民文化社，2011 年，第 261 页。
② 张学智：《朱子与艮斋的经世思想》，《艮斋先生의 学问과 思想》2014 年第 1 辑，第 339 页。
③ 吴光：《艮斋历史精神的继承与发展》，《艮斋先生의 学问과 思想》2014 年第 1 辑，第 533 页。
④ （韩）宋河璟：《艮斋的生平与思想》，《艮斋先生의 学问과 思想》2014 年第 1 辑，第 58—59 页。
⑤ 同上，第 70 页。

《朝鲜儒学史》。① 玄相允的激烈非难，导致学术界对艮斋处世观的研究都停滞下来，并且把他的非难之言当作一种评价的共识标准。② 这是研究艮斋思想需要面对的局面。

概而言之，艮斋是坚定的卫道士，以"拗过天地之心"③，践行"中华礼义之道"④，守护符合中道的圣贤之学、华夏文明。他知其不可为而为之，其心其情，感天动地。艮斋常常被视为文化保守主义者，但这种坚守，并不是性格顽固所致，也并不是思想迂腐所然，而是面对现实的无道，对圣贤之道的再次坚定确认，对华夏文化的坚决护卫，是思想层面的深刻理解。在同情理解的基础上，我们或许能够探寻到艮斋坚守的华夏圣贤之道的恒久意义与现实价值，感受到他的良苦用心和自我持守精神。

第二节　著作述要

1906 年，艮斋六十六岁，门人金骏荣⑤ 等开始搜集整理艮斋的草稿。1912 年，艮斋七十二岁，门人成玑运、权纯命、柳永善等进一步搜辑艮斋著作，艮斋删除削减为二十五卷，删除后留存的内容只有艮斋所著的十分之一。1913 年，艮斋觉得删改之后的内容还是过于繁杂，因此拜托好友宋约斋进行校正删除。1921 年，艮斋八十一岁，门人权纯命、柳永善又搜辑艮斋 1912 年之后所作的草稿，编为后稿。此后稿，艮斋只是稍微进行删除校正，没有来得及再次修订就逝世了。以上是艮斋著作最初的编辑过程。

---

① 参见（韩）宋河璟：《艮斋的生平与思想》，第 58 页。
② （韩）金基铉：《艮斋的处世观与守道意识》，《艮斋先生의　学问과　思想》2014 年第 1 辑，第 125 页。
③④ （韩）田愚著：《秋潭别集》，《艮斋全集》第 9 册，第 242 页。
⑤ 金骏荣，字德卿，号炳庵，为田艮斋的早期弟子。

一、著作体系分类

现在所见到的艮斋著作种类较多，主要有三个原始版本来源：华岛本、晋州本、龙洞本。可据此将艮斋的著作分为三个体系。

（一）华岛本

写本，艮斋生前手定。艮斋卒后弟子金泽述（号后沧）总写华岛手定本前后稿而藏之，后由成九镛、金炯观影印出版。内页题《艮斋私稿》，前编二十卷，前编续六卷，后编二十四卷，后编续六卷，别编二卷，拾遗四卷，共计六十二卷。《田愚全集》，影印金泽述所总写华岛本，增补金泽述所编《年谱》二卷，共计八册，收入《韩国近代思想丛书》，韩国学文献研究所编，1984年亚细亚文化社出版。

（二）晋州本

铅活字本，艮斋弟子吴震泳编辑，金桢镐刊印。内页题《艮斋私稿》四十三卷，《艮斋私稿续编》十六卷。版权页注明庆尚南道晋州郡之晋阳印刷所印刷，庆尚南道泗川郡之龙山亭发行，1926年印刷发行。《艮斋先生全集》，影印《艮斋私稿》《艮斋私稿续编》，增补《秋潭别集》、《艮斋先生礼说》（金晢坤藏版）、《艮斋先生尺牍》及附录，上下两册，1984年保景文化社出版。《艮斋先生私稿》，影印《艮斋私稿》《艮斋私稿续编》，共九册，收入《韩国历代文集丛书》，韩国文集编纂委员会编辑，1999年景仁文化社出版。此外，华渊会修订讹误，挖补影印出版，题名《艮斋全集》，除《艮斋私稿》《艮斋私稿续编》外，还增补《秋潭别集》《臼山先生四书讲说》《中庸谚解》《艮斋先生性理类选》《艮斋先生礼说》《艮斋先生尺牍》《年谱》《祭文》等，共计十六册，2011年学民文化社出版。《艮斋全集》所收《年谱》，由权纯命、柳永善编辑，吴震泳修改润泽，共四卷，1936 年编写完成。

（三）龙洞本

木刻本，艮斋弟子李仁矩编辑、刊印。内页题《艮斋先生文集》，前编十七卷，前编续六卷，后编二十二卷，后编续七卷，及别编、私札，共计五十二册。版权页注明编辑、印刷、发行均为忠清南道论山郡豆磨面龙洞里之凤阳精舍，1927 年印刷，1928 年发行。《艮斋先生文集》，忠南大学图书馆据慕云李锡羲收藏龙洞本影印、发行，增补权纯命、柳永善、吴震泳所编《年谱》四卷，增补《附录》十篇，均为祭文，共计五册，1999 年由景仁文化社制作。《艮斋集》，民族文化推进会据延世大学中央图书馆李炳天收藏龙洞本影印、发行，共计五册，收入《韩国文集丛刊》，2004 年出版。

华岛本、晋州本、龙洞本，卷次及篇目顺序各不相同，内容基本一致。华岛本《艮斋私稿》为手写本，最接近原本面貌，但是屡屡能见笔误，字上多有修改的痕迹，或即手定之状。晋州本《艮斋私稿》最早出版，但铅排多误，并且内容多有删减，此一体系的再版著作最多。龙洞本《艮斋先生文集》刊刻较精，而总体内容则较少。

艮斋的著作在国内很少见，不过韩国古典翻译院影印标点《韩国文集丛刊》，其中就有《艮斋集》，公布于官网，图文对照，开放阅览，非常便利。此外，学民文化社出版的《艮斋全集》，是目前收录艮斋相关著作文字最全的版本。因此，本书关于艮斋著作的文献引用，以《艮斋集》与《艮斋全集》为主。

二、《艮斋私稿》及《艮斋私稿续编》

晋州本《艮斋私稿》共计四十三卷，包括《书》《杂著》《朱子大全标疑》等。《艮斋私稿续编》共计十六卷。《艮斋私稿》与《艮斋私稿续编》是艮斋著作的主体部分。

艮斋与时人交往，留下了大量的书信。《艮斋私稿》中书信就有二十七卷，《艮斋私稿续编》中书信有八卷。这些书信是艮斋与师友、弟子们探讨学问的主要形式与载体，是了解艮斋思想的必要途径，具有重要的学术意义。比如艮斋与柳省斋进行了长达十多年的书信往来，书信就是他们学术论辩的合集与见证。

《杂著》是艮斋阐述学术观点的散要篇章，主题明确而内容精辟，有诸多名篇。比如《理气说》《理气有为无为辨》阐述了艮斋的理气思想，《性尊心卑的据》《性师心弟独契语》《心本性说》阐述了艮斋的心性思想，《阳明心理说辨》《李氏心即理说条辨》《华西雅言疑义》展现了艮斋对阳明心学、寒洲学、华西学的辨析。《杂著》也有篇幅较长的学术随笔。《怵言》二篇，完成于1906年，艮斋六十六岁。《年谱》称："先生自前随思随录，多发蕴奥，盖横渠妙契疾书之义。至是成编，性心理气之辨，出处语默之义，礼义经济之论，靡不该备。"①《怵言》可以说是艮斋的学术随笔，内容丰富而义理精要。《海上散笔》三编，完成于1914年，当时艮斋七十四岁。这是艮斋隐遁西海之后的随笔录，体例与《怵言》类似，内容以辨析李寒洲的"心即理"说为主。《华岛漫录》，完成于1921年，艮斋八十一岁。此篇内容丰富，涵盖性理思想、经礼妙义、出处语默之义、尊华攘夷的大义等，是艮斋逝世前的学术思想的集中体现。

《朱子大全标疑》完成于1913年，艮斋时年七十三岁。艮斋毕生信服朱子之学，二十四岁时即系统研读《朱子大全》，并且在书头抄录札疑。四十岁时，又认真、严格地学习《朱子大全》，每日订立课目要求，并且在册子上记录篇数。四十七岁时，往公林寺专心研读《朱子大全》。《年谱》称："先生于朱书

---

① （韩）权纯命、柳永善、吴震泳编：《艮斋先生年谱》，（韩）田愚著：《艮斋全集》第13册，第70页。

用平生精力，人谓横诵倒诵，而要处无不记，因号为田朱书。"① 可见艮斋对朱子著作的精熟。《朱子大全标疑》是艮斋隐遁西海后研读《朱子大全》的札记，随文释疑、辨析，条目详明，细致充实。

关于《艮斋私稿》之名的由来，艮斋在《艮斋私稿自序》中说："不敢公诸世之谓私，不认为定本之谓稿也。"② 可以看见艮斋的谦虚品德。宋约斋曾受托校正删改《艮斋私稿》，其《艮斋私稿跋》曰："此艮翁稿，累数百篇，一理万事，无不包在其中，一言而蔽之曰'心本性'，心本性之道，亦曰敬与诚已矣。此自有皇羲之乾实坤虚、舜禹孔颜之精一克复以来传授心法也。呜呼！顾今天下明夷矣，'为天地立心，为生民立道，为往圣继绝学，为万世开太平'，其在斯乎？"③ 他又曾对其门人宋炳瑾说："《朱子大全》、《艮斋私稿》传之后世，则虽无《四书》、《三经》，为学可以不差。"④ 宋约斋之论评点明了《艮斋私稿》的思想主旨及学术价值。宋约斋指出艮斋的学术思想宗旨为"心本性"，心本性的工夫论是"敬与诚"。艮斋实际上继承了古圣贤的传授心法，担当了弘扬儒学的重要责任。《艮斋私稿》作为艮斋思想的体现，具有比肩《朱子大全》的地位。

三、《秋潭别集》

《秋潭别集》四卷，为艮斋殁后，弟子吴震泳（号石农）择取《艮斋私稿》中义理文字编辑所成，内容多关时讳，而着重阐述卫正斥邪、尊华攘夷之义。

---

① （韩）权纯命、柳永善、吴震泳编：《艮斋先生年谱》，（韩）田愚著：《艮斋全集》第12册，第484页。
② （韩）田愚著：《艮斋私稿》，《艮斋全集》第1册，大田：学民文化社，2011年版，第163页。
③ （韩）田愚著：《田愚全集》第1册，首尔：亚细亚文化社，1984年版，第4页。
④ （韩）权纯命、柳永善、吴震泳编：《艮斋先生年谱》，（韩）田愚著：《艮斋全集》第13册，第107页。

《秋潭别集》于己巳年（1929）在中国上海初次刊出，刊印过程曲折而艰难。由于当时韩国被日本所统治，有关义理排日的文字著作，皆不得刊行于国内，因此吴震泳只得派遣弟子崔愿密谋于友人南信夏（艮斋弟子），并由南信夏前往上海刊印，再带回国散布。[①] 艮斋为潭阳田氏，潭阳别称"秋潭"，故自号"秋潭"。《秋潭别集》之名，即来源于此。

今所见《秋潭别集》的版本，共有四种。

其一，己巳年（1929）上海刊版《秋潭别集》。铅活字直排，宣纸线装，开本阔大，但因其为特殊时期的自印本，排字工人误植不少。韩国国立中央图书馆所藏上海刊版《秋潭别集》，仍存原本原貌，未经校改，书后没有附录。韩国金洪永先生所藏上海刊版《秋潭别集》，书后附有《秋潭集正误表》和《秋潭集改版表》。《秋潭集正误表》为铅印，共计筒子页六页，每页三栏，表中若干正误又经朱笔修改。"正误"后又有"追正"九条，"追正"后又有手写校记三条，末页又有粘贴铅印校记两条。《秋潭集改版表》亦为铅印，共计筒子页三页半，主要更正页面版式。笔者所藏上海刊版《秋潭别集》，书中有旧时朝鲜儒者所作的校补，以墨笔、朱笔两色手写，书后没有附录。

其二，2011年韩国华渊会编辑、学民文化社发行的《艮斋全集》，全十六册，主要以晋州本为底本。其第九册前半册为据上海刊版影印的《秋潭别集》，影印出版时对原本文字错讹直接做了挖改，也有其他标注的更正，以及添加的眉批。

其三，1984年韩国学文献研究所编、亚细亚文化社发行的《韩国近代思想丛书》之《田愚全集》，全八册，为影印华岛本。其第七册之末有《艮斋私稿

<hr />

① 《秋潭别集》刊印详情，为古堂金忠浩先生笔述。古堂先生师从阳斋权纯命先生，为艮斋先生再传弟子。《秋潭别集》刊印之事，《艮斋先生年谱》与《石农集·家状》亦有提及。（韩）权纯命、柳永善、吴震泳编：《艮斋先生年谱》，（韩）田愚著：《艮斋全集》第13册，第166页。（韩）吴震泳著：《石农集》下册，首尔：骊江出版社，1988年，第1035页。

别编》二卷，即《秋潭别集》之初形，只是篇目明显少于《秋潭别集》。

其四，2004年韩国民族文化推进会编辑兼发行的《韩国文集丛刊》之《艮斋集》，全五册，为影印、标点李仁矩龙洞本《艮斋先生文集》。其第五册内有"艮斋先生文集别编卷之一"一卷，又有"艮斋先生文集私札卷之一"一卷。此二卷亦为《秋潭别集》之初形，只是篇目比华岛本《艮斋私稿别编》更少，编排次序亦有不同。

艮斋于儒道衰微、夷狄相侵之际，严防华夷，遁世持守，开淑后进，护卫、承续圣贤之道。他以"拗过天地之心"，践行"中华礼义之道"，以"基异日阳复之本"，其尊华攘夷的思想，卫道全义的精神，突出体现在《秋潭别集》之中。任龙淳《敬题重刊〈秋潭别集〉后》曰："东周迁洛而《春秋》作，南宋渡江而《纲目》撰，大韩屋社而《秋集》编，是皆明义理而扶世道者也。东周、南宋之世，若无孔、朱两夫子，则义理晦冥，而世道颠仆，想必永入于长夜矣。况且我韩被亡于倭虏之后，蛮风邪说猾我小中华，义坏道丧之爻象，尤甚于东迁、南渡之时，此我艮斋田先生之《秋潭别集》所以应时世，而梓之于中国上海者也，岂非天意也耶？"[①]他将《秋潭别集》比拟为《春秋》与《资治通鉴纲目》。

在艮斋的著作中，《秋潭别集》的版本最为复杂，内容最为特殊，具有特殊的重要地位。

四、《艮斋先生礼说》

《艮斋先生礼说》，门人权纯命编辑，陈泰铉印行，田玑镇再印。据《艮斋先生年谱》，编辑完成于1933年。学民文化社影印田玑镇再印本出版，收入

---

① 任龙淳：《敬题重刊〈秋潭别集〉后》，手稿本。

《艮斋全集》，2011 年。前本为六卷。再印本为五卷，包括冠昏礼、通礼、丧礼、祭礼、国礼、国服变礼、国哀、杂录。有吴震泳 1930 年所作《跋》，田玑镇 1936 年所作《再跋》。

礼之本原一定，而仪文则需要随时势而变更，古今有所不同。艮斋生逢礼义乱亡之世，遭遇国家丧亡，讲明圣贤之宗旨，找寻礼的精义，权度仪则，并且率领诸生，身体力行。比如他结合时势境况，于国服变礼提出己说。《国亡后白冠》："鄙人白冠。曾见《方正学集》'宋亡，搢绅先生有终身衰服者。'衰服，虽未敢率尔，至于素冠，宜若可为也。《曲礼》，士去国，且素衣、素裳、素冠。《檀弓》，君有忧，且素服而哭。况宗社已亡，君上幽囚，而华盛吉服，可以安于心乎?"[1] 对于国家灭亡之后的礼仪应当如何，艮斋认为素冠比终身衰服更加适宜。这是他依据儒家礼学经典《礼记》的《曲礼》与《檀弓》，结合宋代的历史故事，所提出的方案。圣人制作礼，是本于天理而符合人情，艮斋认为戴白冠既能寄寓亡国的悲痛心情，又符合理的节度。

艮斋不仅关注国家大义，也重视家庭及日常生活的礼义。其《田氏朔望训辞》有曰："治家以正伦理、笃恩义为本，以尊祖睦族为先，以勉学修身为教，以树艺、蓄牧、稼穑、纺绩为常，守以节俭，行以慈让足已，而济人习礼而畏法，亦可以寡过矣。"[2] 其中对治理家族事宜提出了道德、实践层面的具体要求。《著洞书社仪》："学问难成，大要有三：障客气一也，私意一也，俗习一也。苟得学人以性为主，则三者亦须渐次轻歇，日用间大段加省察，切勿为彼所牵制也。"[3] 艮斋不仅提出具体详明的礼仪规范，并且上升到道德修养实践，认为应当以性为本，克制私欲、客气、俗习。可见礼并不只是外在行为的

---

[1] （韩）田愚著，权纯命编：《艮斋先生礼说》，（韩）田愚著：《艮斋全集》第 11 册，大田：学民文化社，2011 年，第 578—579 页。

[2] 同上，第 615 页。

[3] 同上，第 623 页。

准则，更是对内在修养的严格要求。这也表现出艮斋心性思想与礼学思想的融合。

对于艮斋的礼学思想，吴震泳《跋》有曰："先生雅不欲苟然有为，虽不遑著有成书，平生论礼，未尝毫有府循世情，而直从圣训王法上见得天理人伦之本然出来，故发前未发为多，而亦有俗儒所厌闻而惮行者也。"①他指出艮斋根据儒家圣人先王所制定的经典，追寻礼本于天理人伦的宗旨，并不会依循世俗之情。因此，艮斋的礼学思想独树一帜，卓有成就。解光宇、解立《论朱熹与田愚的宗法思想》，以朱子《家礼》与《艮斋礼说》为文献基础，分析二人以嫡长子继承制为核心的宗法思想，并且指出："《艮斋礼说》可谓博大精深，既对先秦及先秦以降的儒家礼学有深入的研究，又能结合韩国传统之礼加以发挥和创新。"②他们高度评价了艮斋礼学思想的价值与意义。

五、《臼山先生四书讲说》

《臼山先生四书讲说》，艮斋门人首阳吴震泳编辑，私淑临瀛崔永大校阅，后学江陵郭良燮印布。学民文化社影印出版，收入《艮斋全集》，2011 年。主体内容包括《大学记疑》《中庸记疑》《读论语》《读孟子》四部分。这四部分均见于《艮斋私稿》，与晋州本内容一致，应当属于同一来源。《臼山先生四书讲说》的独特之处是在四部分之后皆选录内容相关之书信、杂著多篇。并且，全书标识有韩语吐释，便于理解与韩式诵读。《臼山先生四书讲说》对了解艮斋的四书学阐释提供了完善的文献基础。

《大学记疑》，完成于 1911 年，艮斋七十一岁。艮斋记录朱子《大学章句》

---

① （韩）田愚著，权纯命编：《艮斋先生礼说》，（韩）田愚著：《艮斋全集》第 11 册，大田：学民文化社，2011 年，第 629—630 页。

② 解光宇、解立：《论朱熹与田愚的宗法思想》，《合肥学院学报》（社会科学版）2008 年第 25 卷第 4 期，第 35 页。

中有疑问的地方，进行详细解答，并且辨析诸家之争论。《大学记疑》既是艮斋对朱子之说进行的阐释，也展现出其自身的思想特征。对于心与理的关系，艮斋指出："穷理正心，穷是心之工夫，理是心之仁义。心之与理，虽同一地头，亦各一貌相。论体段，则必欲其有辨。论工夫，则必欲其会一。心性无辨，则为认心为性之见。心性不一，则亦归于恃心自用之病矣。"① 他认为心具理，就本体论而言，必须辨析心与理的不杂，就功夫论而言，必须强调心与理的不离。如果不加辨析，则有认心为性理的弊端，并且会导致心的恣肆。关于明德的争论，艮斋认为明德主心，反对本心明德是理之说。艮斋说："愚谓本心，是有思虑、知觉、才能、运用者。"② 又说："性与命，单言理。明德与明命，以虚灵之心为主，而理则包在其中。"③ 在艮斋的思想体系中，性理是无知无为的，心是有知觉作为的，虚灵不昧的明德只能是心而不能是理。

　　《中庸记疑》与《大学记疑》同时完成，体例亦相类似。《中庸记疑》不仅是艮斋对朱子《中庸章句》的阐释，也在一定程度上展现了其思想体系。关于道心是理与道心属气的争论，艮斋说："华西谓道心为理，然道心是灵觉本于性而为之妙用者，故于人心嗜欲安逸之类，能有以主以宰之、节以制之。若是理，则如何有此作用欤？"④ 李华西强调理的主宰，以道心为理，艮斋认为性理无觉无为，道心有主宰、节制人心私欲的妙用，只能属于气的位分。道心的妙用的依据是性，但不能将道心直接等同于性理。艮斋解释"尊德性"说："德性以本体言，尊以工夫言。近时议论有两种，一则尊心降性，一则心性俱尊。尊心降性，则上下易位，不可言矣。心性俱尊，则上下敌体，亦不可行矣。"⑤

---

① （韩）田愚著，吴震泳编：《白山先生四书讲说》，（韩）田愚著：《艮斋全集》第 9 册，第 302 页。
② 同上，第 307 页。
③ 同上，第 313 页。
④ 同上，第 401 页。
⑤ 同上，第 441 页。

他认为德性是仁义正理，尊是心对性理的钦承敬奉。就本体论而言，性为尊心为卑。就工夫论而言，应该小心尊性。可见，艮斋强调性理的绝对权威地位。

《读论语》是艮斋研读《论语》的札记，作于 1922 年，艮斋时年八十二岁。艮斋极为看重《论语》，说："《论语》是天壤间独一无二之书。"① 又说："今将《论语》从首至末，逐一理会，使自家见处，无不透彻；逐一践履，使自家行处，无不纯熟矣，则岂但目睹活孔子，直下自家做得真孔子，无不可者。"② 把《论语》当作修养德性的必要媒介，强调不仅要理解《论语》的含义，更要心有体会，切实践履，使自身言行不差。《论语·子罕》："颜渊喟然叹曰：'仰之弥高，钻之弥坚；瞻之在前，忽焉在后。夫子循循然善诱人，博我以文，约我以礼。欲罢不能，既竭吾才，如有所立卓尔。虽欲从之，末由也已。'"③ 对此，艮斋阐释说："仰、钻、瞻、忽是心，高、坚、前、后是道也。博、约是心，文、礼是道也。所立卓尔是道，欲从末由是心也。道是自在无为之真体，心是有觉有为之妙用。今要磨擦得此心极精明，制伏得此心极驯扰，无少昏惑，无少狂妄，其识解运用，始得与理相契合。"④ 艮斋从道与心两个面向理解颜子的话语，并且指出道是自在无为的本体，心是有觉有为的妙用。道德修养实践的主体是心，也就是说要在心上做工夫，以达到与理相契合的境界。《读论语》后附艮斋《示诸生》："三畏注'天命者，天所赋之正理也。知其可畏，则戒谨恐惧'云云。夫畏是心之妙用，命是性之本体，（性为心宰，性体心用，不其明乎？）圣人本天、君子尊性之学，此可见矣。近世诸家，其心往往自认为性，如此则为心者何用畏乎？不几于无忌惮欤？岂非戾于孔朱之教

---

① （韩）田愚著：《艮斋集》，第 334 册，第 122 页。

② 同上，第 459 页。

③ （宋）朱熹撰：《四书章句集注》，北京：中华书局，2012 年，第 111—112 页。

④ （韩）田愚著，吴震泳编：《白山先生四书讲说》，（韩）田愚著：《艮斋全集》第 9 册，第 553—554 页。

乎?"① 关于朱子对"畏天命"的注解,艮斋进一步从心性论方面阐述,认为性理是本体,心是妙用,性理是心的本原根据。从本原而言,性理可以说是心的主宰。艮斋还指出儒家宗旨是本天尊性,以此来批判心宗的"心即理"之说。

《读孟子》与《读论语》同时完成,体例亦相类似。艮斋解读《孟子·告子》篇有言:"夜气,只是气质之得休息而清明底,非即是心。心与气质无辨之说,误矣。良知良能,只是心之本然知能处,非即是理。理与心一物之说,亦误矣。"② 艮斋由对夜气和良知良能的理解,引申到心与气质、性理的关系。在艮斋看来,心属于气的位分,但并不能等同于气质,只有承认心之虚灵明觉,才能发挥心的主体妙用。心虽然有妙用,但是不能直接将心等同于性理,只能说性理是心的本原依据。艮斋解读《孟子·尽心》"大而化之之谓圣"指出:"伊川曰:'大而化之,己与理一也,己即尺度,尺度即己,然则未化以前,己与尺度不免为二。'夫为一为二,只是就用上指其合一与未合一,非谓心与理本体有一与二之分也。若谓二者是一,是言不离也;是二,是言不杂也。学者工夫,要于二者不杂之中,有不离之用也。"③ 对于心理关系,艮斋认为心与理是不离不杂的关系,心不能直接指称为理。学者需要做修养工夫,使心合于理。《读孟子》后附艮斋《归求有师》曰:"求是心求之,师是性理之发见者。"④ 艮斋从"归而求之有余师"引申出"性师心弟说",即以性理为道德实践的准则,以心为道德实践的主体,性理发见于日用流行之中,主体之心虚灵明觉,具有自觉效法性理的妙用。

艮斋的四书学阐释,可以概括为性学。他说:"《论语》开卷第一字,是指学性言。《孟子》首章仁义,亦是性。《大学》首章所止之至善,亦是性。《中

---

① (韩)田愚著,吴震泳编:《白山先生四书讲说》,(韩)田愚著:《艮斋全集》第9册,第567页。
② 同上,第611页。
③ 同上,第616页。
④ 同上,第665页。

庸》首句，又直言性。圣贤之言，舍性字，无所谓学。奈何近儒，却以贬个性字为宗旨，其不然者，其心亦不肯以性为主宰。"[1] 艮斋思想的最大特色是主张本性之学。他坚信此观点，并追根溯源，寻找文献依据。四书无疑是最好的文献支撑，而对四书的阐释，也促进了艮斋性学体系的建构。艮斋的本性之学，亦是对当时华西学派与寒洲学派极度尊心学风的回应，从艮斋的四书阐释，就可以很明显地发现这一点。

六、《艮斋先生性理类选》

《艮斋先生性理类选》，艮斋门人柳永善（号玄谷）编辑、印行。据《艮斋先生年谱》记载，编辑完成于 1935 年。玄谷精舍发行版本题名《艮斋性理类选》，版心题渊冰室藏本，新铅活字本，三册，1966 年。学民文化社影印渊冰室藏本出版，收入《艮斋全集》，2011 年。此著仿《朱子语类》诸书之体例节选编排，分为太极、性理、心、神、德、虚灵知觉、情、气、气质魂魄、学十类，共十卷。学类二卷，是附录艮斋论学切要之语。有 1936 年柳永善所作的《跋》，1963 年吴震泳所作的《艮斋先生性理类选后序》。

《艮斋先生性理类选》条目分明，集中体现了艮斋的性理思想。如"太极"类下，艮斋有曰："道，性也，太极也，本然之妙也。未发已发，心也，阴阳也，所乘之机也。夫道也者，无为也者，而无物不体，无时不在，循之则治，失之则乱，盖无须臾之顷可得而暂离也，此所谓无极而太极也。"[2] 道与性、太极，都是本体，无觉无为；心与阴阳，都是用，有觉有为。道体无为，乘阴阳而有动静。道不离器，贯穿万物的始终，是一切秩序的绝对标准。关于心与性、

---

[1] （韩）田愚著，吴震泳编：《白山先生四书讲说》，（韩）田愚著：《艮斋全集》第 9 册，第 539 页。

[2] （韩）田愚著，柳永善：《艮斋先生性理类选》，（韩）田愚著：《艮斋全集》第 10 册，大田：学民文化社，2011 年，第 127 页。

气的关系，艮斋说："心，本善者也，上而与纯善之性，下而与不齐之气质，皆不可同科矣。"① 又说："无为而为主之谓性，有为而为役之谓气，本性而宰气之谓心。心也者，灵于气而粗于性矣，是故君子资其妙用而虑其守之之难也。"② 他认为性即理，是纯粹至善的形而上之道，心只能是本善，属于形而下之气的位分。心虽然属于气的位分，但心是神明虚灵的，因此不能等同于不齐的气质。性理无为却是心与气的本体依据，气有为却只是性理的劳役，神明虚灵的心本于性而主宰气。道德修养工夫的关键就在于发挥心的妙用而尊奉性理。

关于《艮斋先生性理类选》的编辑缘由，柳永善《跋》有曰："盖其说无非自体验身心、金秤玉尺中出来，使学问性理合为一道，与彼悬空说理谭气者不可同日而语矣。散出于全集者，卷帙浩洋，如地负海涵，无所津涯，而读者难得其要领。"③ 他指出艮斋的性理思想源于其自身的体验实践，但是内容过于庞博，所以分类编排，以便于阅读。吴震泳《艮斋先生性理类选后序》有言："先生又目见其谓与心为一物而能知觉作用，则诬矣；谓其偏也、异也、二也、小也、下也，则辱矣。是安可不救而反之正乎？然亦未尝辄言其所以然，惟其所当然之人道，则舌几弊而笔亦秃，以其为纯善万全、靡所知能而自然主宰者。举孟、朱宗旨，揭日于中天，使有目者皆得而见，而反身充养而恢复之，庶几不为傍堙之堕，是为大功于圣学。"④ 他指出艮斋性理思想的特征是以性为本，其本性之学是面对本心之学混同心理、尊心贬性的回应。艮斋并非空一味谈性理，而是辨析邪见谬说，维护性理的绝对权威地位。艮斋极力推举、弘扬儒学宗旨，而大有功于圣学。

---

① （韩）田愚著，柳永善编：《艮斋先生性理类选》,（韩）田愚著：《艮斋全集》第 10 册，第 383 页。
② 同上，第 382 页。
③ 同上，第 657 页。
④ 同上，第 95—96 页。

七、《臼山风雅》

《白山风雅》，艮斋之门人柳永善编辑，瓣敬堂发行，重川出版社印刷，檀纪四二九八年乙巳（1965）。此书仿《濂洛风雅》之体例，共二卷，卷一包括赋、辞、四言古诗、五言古诗、六言古诗、七言古诗、长篇古诗，卷二包括五言绝句、七言绝句、五言律诗、七言律诗。

五言古诗《自修》："愿借银河波，涤尽世界污。日月复宣朗，此身游唐虞。从古无是术，只有自修吾。自修人且恶，其如为天徒。"① 这首诗表现了艮斋对唐虞清明盛世的向往，以及进行自我德性修养的自觉。《戊申秋余入旺岛，十一岁孙镒精追至，至明年孟春始归》："昔闻辟地贤，今为入海客。小孙喜追随，复有书数籢。奇绝小箍村，晨夕相对读。谆谆何所语，畏天以销欲。析薪吾虽愧，负荷望汝克。今朝送尔归，圣言为叮嘱。"② 戊申，1908 年，艮斋六十八岁。这一年，艮斋告先祠传家于长孙田镒孝，归隐西海。孙子田镒精追随而至于西海孤岛，"晨夕相对读"的温馨情景，为艮斋的孤苦生活增添了些许温情。孙子归家之日，艮斋对其寄予厚望，而且以圣贤之言叮嘱，虽不言不舍，而满是不舍。这首诗既记事又抒情，是情理兼具的佳作。

五言绝句《谨次先师漫吟韵》："栗老善言理，渊源自晦庵。尤农传授的，且莫费游谈。"③ 艮斋以诗的形式，梳理了朱子（号晦庵）、李珥（号栗谷）、宋时烈（号尤庵）、金昌协（号农岩）的道学脉络。《悟言》："归求有性师，虚受由心弟。斯理妙无余，直须穷到底。"④ 这是艮斋"性师心弟"说的诗学表达，即心弟自觉谦虚而敬奉性师。《旺岛见诸生行士相见礼作》："腥羶天地内，礼义海山中。一线微阳在，几时丕运同。"艮斋隐居西海，门弟子相随，并且随

---

① （韩）田愚著，柳永善编：《白山风雅》卷 1，第 10 页。
② 同上，第 17 页。
③④ （韩）田愚著，柳永善编：《白山风雅》卷 2，第 1 页。

从弟子日益增多，于是儒学的种子在西海生根发芽。艮斋也在门下弟子中看到了儒学复兴的希望。

七言绝句《李响山（晚焘）闻变绝粒而逝》："闻说山南李响山，蔚然声望士林间。天翻地覆无生意，允蹈从容就义难。"[①] 李晚焘，字观必、宽必，号响山、直斋，是李退溪后孙，有《响山集》传于世。艮斋虽然选择隐居守道，但是对于殉义的刚烈之士十分崇敬，因此多作诗以纪念。这类纪念诗，是艮斋诗非常重要的一部分。七言律诗《五书五经吟》，吟诵《小学》《大学》《论语》《孟子》《中庸》《诗经》《书经》《礼经》《易经》《春秋》，如吟诵《大学》曰："孔经曾传日星陈，千古斯文赖洛闽。明德工夫通动静，新民极致合天人。唤梦为醒非外物，戒欺求慊润吾身。帝王安富从可得，絜矩中间妙有神。"[②] 艮斋诗超越普通诗句之处，即在于以诗句表述义理思想。

关于《臼山风雅》的风格，柳永善所作《跋》评价说："先生之于诗，写出性真，呈其天机，近而实远，华而有实，庄重简淡，自至于神几妙化。非若后世之尚奇丽、斗纤巧而离真愈远、风气益漓者比类也。"[③] 从上文摘录诗句及分析可知，艮斋之诗写出真情实感，而具有理学诗的品格，柳永善的评价道出了艮斋诗的高妙之处。

八、《五贤粹言》

《五贤粹言》是艮斋与申箕善[④] 奉承任全斋之命，撮取静庵赵光祖、退溪李滉、栗谷李珥、沙溪金长生、尤庵宋时烈五贤之书，仿照《近思录》体例而

---

① （韩）田愚著，柳永善编：《臼山风雅》卷2，第14页。
② 同上，第24页。
③ （韩）田愚著，柳永善编：《臼山风雅》。
④ 申箕善（1851—1909），字言汝，号阳园、六阳、直斋，有《阳园遗集》传于世。

编。初版编辑完成于1870年，有艮斋门人洪大徵所印活字本。在艮斋的主持下，朴晚焕①重刊《五贤粹言》，即瀛洲刊板，前有艮斋1903年所作之序。训蒙斋影印乙巳年（1905）春瀛洲刊板《五贤粹言》，2019年学民文化社出版，前有艮斋之序，后有训蒙斋现任山长金忠浩所作《五贤粹言景印跋》，书首附录有《道统渊源图》，无任全斋题跋。笔者藏有手抄本，为甲寅年（1914或1974）宋庸植誊写，后有任全斋庚午年（1870）所作题跋，前无艮斋之序。封面有"辛酉年月日"字样，此辛酉年或为1921年，或为1981年。

瀛洲刊板《五贤粹言》共计十四卷。卷一道体，卷二为学大要，卷三格物穷理，卷四存养，卷五改过迁善、克己复礼，卷六齐家之道，卷七出处进退辞受之义，卷八治国平天下之道，卷九制度，卷十君子处事之方，卷十一教学之道，卷十二改过及人心疵病，卷十三异端之学，卷十四圣贤气象。宋庸植手抄本亦为十四卷。卷一道体，卷二为学，卷三致知，卷四存养，卷五力行，卷六齐家，卷七出处，卷八治道，卷九治法，卷十处事，卷十一教人，卷十二戒谨，卷十三辨异端，卷十四观圣贤。手抄本卷名与瀛洲刊板稍有不同而较简略，可知二者为不同的版本来源。

《五贤粹言》编选的书目来源有《静庵先生文集》《退溪先生文集》、《退溪先生言行录》《栗谷先生全书》《沙溪先生遗稿》《宋子大全》《朱子大全劄疑》。《五贤粹言》不管是体裁，还是内容选取，还是卷目编排，都与《近思录》极其相似。任全斋《五贤粹言跋》曰："昔朱子雅言'四子，六经之阶梯；近思，四子之阶梯。'今此书，虽谓之近思之阶梯，未为过也。后之读者苟能沉潜反覆，躬行心得，则其于上接洙泗廉洛关闽之渊源也，何有？"②他将《五贤

---

① 朴晚焕，字正瑞，号苍岩，密阳人。朴晚焕是瀛洲精舍主人，艮斋曾作《瀛洲精舍记》。
② （韩）任宪晦著：《鼓山集》，《韩国文集丛刊》第314册，首尔：民族文化推进会，2003年，第226页。

粹言》看作理解《近思录》的阶梯，并且认为可以借由此书以承接道学渊源。金古堂《五贤粹言景印跋》曰："恭惟此《五贤粹言》，吾青燧之《近思录》也。"① 他将《五贤粹言》比拟为韩国的《近思录》。

《五贤粹言》的用意在于"使学者由思及行，以成厥德，明体适用，用经斯世"②。正如《近思录》强调为己之学，《五贤粹言》亦主张学者修养德性，以经世致用。艮斋说："以静庵之材志，有退溪之德学，契栗谷之理气，循沙溪之礼教，立尤庵之义理焉，则其于为人，可谓几乎圣者矣。"③ 用五贤的特征树立了圣人的标准，以勉励学者。

《五贤粹言》体现了全斋与艮斋的道统观。艮斋之序首引全斋《道统吟》："唐虞夏殷周，孔颜曾思邹，濂溪程张朱，静退栗沙尤。"④ 艮斋以静庵赵光祖、退溪李滉、栗谷李珥、沙溪金长生、尤庵宋时烈五贤，承接濂洛关闽的道统。他评价五贤曰："静庵先生天资尽高明而怀尧舜君民之志，但惜其不及施也。退溪先生赋质颖悟温粹，造诣崇深，践履悫实，可以传之百代而无弊。栗谷先生三代上人，颜曾流亚，而其自言曰'余幸生朱子后，学问庶几不差矣。'沙溪先生谦冲乐易，方正确实，谨于典礼，严于邪正，而道如地负，德如春生。尤庵先生英豪杰特，严毅刚直，考亭正学，麟经大义，民到于今赖之。"⑤ 他指出五贤具有承接道统的资格。金古堂《五贤粹言景印跋》曰："洛闽之后，静退栗沙尤五贤又崛起于吾东，使孔孟程朱之道学庶几不坠于地，其功岂不大乎?"⑥ 他称赞五贤对于道学传承的功绩。

---

① （韩）田愚编：《五贤粹言》，大田：学民文化社，2019 年，第 207 页。
② （韩）田愚编：《五贤粹言》，"序"，第 3 页。
③ 同上，第 3 页。
④ 同上，第 1 页。
⑤ 同上，第 2 页。
⑥ （韩）田愚编：《五贤粹言》，第 207 页。

第三节　学术源流

宋约斋①称艮斋为"五百年理学之结局"②，艮斋门人柳永善亦称道："艮斋先生以间世英睿之资，学究天人，真积力久，默契道妙，平生精力，惟在阐明性理之蕴奥，深得孔、朱、栗、尤之嫡传，剔挥心本性、性师心弟等义，实为发前未发，卓然为吾东方理学结局。"③他们都认为艮斋继承儒学正统，是朝鲜性理学之集大成者。

一、思想传承

艮斋的性理思想主要来源于朱子和栗谷。就理气论而言，艮斋对理气概念的重要辨析，建立在朱子、栗谷思想基础之上。其《理气有为无为辨》言：

> 太极有动静之理而无动静，阴阳载动静之理而能动静，亦犹人性有寂感之理而无寂感，人心具寂感之理而能寂感也。先贤谓太极有动静者，只以其有乘气动静之理而言，非谓其有动静之能也。看者以为太极真会动静，则非其实矣。（太极有动静，与《朱子大全》"性之蕴该动静"的是一意，而认之为真会动静，则其将曰性能检其心乎？）先贤谓太极无动静者，只以其无当体动静之能而言，非谓其无动静之理也。看者斥以太极沦于空寂，则害其辞矣。（太极无动静，与《论语集注》"道体无为"的是一意，而目之以沦于空寂，则其将曰道体沦于空寂乎？）先贤谓动静气机自尔者，

---

① 《华岛渊源录·从游录》云："宋炳华，字晦卿，号兰谷，又约斋，恩津人，荐参奉。文行高识，卓越世儒，尊信先生如神明，尝题先生《私稿》后，倭授伪帖，峻辞却之，居公州。"见《华岛渊源录》，首尔：保景文化社，1985年，第6页。
② （韩）权纯命、柳永善、吴震泳编：《艮斋先生年谱》，（韩）田愚著：《艮斋全集》第13册，第107页。
③ （韩）田愚著，柳永善编：《艮斋先生性理类选》，第657页。

只就其能然处言之，非谓气独作用也。看者疑其"气夺理位"、"理仰气机"，则失其指矣。(《语类》曰："屈伸往来，是二气自然能如此。"《阴符经》朱子解曰："人心自然而然者，机也。"此两语，与机自尔参看。)先贤谓阴阳生于太极者，只推其所由本言之，非谓理实造作也。看者以为理有适莫，理有知能，则岂其理乎？①

　　朱子、栗谷等先贤的话语言简意赅，有语境，有特指，如果只是理解字面意思而不根据他们的思想体系解读，则容易产生误会。艮斋在理无为、气有为的基础上，从道体无知能与气机能运用两方面，阐释先贤的话语。太极与性，称之为道体，有动静之理而没有知能，所以无为。阴阳与心，称之为气机，承载动静之理而能够运用，所以有为。关于"太极有动静"的说法，比如朱子所言"性之蕴该动静"，是从道体层面指明太极有动静之理，并不是说太极有运用的知能。如果认为太极有运用的知能，那么就等于说性理有现实操纵心的作用，这显然是与朱子之说不相符合。关于"太极无动静"的说法，比如朱子"道体无为"，是从运用层面指明太极没有动静的知能，并不是说太极没有动静之理。如果否认太极为实有之道体，则有流于空寂的弊端。关于"动静气机自尔"的说法，是从运用的层面指明气的动静功能，并不是说气能够脱离理而独自作用。"气机自尔"是栗谷的理论主张，批评者认为这种观点会导致"气夺理位"与"理仰气机"，也就是理失去本体地位，而造成气占据主导地位的情况。因此，栗谷学派被称为主气之学。艮斋根据朱子"人心自然而然者，机也"之语，指出气机自尔的"自"，是自然的意思，并非独自的意思。理为气之本体，气为理之发用，理对气并没有现实操纵作用，因此气是自然发动的。

---

① （韩）田愚著：《艮斋集》，第333册，第74页。

如果说气是独自发动，则否认了理作为气之本体的地位。关于"阴阳生于太极"的说法，是指太极为阴阳之本体，并不是现实层面的生发造作。艮斋认为理无适无莫、无为、无知能，都是程朱以来的定论，而毋庸置疑。艮斋还用太极无为与阴阳有为，对应阐释性无为与心有为，认为性有寂感之理而无寂感，心承载寂感之理而能够寂感。在艮斋的思想体系中，性具有等同于太极与理的本体地位，心则属于形而下之气，因此作为绝对标准的性只能是无为的，心则是有主观能动作用的。

艮斋的心性论亦建立在朱子、栗谷思想基础之上。艮斋说：

> 朱子曰："性即理也，在心唤做性，在事唤做理。"以心对事而立言如此，则心之非性非理，尺童不难知也。请心理诸公，宜早向石潭门下称弟子，无误了平生。愚继之曰："在阴阳唤做太极，在气化唤做天命，在器唤做道，在物唤做则，在鬼神唤做诚，在神圣唤做仁。"此类只是一实，而随在异名尔。夫心、事、阴阳之属，无非是气，而在其上者，只是个至善无疵、大全不偏之理也。故圣人之教，君子之学，无非存心以明理尊性而已。①

朱子倡导"性即理"的思想，将性等同于理，而具有本体地位。栗谷（又号石潭）承续这种思想，并且强调"心即气"，认为心是本然之气。艮斋在"性即理"与"心即气"思想的基础上，严格分判性与心的位分，即性属于形而上，心属于形而下。性具有等同于太极、天命、道、则、诚、仁的地位，心则与阴阳、气化、器、物、鬼神、神圣归于一类。性是纯粹至善的绝对标准，

---

① （韩）田愚著：《艮斋集》，第 335 册，第 97 页。

心是有可能为善也有可能为恶的主体。心虽然不是纯粹至善的，但却是本善的。并且，心是虚灵明觉的，具有主动特征，因此，心作为道德实践的主体，能够明理以尊性。概而言之，朱子主张"性即理"，栗谷据此主张"心即气"，艮斋则进一步提出"性尊心卑"与"小心尊性"的思想。华西学派与寒洲学派反对栗谷"心即气"的思想，倡导"本心主理"与"心即理"。艮斋阐释、维护栗谷之说，批判心学诸家以心为理的观点，与他们展开了长期的论辩。朱子与栗谷的思想，是艮斋思想的基础，而与心学诸派的辨析则无疑促进了艮斋思想的完善。

艮斋对朱子和栗谷思想的继承是全方位的，理气论与心性论显然是最重要的两个方面。艮斋不仅忠实地继承朱子、栗谷的思想，并且作出独特阐释，开展出自身的思想体系。也可以说，艮斋建构了一套理论体系，以朱子为标准而尊奉栗谷，将朱子、栗谷的思想涵摄其中。

艮斋博大精深的性理思想得到了时人的认同。艮斋门人吴震泳在《白山先生状略》中评价说："先生以豪杰之资，笃圣贤之学，廓扫心宗之挠攘，奠安性体于磐泰。"① 肯定艮斋继承圣贤学问，开展、发扬本性之学，辞辟心学。艮斋性理思想也得到了现代学者的赞赏。张立文教授说："艮斋学术造诣精湛，他探赜索隐，钩深致远，为朝鲜末之性理学大家。"② 称赞艮斋性理学思想的独特性，肯定其为朝鲜末期的性理学大家。韩国学者吴钟逸说："艮斋的学术思想不仅是栗谷的嫡传，还是朝鲜朝畿湖学的归结处，所以不能不说艮斋学在韩国思想史上具有非常重要的意义。"③ 他肯定了艮斋性理思想为栗谷学派嫡传，

---

① （韩）田愚著，吴震泳编：《白山先生四书讲说》，（韩）田愚著：《艮斋全集》第 9 册，第 673 页。
② 张立文：《中国与朝鲜李朝朱子学的比较及特质——以朱熹、退溪、栗谷、艮斋为例》，《社会科学战线》2017 年第 6 期，第 15 页。
③ （韩）吴钟逸：《艮斋学在现代韩国思想史上的地位》，《艮斋先生의 学问과 思想》2014 年第 1 辑，第 225 页。

以及艮斋学在韩国思想史上的重要意义。

当然，在肯定艮斋性理思想的同时，也必须认识到艮斋并不是独自傲立群雄。朝鲜末期大儒辈出，可以称得上百花齐放。李丙焘《韩国儒学史》称："朝鲜末期有两位巨儒，一位是艮斋田愚，另一位是俛宇郭钟锡。"[①] 他认为畿湖栗谷学派的集大成者艮斋与岭南退溪学派的集大成者俛宇，两人同时而巍然并立于朝鲜末期的儒林。

二、道统谱系

任全斋《道统吟》称："唐虞夏殷周，孔颜曾思邹。濂溪程张朱，静退栗沙尤。"[②] 经全斋编排，而后由艮斋门人确定的《道统渊源图》[③]，梳理儒学道统渊源，谓始于伏羲，后有尧、舜、禹、汤、文、武、周公、孔子、曾子（颜子）、子思、孟子、周子、伯程子、叔程子、张子、朱子。韩国儒学道统承接朱子，而为赵光祖（1482—1519，号静庵）、李滉（1501—1570，号退溪）、李珥（1536—1584，号栗谷）、金长生（1548—1631，号沙溪）、宋时烈（1607—1689，号尤庵）、金昌协（1561—1708，号农岩）、金元行（1702—1772，号渼湖）、朴胤源（1734—1799，号近斋）、洪直弼（1776—1852，号梅山）、任宪晦（1811—1876，号全斋）、田愚（1841—1922，号艮斋）。与《道统吟》相比较，《道统渊源图》接续了"农渼近梅全"，并以"艮斋"终结。

艮斋评论先贤的学问气象说："东方学问规模，退溪缜密，沙溪惇实，尤庵正大。理气议论，栗谷明透，农岩精密，老洲条畅。"[④] 艮斋的性理思想与学问性格可谓集诸家之长而又有几分坚韧。艮斋尤其推尊栗谷与尤庵，称"栗

---

① （韩）李丙焘著：《韩国儒学史》，首尔：亚细亚文化社，1987年，第487页。
② （韩）任宪晦著：《鼓山集》，第314册，第13页。
③ 《五贤粹言》及《华岛渊源录》前附有此图。
④ （韩）田愚著：《艮斋集》，第334册，第251页。

谷，东方孔子。尤庵，东方朱子也"①，又赞赏说："明通公溥石潭心，心事真
堪对帝临。谁乐山歌怪韶濩，海东孔子镇吾林。明天理与正人心，尤老钦钦孝
庙临。民到于今受其赐，海东朱子振儒林。"②艮斋将栗谷尊称为朝鲜的孔子，
将尤庵尊称为朝鲜的朱子。他于性理思想宗主栗谷，并在栗谷思想的基础之上
阐发自己的学说，构建了庞大的思想体系。他又推尊尤庵，其守义自靖的人生
抉择深受尤庵精神的影响。艮斋门人柳永善所作《墓碣铭》曰："（艮斋）以石
潭、华阳为宗主，而于农岩、老洲尤切旷感，若与之朝暮遇也。"③石潭即栗谷
李珥，华阳即尤庵宋时烈，农岩即金昌协，老洲即吴熙常。栗谷、尤庵之外，
艮斋之学术思想也深受农岩、老洲的影响，其"性为心宰"说就是对老洲之说
的直接发展。

艮斋的道统意识，深受其师全斋之影响。1866 年，法兰西帝国入侵朝鲜
王朝，史称"丙寅洋扰"。全斋作《丙寅八月偶书遍示吾党之士》："二千余岁
宣尼学，五百来年李氏臣。要无困跆宜前定，从古元无不死人。"④他表明坚持
儒学正道的心志，表达了坚守家国之情，表现了不惧牺牲的精神。全斋道统意
识强烈，曾欲亲自编《五贤粹言》，后因身体状况不好，才嘱咐艮斋完成此事。
《五贤粹言》撮取静庵赵光祖、退溪李滉、栗谷李珥、沙溪金长生、尤庵宋时
烈五贤之书，仿照《近思录》体例而编，体现了全斋"静退栗沙尤"的道统
观。艮斋可谓继承全斋的遗志，终生笃于道。

退溪与栗谷是朝鲜性理学史上的双璧，二人的思想体系存在差异，集中体
现为"四端七情之辨"。这种分歧形成了朝鲜性理学史上最重要的两个学派。
尊奉退溪之学的学派为"退溪学派"，或按地域称为"岭南学派"；尊奉栗谷

① （韩）田愚著：《艮斋集》，第 334 册，第 342 页。
② （韩）田愚著：《艮斋集》，第 335 册，第 372 页。
③ （韩）柳永善撰：《墓碣铭》，（韩）田愚著：《艮斋全集》第 13 册，第 258 页。
④ （韩）任宪晦著：《鼓山集》，第 314 册，第 22 页。

之学的学派为"栗谷学派",或按地域称为"畿湖学派"。就学脉而论,艮斋直接继承了畿湖学派中"金昌协-李縡-金元行-朴胤源-洪直弼-任宪晦"这一近畿地区的学统,此外,由于艮斋的老师任宪晦出入于代表湖西地区学统的尤庵学脉-刚斋宋穉圭的门下,可以说艮斋综合了畿湖学派中具有代表性的两个学脉。①

全斋与艮斋属于栗谷学派,而在他们的道统谱系中,却将退溪也纳入进来。一则退溪在性理学史上的地位重要,确实不能忽略;二则道统的宏观局面超越了思想层面的分歧,也就是说虽然退溪与栗谷的思想有分歧,但并不影响他们的道统地位。艮斋说:"许氏以愚不甚宗仰退陶,想未见全翁《道统吟》及愚所编《五贤粹言》而云尔也。"②他明确表达了其对退溪的敬仰之情,以及对退溪道统地位的肯定。艮斋虽然在道统渊源上将退溪置于栗谷之前,但是退溪与栗谷思想方面的差异是不可否认的,也是艮斋必然要面对的。艮斋作为栗谷学派的嫡传,信奉栗谷性理思想符合朱子之意。不过,他并非将退溪性理学视为异端,而是作出调和之论。他作《晦、退、栗三先生说质疑》,主张朱子、退溪、栗谷的思想本质上相通,实际上是以晚年定论的形式,将退溪之学和会于朱子、栗谷。因此,对于艮斋的派系归宗,玄相允、裴宗镐也将其划分为折衷派。

艮斋《晦、退、栗三先生说质疑》曰:

> 《心图》理发气发,退翁自言是就心中分理气而言。《语类》理之发气之发,晦翁说中以四端为道心,以七情与人心通融说处,亦时有之。而其论人心道心曰:"心之知觉一而已矣,而或原于性命,或生于形气。"人道

---

① (韩)琴章泰:《艮斋学在韩国思想史上的地位》,第182—183页。
② (韩)田愚著:《艮斋集》,第335册,第130页。

既可如此说，则四七岂有他说乎？两先生原初立言之意，已自不同。一则分二者，而曰理发气发；一则总一觉，而曰原于性生于气。则《语类》之云，无乃指原于性者曰理之发，生于气者曰气之发欤？若曰不然，而必以为道心是理发而气随之，人心是气发而理乘之，如退翁四七之论，则《中庸序》恐无此分理气互发用之意脉矣。（晦翁之意，本谓其原其生，皆此一个知觉为之，非谓性命与形气，两对而互发也。）①

　　退溪理发气发问题意识的源头在于朱子理之发与气之发的论题。艮斋辨析朱子之说，并进一步分析退溪之说与朱子之说的差异。艮斋援引朱子《中庸序》，指出道心与人心都只是有知觉的心，道心原于性命之正，人心生于形气之私。同样地，四端与七情也只是属于形气的层面。所谓理之发，就是指原于性；气之发，就是指生于气。退溪将心分理气而言，以道心属理，人心属气，认为道心是理发而气随之，人心是气发而理乘之。朱子与退溪的差异之处在于二人原初立言之意有不同，朱子是总说，退溪是分说。艮斋认为理之发，此发是"发于"，而非发用。关于理发与气发的问题，艮斋反对退溪理气互发之说，认为栗谷气发理乘一途说更加符合朱子原意：

　　　　或曰："然则理之发，其详可得再言欤？"曰："此如言性发为情。（此句通四七言。）盖性无为而因心以发用，晦、退、栗三先生皆无异见，而性发为情，又皆用之无疑矣。如太极动静、天命流行、道体呈露，亦皆指因气以动静、流行、呈露者言也。理发、性发、理之发，皆如此。"②

────────────

① （韩）田愚著：《艮斋集》，第335册，第75—76页。
② 同上，第76页。

艮斋进一步阐释"理之发"的含义。他借用"性发为情"论说，指出性无为，因此只能借助心以发用，性发为情，则为性体之发用。退溪之理发说与性发为情及朱子理之发说，都是性理无为而凭借气以发用。这也就是栗谷气发理乘的理论。艮斋坚持理无为而气有为的理气论，在这种思想基础上，只能说理因气以发用，而不能说理能够直接发用。

"然则退翁竟与晦翁不同欤？"曰："否，不然也。退翁尝为南时甫作《静斋记》，其言曰：'动静者气也，（动者，四七皆包在里许，气字正指心气言。）所以动静者理也。（此本晦翁语。）'此在五十六岁，未可谓初年所见也。况其《答金而精书》又曰：'动者是心，而所谓动之故是性也。'此又作于六十四岁矣。《答禹景善书》亦曰：'心动而太极之用行。（此非气发而理乘之之谓乎？）'此又作于六十五岁矣。如何不认做晚年定论乎？如此则与栗翁'发者气也，所以发者理也'之云，无毫发之异，而虽曰出于一手，谁复间然矣乎？"①

退溪之说虽然与朱子之说有差异，但并不意味着退溪思想与朱子思想完全不同。艮斋例举退溪《静斋记》《答金而精书》《答禹景善书》之文，以晚年定论的形式说明退溪思想之合于朱子、栗谷。退溪与栗谷最大的争论是"四端七情之辨"，退溪主张理气互发，栗谷主张气发理乘一途说。此处，艮斋明显主张退溪晚年的思想倾向于气发理乘，即性理无为而不能发用，只能凭借心气以发用，心气发用的本体依据是性理。对于艮斋面对栗谷与退溪的态度，蔡家和教授《田艮斋对朱子与栗谷理学的承继发展》一文作出了详细论述，认为艮斋

---

① （韩）田愚著：《艮斋集》，第 335 册，第 76 页。

始终是站在尊奉栗谷的立场，主张朱子的正统是气发理乘，退溪晚年思想倾向于朱子与栗谷之说。①

三、艮斋学派

艮斋晚年隐遁继华岛，授徒讲学，德高望重，成为韩国儒林的精神领袖，从学弟子甚多，遍布全国各地。艮斋逝世后，门人知旧加麻而从者二千人，观葬者六万余人，可以想见艮斋的影响力。琴章泰教授指出："作为道学传统的教育者，他广泛为传授道学理论及其实践的学术体系，不仅在当时的湖南，而且在全国各地以及满洲北间岛慕名而来的培养了将近3000弟子，受到他们的尊敬与信赖。"②艮斋的弟子们谨遵师训，继承遗志，讲学授徒，师门不断壮大，逐渐形成艮斋学派。

艮斋学术之流传可略见于《华岛渊源录》。此书为艮斋后学所编，由重川书室③发行，内容分《从游录》《同门》《观善录》《及门》《尊慕录》《私淑录》，简要记载了诸人姓名、字号、生平、家世等信息。艮斋《题观善录》："仆尝谓是篇，圣豪种子簿，愿与诸学生，尊性追尼父，朋友亦天性，伊洛遗至言，辅仁复施义，乃能继远源。时人喜相妒，君子靡有争，士流宜自重，曷不畏天明。君不见白云之门卫富益，荐绅仕元不许升讲座，如今髡首夷装非吾徒，纵遇颜子、明道不见赦。孰谓蓬荜不关世，匹夫亦有天下责。要将此语常服膺，

---

① 蔡家和："主要而言，还是站在栗谷，反对退溪、湖论，虽有以晚年定论的方式，以避免批评退溪，然而还是认定是退溪之悔悟，而倾向于栗谷，无论这种晚年定论成功与否，都看出其立场鲜明，主要还是宗栗谷；至于栗谷与退溪之不同处，必需抉择以选定其派系之处，主要是对心统性情之发时，是理发还是气发的问题，而归宗于栗谷，乃认为朱子的正统是气发理乘，无论四端、七情都是气发理乘，并无退溪的理气互发之意。朱子的性发的意思，不等同于理发，退溪的理发之说是行不通的，纵是晚年定论，也是弃其理发之说。"见蔡家和：《田艮斋对朱子与栗谷理学的承继发展》，《艮斋学论丛》2013年第15辑，第157页。
② （韩）琴章泰：《艮斋学在韩国思想史上的地位》，第197页。
③ 学堂名，主人为朴镕柱。

庶几不坠正道脉。"① 他表达了尊崇圣贤，严防华夷，护卫儒道，关怀世道的理念。这也是他选择学友与选择门生的标准。

艮斋的人格精神，构成了艮斋学派的核心凝聚力。艮斋守卫儒道，守义自靖，坚韧不屈的精神得到众人高度评价。退溪学派郭钟锡（号俛宇）评价说："其钦仰清节，有非余人可例。"② 俛宇与艮斋之性理思想虽然有分歧，但是他却赞赏艮斋的高洁精神。艮斋门人柳永善作《墓碣铭并序》称曰："先生学问出处，谨守孔朱成训，栗尤正传，确乎不拔，磨而不磷。挺然于世风颓靡之中，天下非之而不顾。超然于名誉得丧之表，举世不知而不悔。"③ 蔡仁厚称赞说："艮斋以一介寒素之儒，无权无势，无财无力，唯以精诚耿光，讲学守志，不舍不离，生死以之。可不谓卓然杰出者欤！"④ 正是这样的精神，造就了艮斋学派。

艮斋学派至今仍生机勃勃，艮斋的再传弟子们在韩国传统书院教学授课，延续着儒家的学脉。本书以德星书院与训蒙斋为例，进行简要介绍。德星书院位于今世宗市，由任龙淳（号敬华）创办。任龙淳是任宪瓒（1876—1956，号敬石）的孙子及弟子，是艮斋再传弟子。德星书院奉祀全斋任宪晦、艮斋田愚、不匮斋李载九、炳庵金骏荣、诚庵李裕兴、鲁庵赵弘淳、敬石任宪瓒七贤，每年举行春秋祭祀，定期举行讲会活动。训蒙斋位于全罗北道淳昌郡，是金麟厚（1510—1560，号河西）于1548年创办的讲学堂，培养出许多大儒，是韩国儒学的发源地之一。金河西推崇孔子与朱子，与李退溪、奇高峰共同传播发扬性理学，被称为"海东濂溪"、"湖南洙泗"。训蒙斋现任山长金忠浩（号古堂），从权纯命（1891—1974，号阳斋）受儒学之业，是艮斋的再传

---

① （韩）田愚著：《艮斋集》，第 336 册，第 333 页。
② （韩）郭钟锡著：《俛宇集》，《韩国文集丛刊》第 343 册，首尔：民族文化推进会，2005 年，第 122 页。
③ （韩）柳永善撰：《墓碣铭》，（韩）田愚：《艮斋全集》第 13 册，第 261 页。
④ 蔡仁厚：《韩儒田艮斋之心性论》，《鹅湖学志》1999 年第 23 期，第 4 页。

弟子。韩国学者安在淳评价阳斋说："他是一位在艰苦的条件下，将儒家的儒士精神和隐居精神直接作为个人的宗旨，无愧于人生的现代哲学家。他的学问不在于私念与理论，而在于现实与伦理问题。"① 训蒙斋传承儒学的真精神，致力于开展传统讲学活动，焕发着鲜活的生命力。实际上，艮斋本人也与训蒙斋有着颇深的渊源。1904 年，艮斋六十四岁，前往训蒙斋并开展讲会。1905 年，他又一次前往训蒙斋开展讲会，与会者数百人。有《训蒙斋讲会韵》等文章传于世。

对于艮斋学派的贡献，韩国学者李东熙评价说："在韩末激荡摇动的形势面前，传统学问正处于崩溃之时，跟随艮斋学习儒学的儒生达到了 3000 余人，从这点上展现了他的教育报国绝非徒劳。不仅全罗道，在庆尚道南部一带以及全国各地，他的门第们直至光复前后都在研习传统学问，而他的再传弟子们至今仍在古典翻译与经典教育上独当一翼。由此看来，他那隐居讲学的为人处世之道可以说是取得了有终之美。"② 可知艮斋的影响深远，不仅在当时成为群儒领袖，弟子众多，其再传弟子们仍然活跃在当今社会，为国民传统文化的教育与国民精神的培养做出了独特贡献。

韩国学术界也非常重视艮斋学派思想的研究。1989 年 6 月 3 日，在韩国成均馆明伦堂成立了"艮斋思想研究会"，2000 年扩大改编为"艮斋学会"。③ 艮斋学会出版连续性刊物《艮斋学论丛》(初名《艮斋思想研究论丛》)，并且出版中韩双语版连续性刊物《艮斋先生的学问与思想》，为艮斋学派思想的研究与发展做出了重大的贡献。

---

① （韩）安在淳：《艮斋学派的思想发展历程及其意义》，《艮斋先生의　学问과　思想》2014 年第 1 辑，第 275 页。
② （韩）李东熙：《艮斋对朱子·退溪·栗谷性理说的解释》，《艮斋先生의　学问과　思想》2018 年第 4 辑，第 237 页。
③ （韩）梁承武：《艮斋学之研究活动与未来方向》，《艮斋先生의　学问과　思想》2014 年第 1辑，第 662 页。

小　结

艮斋的人生经历可以大致分成三个阶段。第一阶段（1841—1893 年），主要是求学问道，讲学论辩，可以用朱子"以敏底才，用钝底功"概括其天资聪颖、勤奋好学。此时，他自觉护卫儒学道统的意识已经初步显现。第二阶段（1894—1911 年），面临国家危亡的局势，艮斋颠沛流离，辗转于西海孤岛，可以用"万劫终归韩国士，一生窃附孔门人"表述其尊奉朝鲜国君以及信仰儒学的心志。第三阶段（1912—1922 年），艮斋隐遁继华岛，开淑后进，守卫儒道，虽然自谦说"中流谁砥柱，孤竹独清风"，实则其艰苦卓绝的精神可谓百世清风，不愧"望专一国，道高天下，四色共尊，华夷同慕"①之称。

艮斋的著作宏富而版本繁杂，主要有华岛本、晋州本、龙洞本三个原始版本来源。《艮斋私稿》与《艮斋私稿续编》是艮斋著作的主体部分。《秋潭别集》，是艮斋著作的浓缩版，突出体现了其尊华攘夷的思想，卫道全义的精神。《艮斋先生礼说》体现了其礼学思想。《臼山先生四书讲说》体现了其四书学思想。《艮斋先生性理类选》是其性理思想精华的聚集。《臼山风雅》仿《濂洛风雅》之体例而编，具有浓厚的理学诗意味。

艮斋的性理思想主要来源于朱子、栗谷，理气论与心性论是最突出的两个方面。他不仅继承朱子、栗谷之学，并且作出了进一步发展，建构了宏大而精密的思想体系，被称为朝鲜性理学之集大成者。艮斋生逢儒学衰微之际，以斯道为己任，试图建构道统谱系。他承接栗谷学派，又开启艮斋学派，为韩国儒学的发展做出了重要贡献。

蔡仁厚依据艮斋人生阶段，述评其学行为六端：一、端重好学，徙义服

---

① （韩）权纯命、柳永善、吴震泳编：《艮斋先生年谱》，（韩）田愚著：《艮斋全集》第 13 册，第 112—113 页。

善；二、三梦圣贤，归宗晦翁；三、危疑之际，讲学守志；四、国变世乱，守死善道；五、仁归荒岛，海滨邹鲁；六、儒行光显，范式海东。[①]他又根据艮斋的思想主旨约而综评为五：一曰"资性刚毅，敬义双进"；二曰"躬行实践，贯彻圣教"；三曰"性理之学，折中朱子"；四曰"评斥心学，严守学统"；五曰"坚笃精诚，大节凛然"。[②]蔡仁厚对艮斋学行、思想之评述精要切当，可谓典范。

---

① 蔡仁厚：《韩儒田艮斋之心性论》，第3—5页。
② 同上，第18页。

第二章　心性思想的渊源

第一节　对朱子心性论的阐释发展

朱子学是艮斋思想体系的基础，也是其辨别正学异端的绝对标准。蔡仁厚认为："艮斋之心性思想，不但本于朱子学，而且义理分际亦有明彻之理解，并能恰当地表述出来。"[①] 杨祖汉教授指出："艮斋的朱子学诠释正好是对牟先生批评朱子是儒门别子的回应。"[②] 两人都充分肯定了艮斋对朱子学阐释发展的意义。艮斋对朱子学的阐释是多方面的，本文仅从心性论进行探讨。朱子之学承接二程而来，一脉相承，不可分隔，因此讨论艮斋对朱子学的继承，也必然涉及二程之学，这是必须首先说明的。

[①] 蔡仁厚：《韩儒田艮斋之心性论》，第 15 页。

[②] 杨祖汉著：《从当代儒学观点看韩国儒学的重要论争续编》，台北：台大人社高研院东亚儒学研究中心，2017 年，第 575 页。

一、对朱子性论的阐释发展

（一）程朱"性即理"思想

二程首先倡导"性即理"，建构了以"本性论"为中心的思想体系①，而在程伊川那里，"本性论"得到了充足的发展②。朱子主要继承程伊川思想而进一步推进了"本性论"。

程伊川曰："性即理也，所谓理，性是也。天下之理，原其所自，未有不善。喜怒哀乐未发，何尝不善？发而中节，则无往而不善。"③伊川将性提升为本体地位，并且等同于本体之理。理为纯粹至善，因此性也是纯粹至善的，喜怒哀乐之情未发则是善的，流行发用而中节则亦是善的，现实中的恶只是不中节的状态。伊川又说："气有善不善，性则无不善也。人之所以不知善者，气昏而塞之耳。"④他作出本然之性与气质之性的区分，将现实中的不善归于气的蔽塞。本然之性与理为一，纯粹至善，人所共有；气质之性，在于气化不齐，故有善恶之分。本然之性，是人皆可以为尧舜的前提；气质之性，是现实中善恶存在的合理解释。"气质之性"说解释了现实社会中恶的问题，成全了"本然之性"的纯粹至善。值得注意的是，本然之性与气质之性不是截然分开的，而是性的不同表述。伊川进一步说："性无不善，而有不善者才也。性即是理，理则自尧、舜至于涂人，一也。才禀于气，气有清浊。禀其清者为贤，禀其浊者为愚。"⑤他肯定本然之性是理，认为不管是尧、舜这样的圣人，还是平

---

① 劳思光说："盖以'本性论'为中心之形上学，实建立于二程之手。"参见劳思光著：《新编中国哲学史》第3卷上，桂林：广西师范大学出版社，2005年，第149页。
② 劳思光说："合二程而言之，则二程首先有'本性论'之倾向；分别言之，则明道仍偏重'天道观'，而'本性论'之充足发展仍属伊川之学。"参见劳思光著：《新编中国哲学史》第3卷上，第151页。
③ （宋）程颢、程颐著，王孝鱼点校：《二程集》上册，北京：中华书局，1981年，第292页。
④ 同上，第274页。
⑤ 同上，第204页。

凡人，都具有本性，而且本性是没有差别的。圣人与凡人的差别在于才，而才的不同取决于所禀之气的清浊。伊川在承认现实差异的基础上，强调本性的相同。正是因为凡人都具有与圣人无差别之本性，所以凡人都有成为圣人的可能性。气虽不齐，禀赋有差，而大本为一，人应当返归于本然纯粹之善。换句话说，虽然人人都有成为圣人的可能性，但是实际情况却是圣人能够自然地依循性理而行，无有差错，凡人则需要做复性的工夫，才能够符合性理。

朱子认为"性即理"之说颠扑不破，积极倡导这种思想，并且建构了更加宏大的"本性论"思想体系。朱子说："性即理也。在心唤做性，在事唤做理。"① 朱子通过在事之理而引导出在心之性，指出虽然性与理不同名，但是性与理在本质上是一样的，性即是理，理即是性。朱子又说："性者，即天理也，万物禀而受之，无一理之不具。"② 他进一步将性抬升至天理，而肯定性的本体地位。朱子说："性则纯是善底。"③ 性即天理，天理是纯粹至善的，那么性也是纯粹至善的。当然，这里是就本体之性一面而言。

关于朱子对伊川思想的继承，蔡仁厚指出："程伊川首先说'性即理也'，朱子承之，更明确说出'性只是理'。'性只是理'这句补足语，极关重要。"④ 也就是说关于性与理的概念界定，朱子用"只是"替代"即"，语义更加严格、确定，具有限定意义。

（二）艮斋的本性之学

艮斋倡导性具有绝对优先的本体地位，强调心之知觉原于性理，主张心之运用应当效法性理。艮斋的本性之学建立在程朱"性即理"基础上。具体而

---

① （宋）黎靖德编，王星贤点校：《朱子语类》第 1 册，北京：中华书局，1986 年，第 82 页。
② 同上，第 96 页。
③ 同上，第 83 页。
④ 蔡仁厚：《韩儒田艮斋之心性论》，第 8 页。

言，艮斋则发挥伊川"圣人本天"与朱子"心觉原性"的思想，从而将程朱的"本性论"推展开来，甚至可以说达到了极致的状态。

伊川曰："圣人本天，释氏本心。"① 艮斋阐释说："'圣人本天'，人以心之有觉言，天以性之无为言。'释氏本心者'，不以性为本，而心自为大本，故与圣人异。"② 艮斋将伊川"圣人本天"直接解释为"心本性"，也就是心以性理为准则而效法之。艮斋还突出心作为实践主体的明觉，性作为绝对准则的无为。心若自尊自大而不以性为本，就是异学。实际上，提高性体，正有对治佛老着意于心的意图，程朱一系往往以此对治"心学"，每见人言心便指出有流入佛老之嫌。艮斋由"本天"到"本性"的转换，依据是朱子"性者，即天理也"的论断。艮斋说："《小学》首言天命之性，性岂有一毫不善？是为天下之大本。程子所谓'圣人本天'之天，即此也。"③ 他明确指出性是纯粹至善的本体，本天即本性。艮斋又说："盖性纯善，当奉以为主。心本善，当察其流弊。此程门本天、本心之辨也。"④ 他将"本天"与"本心"的区别归于性之纯粹至善，心虽本善却可能向恶偏歧。也就是说，心虽然本善，但是不稳定，可以为善，也可以为恶，因此不足以作为绝对准则。作为绝对准则的只能是纯粹至善之性。

艮斋不仅发挥伊川"圣人本天"的思想，并以"本天"与"本心"作为分辨正学异端的标准。儒学是"本天"之正学，佛学是"本心"之异学。艮斋说："夫摄气以循轨，尊性以治心者，为主理本天之传。认心为形上，降性为居下者，为主气本心之见也。"⑤ 他对"本天"与"本心"的对举，意在强调性

---

① （宋）程颢、程颐著：《二程集》上册，第 274 页。
② （韩）田愚著：《艮斋集》，第 332 册，第 175 页。
③ （韩）田愚著：《艮斋集》，第 334 册，第 504 页。
④ （韩）田愚著：《艮斋集》，第 332 册，第 468 页。
⑤ （韩）田愚著：《艮斋集》，第 333 册，第 437 页。

与心的区别，即性是形而上的绝对本体，心是形而下的主体。心属于气的位分，因此需要检束心气以遵循性理。又说："人之运用系于心，心之运用本于性，是乃圣人本天之宗旨，儒门主理之正学也。"① "本天"对应于"主理"，性是等同于天理的绝对准则，心具有能动作用，心之运用以性为本则是正学，心不依循性而悖理则是异端。正是因为这种分判，艮斋认为尊崇心的陆王之学，与佛学一样是异学。

艮斋对于"本天"的强调，还在于从现实状况出发而产生的担忧。他说："学者能于不言之天、无为之性，知所畏敬而不敢自肆，则可谓本天尊性之圣传矣。若以其不言无为，亵而慢之，以心则狂，以事则败，以世则乱，而无往不悖矣。"② 性理无为，是心的本原依据。本天之性的确没有对人进行强制规范要求，但是遵循性理不仅仅只是心的自主选择，同时还是一种源于天命所下贯于人的责任。天理将此性赋予人，之所以没有强制要求人如何行动，从积极面向来看这是一种责任的交付，是提供个体自我造就、自生自化的活泼泼的生命空间，个体的确有选择不遵循天理的自由，但这样就背离了根源于天命天理的责任，天道的牵引与召唤构成了个体如何抉择的终极价值导向。就现实情况来看，心有遵循性理的可能，也有背离性理的可能。艮斋的工夫论重点就在于检束心气，使之遵循性理。因为这是关系到个人的成德之教，处事成败，社会动乱。艮斋还说："圣人以心言，心之本天，天心同体同用之道也。若夫他道之本心，心乃以天自处，心苟自天，天地有不翻覆，彝伦有不斁伤者乎？"③ 从现实流行而言，能动之心以性理为本，则性理与心同体同用，所谓同体同用即心与性理的合一状态。性理作为绝对准则的确立，是天地伦常秩序的保证，倘若

---

① （韩）田愚著：《艮斋集》，第332册，第30页。
② （韩）田愚著：《艮斋集》，第335册，第158页。
③ （韩）田愚著：《艮斋集》，第333册，第173页。

主体之心僭越而自以为本体，没有绝对准则的约束，则必然肆意妄行，冲击社会纲常。

　　艮斋阐述伊川"圣人本天"的思想，并由此转述其"本性"之学。艮斋指出："程、朱诸先生教人，以性为本源，故曰'圣人本天'，又曰'学以复性'。今当知性是如何物事，在天为太极，在人为至善。曰太曰至，则无以复加，亦无与为对者也。"① 他借由伊川与朱子的学说，肯定性之为天理的本体地位，并且强调性是纯粹至善的，是绝对尊贵的。本善之心，不足以与性相对而言。艮斋又说："圣学本性而不本心，观于《中庸》首章可知矣。如《小学题辞》、《大学》序文、《论语》首章集注，都是一个涂辙。若乃《孟子》首章，虽论为国，亦必以仁义做主。《击蒙要诀》，虽训始学，亦必以性善起头。甚矣！性之不可不本也。"② 他认为圣学"本性"的宗旨贯穿于儒学经典《四书》，即使是朱子所编之《小学》与韩儒李栗谷所编之《击蒙要诀》这类的童蒙书，也是以性为本。并且，正如"本天"与"本心"对举，"本性"与"本心"也是决然有别的。他说："性是理之真体，尊是心之妙用。圣学是本天、本性之学，若乃主心、主气者，是外道也。"③ "性"是"理"之真体，"尊性"是"心"之妙用。主体之心遵循本体之性，则是正学，不可以气、心为主。他又说："事事物物当然之理，即是性也。（衣冠当正，足容当重，非礼当勿视听之类，皆是性也。）人能于事物上，奉循其理者，是心也。是为圣门本天之学也。"④ 他指出性理是绝对准则，心是实践主体，心遵循性理，则是正学，心不遵循性理而自用，则违背正学。

① （韩）田愚著：《艮斋集》，第335册，第271页。
② （韩）田愚著：《艮斋集》，第332册，第490页。
③ （韩）田愚著：《艮斋集》，第336册，第270页。
④ （韩）田愚著：《艮斋集》，第334册，第508页。

艮斋还有"圣人本天、君子尊性之正学"①的论述，将"本天"与"尊性"置于同等地位而视为正学。他说："盖此心所受之性，只有善而无恶，故此心所发之用，当为善而去恶尔，是之谓本天师性之圣传也。"②本性亦可说师性。师性的前提是尊性，只有尊性，才能真正地效法性。艮斋虽然以"本天"为"本性"，不过分别而言，"本天"的客观意味更强，与主体有一种距离感；"本性"则因为性在心中，而与主体有了割裂不断的牵连，既保证了客观性，又增添了主观意味。为了防止将心与理当作分离的二者，朱子倡导"性即理"，通过性来表述理在心中。艮斋在程朱"本天"概念的基础之上强调"本性"，用意在于消除心与理的隔阂与距离。对"本性"的强调，也成为了艮斋心性论的突出特色。杨祖汉教授说："伊川、朱子的学理已经强调了人气禀之杂，但未深入探讨此问题，而艮斋所强调的心必须以性理为尊，以性理为学习对象，才能免于放纵恣肆，应该是朱子学合理的发展。"③他肯定了艮斋对程朱学说的发展。

艮斋说："心本性，即圣人本天，心之知觉原于性命之意。"④可知艮斋"心本性"之学说不仅是对伊川"圣人本天"思想的发挥，还必须以朱子"心觉原性"思想为依托。朱子《中庸章句序》曰："心之虚灵知觉，一而已矣，而以为有人心、道心之异者，则以其或生于形气之私，或原于性命之正。"⑤心之明觉原于性，则性是心的本体依据。"心本性"涵盖伊川"圣人本天"与朱子"心觉原性"的思想，如此则儒学天人合一的追求在"心本性"的层面得到了统一。本性之学一方面抬升了性作为客观标准的特质，另一方面也在一定程度

---

① （韩）田愚著：《艮斋集》，第334册，第188页。
② 同上，第514页。
③ 杨祖汉著：《从当代儒学观点看韩国儒学的重要论争续编》，自序第5页。
④ （韩）田愚著：《艮斋集》，第336册，第78页。
⑤ （宋）朱熹撰：《四书章句集注·中庸章句序》，北京：中华书局，2012年，第14页。

上促使了理或者说天理内化于人。

艮斋对本体之性的规定都是依循朱子对理的规定。朱子曰："性即理也。当然之理，无有不善者。"① 性是绝对的准则，是纯粹至善的。朱子又说："盖气则能凝结造作，理却无情意，无计度，无造作。……若理，则只是个净洁空阔底世界，无形迹，他却不会造作；气则能酝酿凝聚生物也。但有此气，则理便在其中。"② 朱子对理的规定是无情意，无计度，无造作，无形迹，这也就是艮斋对性无为的规定。艮斋不仅用理的特质描述性，并且用理与气之分对应性与心之分。朱子说："性是形而上者，气是形而下者。"③ 朱子将性提升为本体之理，艮斋则不仅将性规定为形而上者，并进一步将心规定为形而下者。不过，心虽然属于形而下的位分，但心是气之精英，不能等同于形气。关于理气先后问题，朱子说："理未尝离乎气。然理形而上者，气形而下者。自形而上下言，岂无先后？"④ 又说："此本无先后之可言，然必欲推其所从来，则须说先有是理。"⑤ 朱子虽然主张理气不分，但是强调理对于气的逻辑优先。由此，艮斋主张性对于心的优先地位。朱子说："要之，也先有理，只不可说是今日有是理，明日却有是气。也须有先后，且如万一山河大地都陷了，毕竟理却只在这里。"⑥ 朱子否定理与气的时间先后性，并且肯定了理的绝对存在。在艮斋那里，理的绝对存在，也就代表性的绝对存在。

概而言之，艮斋的本性之学，集中体现为"心本性"说，有两层含义：就根原而言，心原于性；就现实流行而言，心应当效法性。"心本性"的两层含义之间又有其内在联系，即心效法性的依据是心原于性。心原于性层面含义的理据是朱子"心觉原性"思想，心效法性层面含义的理据是伊川"圣人本天"

① （宋）黎靖德编：《朱子语类》第 1 册，第 67 页。
②④⑤ 同上，第 3 页。
③ 同上，第 97 页。
⑥ 同上，第 4 页。

思想。艮斋本性之学以程朱思想为基础而又融会贯通，由此可说艮斋的本性之学承袭程朱脉络，而有更进一步的展开。

（三）艮斋人物性同论

程朱论人性与物性，既从相同的方面说，又从差异的方面说，为此论题留下了极大的阐释空间。朝鲜时代的儒者们对人性与物性之同异产生了激烈的论辩，而开展出各自的思想体系与领域。艮斋从本然之性论人性与物性之相同，从心与气质论人与物之差异。

关于人性与物性同异的论题，可以追溯至二程及朱子。伊川曰："君子所以异于禽兽者，以有仁义之性也。苟纵其心而不知反，则亦禽兽而已。"[①] 伊川这里区分人与禽兽，认为人之所以为人，在于具有仁义之性。仁义之性，是从道德层面而言的。不过，人与禽兽并不是决然不可跨越的区分，如果人恣肆放纵则有可能沦落为禽兽。程子曰："告子言生之谓性，通人物而言之也。孟子道性善，极本原而语之也。生之谓性，其言是也。然人有人之性，物有物之性，牛有牛之性，马有马之性，而告子一之，则不可也。"[②] 人与物虽然都是生而有性，但是人之性还具备禽兽所不具备的道德之面向，这也是区分人性与物性之差别。性从本原处而言，是纯粹至善的，具有道德意义的，是普遍的。从现实流行而言，则因为气质的不一样，而表现出道德修养的不同。

关于人性与物性同异，朱子曰："人物性本同，只气禀异。如水无有不清，倾放白碗中是一般色，及放黑碗中又是一般色，放青碗中又是一般色。"[③] 又曰："性最难说，要说同亦得，要说异亦得。如隙中之日，隙之长短大小自是

---

① （宋）程颢、程颐著：《二程集》上册，第323页。
② （宋）程颢、程颐著：《二程集》下册，第1253页。
③ （宋）黎靖德编：《朱子语类》第1册，第58页。

不同，然却只是此日。"① 朱子所说的性有两个层面的意思，一是本原之性，一是气质之性。本原之性是相同的，气质之性则因为气禀之异而不同。人性与物性一源，那么为什么会有差异呢？朱子曰："人之性论明暗，物之性只是偏塞。暗者可使之明，已偏塞者不可使之通也。"② 他认为天命之性原本无偏全之别，但是人性禀得天命之全体，只是因为气质的清浊而有明暗之别，而物之性则只得天命之偏，因此闭塞不可通。也就是说，人性与物性虽然本源相同，但是因为禀赋有偏全之别，所以现实流行之人性与物性有差别。从道德意义而言，人有复归天命之性的可能，而物则没有通达天命之性的可能。

　　艮斋关于人性与物性同异的观点建立在朱子性论基础之上，艮斋《读孟子生之谓性章集注》曰：

　　　　性，形而上者也。气，形而下者也。人物之生，莫不有是性。(《中庸或问》曰："在人在物，虽有气质之异，而其理则未尝不同，然则人之与物，只以气质偏正而异其用，而其十分圆满之性，初无毫发欠剩也。")亦莫不有是气。然以气言之，则知觉运动，(此只指知寒觉煖、趋利避害言，若以识得是非，行得礼义，则奚啻不同？)人与物若不异也。以理言之，则仁义礼智之禀，(此是举人物所共赋受底十分圆满、无毫发欠剩者而言也。)岂物之所得而全哉？(《语类》䁔录："天命之性，非有偏全，禽兽亦是此性。"而今曰物不得而全，则可知是就气昏形拘推不得处说，非谓合下禀得有不全尔。细玩"得而"两字，尤可见矣。)③

————————————

① (宋)黎靖德编：《朱子语类》第1册，第58页。
② 同上，第57页。
③ (韩)田愚著：《艮斋集》，第333册，第119—120页。正文为朱子集注，括号中文字为艮斋按语。

从上述引文可知，在朱子那里，性是形而上的本体，人与物的气质有差别，所禀赋的理则相同，气质的清浊偏正影响性理的发见，但是人与物都具有圆满的理。艮斋将知觉运动解释为对寒暖的知觉以及对利害的趋避，认为在这一方面人与物是相同的。他对朱子"仁义礼智之禀，岂物之所得而全哉？"的观点作出独特阐述，由人与物都禀赋理，进一步认为人与物都禀赋全体之性，物亦有仁义礼智之性，只是物因为形气昏浊拘束，不能推拓仁义礼智之性，不能保全天命之性。艮斋强调朱子所说"得而"两字，表现出物先禀赋而后不能保全的过程。

艮斋还引朱子《太极图说解》以阐明己说，指出"太极解曰：'人物之生，莫不有太极之道焉。（太极人物同，而心则人物异。）然阴阳五行气质交运，而人之所禀独得其秀，故其心为最灵，而有以不失其性之全。（人物之分，不在于性与太极，而在于气之秀不秀，心之最灵与否，则心之非性与太极明矣。）"① 他认为人与物的差异不在于太极与性，而在于气质的影响以及心的灵明与否。由此可说，艮斋认为人性与物性相同。

艮斋论人性与物性相同，是从本然之性出发所下的论断。其《本然性论》曰：

> 天地万物本然之性，原无有偏，此据程朱二夫子之论，无可疑矣。（程子曰："凡物莫不具有五常。"又曰："虽木植，亦兼有五常之性。"朱子曰："人物皆禀得健顺五常之性。"又曰："微物之性，何缘见得不是仁义礼智？"）②

① （韩）田愚著：《艮斋集》，第335册，第99页。
② （韩）田愚著：《艮斋集》，第333册，第111页。

艮斋认为天地万物都有本然之性，并举程朱论性之语以证明。从艮斋所举之例来看，程朱认为人与万物都具有仁、义、礼、智、信的五常之性。由此，艮斋所谓的本然之性，也就是五常之性。

> 窃意性只是一个太极之理，天地万物未受之前，只是此极，天地万物已受之后，又只是此极。一者一也，更无两样太极。如二气五行之精，朱子且以为不二，况太极之理，而可以裂做两样乎？才有两样，便有万亿矣。夫就其所乘之形，所运之气，而语其理之发见，则虽父子之一体，昆弟之同胞者，已不侔矣，而况于男女之异形、圣凡之殊质乎？此而犹然，其他华夷、人兽、动植、枯槁之不齐，又岂可胜穷也哉？据此气局之万殊，而验性理之本异，吾复何言。①

艮斋秉持"性即理"的观点，认为性只是一个，贯穿已发未发。因为气与形的影响，因此性理之发见必然不同，人与物的差异在于气与形，而并非在于性。气局因而有万殊，性理则通而只是一。此观点源自栗谷"理通气局"之说。艮斋将本体之性推演到极致，而决然区分性理与形气的差别。

> 窃又思之，谓天地万物各具一太极，彼此之所同然也，但湖家指天命之性与太极之体，有一原分殊之辨，而洛家直指性为太极，更无差别。此为立论之小异处，虽曰小异，然无限葛藤，皆从此出，是宜明辨也。如欲明辨，舍朱夫子，亦将安所本哉？其言曰："性是太极浑然之体，而其中纲理之大者有四，曰仁、义、礼、智。"又曰："性字，盖指天地万物之理

---

① （韩）田愚著：《艮斋集》，第 333 册，第 111 页。

而言，是乃所谓太极者也。"（又曰："性犹太极。"又曰："性即太极。"栗谷先生亦曰："太极在天为道，在人为性。"）由是观之，性与太极如何有辨？诸家之论，可以归于一矣。（《遂庵集·答凤岩书》，作于戊子，而谓性与太极不同。《论性说》作于戊戌，而其言曰："太极全体无物不具，而万物之性，皆同也。"又以二者，合尖为一，此最晚年定论，而湖中诸先生，或未及细考欤？）或疑如子之言，则是有理一而无分殊矣，曰："不然。理一，譬则身一也；分殊，譬则耳目手足也。耳目手足，岂外此身而自为别物乎？理一分殊，未有天地万物之先，已有此理，及到天地万物已生之时，理一分殊之理，又自各各具足，更无一毫欠剩之异矣。吾故曰天地万物本然之性，原无有偏。"①

关于人性与物性之同异的论题，湖论认为太极之体是一原，天命之性是分殊，洛论认为性就是太极之体，这是湖洛之争的根本分歧处。艮斋对湖洛观点的分判，以朱子的思想为标准。依据朱子之言，则性就是天地万物之理，就是太极之体。因此，艮斋赞同洛论的观点。艮斋还举权尚夏（号遂庵，1641—1721）晚年定论之《论性说》，证明遂庵晚年持万物皆具太极全体，万物之性相同的观点。对于"有理一而无分殊"的疑惑，艮斋指出分殊之理与理一之理，原本只是一个理，性亦只是一个性，天地万物的差别不是性理的差别，而是形气所导致的性理发见的差别。

人性与物性论争的焦点在于五行之性。对此，艮斋说：

太极者，生物之本也。五行者，生物之具也。五行之性，是为后来男

---

① （韩）田愚著：《艮斋集》，第333册，第111—112页。

女万物五性之张本，本非可为人物受性偏全之别。此以图说五行在阴阳之下，人物又在五行之下观之，周子之指可见。奈何以此为人物同异之争。[1]

五行和太极本体一样，都是生发万物的必需要有的因素。五行是生成万物的材质类别。五行之性的区别，只是人与物所具有的五常之性的对应说法，不可因为五行之性的区别，来论证人与物禀受性有偏全的差别。从周子《太极图说》的排序来看，阴阳具太极，五行具太极与阴阳，人与万物具太极、阴阳、五行，五行层级的区别，并不影响人与物层级的禀受区别。也就是说，五行虽然有区别，但是人与物都禀得五行之性而为五常之性。概而言之，艮斋认为人与物都禀得性之全体而具备五常之性。

对于湖洛两家关于人性物性同异的论争，艮斋据朱子之言论而一一反驳，他说：

> 愚见此于湖洛两家，皆非正证。盖据随质不同，以明人物各异，则下文全体皆具而性无不枉者说不行矣，（朱子曰："但论气质之性，则全体在其中，非别有一性。"如曰物无气质性则已，既曰有云，则全体之性即同于人之本然矣。）此湖之不可为证者然也。又据全体皆具以明人物无异，则上文随其气质而所禀不同者说不行矣，（朱子曰："自阴阳五行而言，则不能无偏，而人禀其全。"如曰二五无偏而禀其全则已，既曰偏云，则不同之性即异于人之全禀矣。）此洛之不可为证者然也。盖《语类》僩录曰："金木水火土，虽曰五行各一其性，（此分明说随质不同矣。）然一物又各具五行之理。"（此分明说金亦具全体，木亦具全体。）愚故曰："五行之生，

---

[1] （韩）田愚著：《艮斋集》，第 333 册，第 112 页。

各一其性，非可以论人物偏全，只是后来万物所禀五性之张本也。"①

艮斋引朱子之言，以说明气质之性与本然之性是一性，万物具有气质之性，则其本然之性与人之本然之性是相同的。湖论持"命同性异"之说，认为天命之性相同，但是受气质的影响，人与物所禀得的性不同。由朱子之言，湖论的谬误之处在于根据气质的不同来说明人性与物性的差异。艮斋又据朱子之言，认为从阴阳五行流行发用的角度来看，人与物是有差别的。由此，洛论的谬误之处在于根据本然之性而论人性与物性相同，而忽略了气质对人与物的影响。朱子所谓"五行各一其性"，是指随质不同而性有不同，有五行之性而有对应的仁、义、礼、智、信五常之性。"一物又各具五行之理"，是指人与物皆具有五常之性。所以说，五行之性的区别，只是五常之性的对应，并不能用来论证人得性之全，物只得性之偏。艮斋对人性与物性相同的坚持，在于他的性本论的理论主张。既然性是本体，是绝对普遍的，那么人与物都必然具有无差别的本体之性。

艮斋认为就性而言，人与物相同，人与物都禀得性之全体；就气质而言，人与物有差别，并影响性理的发用，表现在人可通而物则蔽塞而不可通，人能保全仁义礼智之性，而物则不能保全仁义礼智之性。推至其心性论，则是性理具有普遍性、绝对性，心与形气则具有局限。

二、对朱子心说的诠释发展

朱子说："心者，气之精爽。"② 这是朱子对心的明确定义。劳思光指出：

---

① （韩）田愚著：《艮斋集》，第 333 册，第 112 页。
② （宋）黎靖德编：《朱子语类》第 1 册，第 85 页。

"朱氏之'心'观念，主要之特色在于以'心'为属于'气'者。"①朱子又说"虚灵自是心之本体"②，指出虚灵是心体特征的总概括。朱子进一步说："心比性，则微有迹；比气，则自然又灵。"③性理是无征兆的，相对来说，心则有形迹。心是气之精爽，具有虚灵的特征，因此不能等同于形气。又说："所觉者，心之理也；能觉者，气之灵也。"④在朱子的思想体系中，心不仅是虚灵的，还是明觉的。明觉之心可以知理，但本身并不是理，只是气之精爽。也就是说，心并不具有理之超越性。⑤蔡仁厚将"心"分为三个层次：一为感性层的血气心，二为知性层的认知心，三为德性层的道德心。他认为艮斋同于朱子"以智识心"，以心为气之灵，有知觉、能见理，但心不是理。⑥艮斋不仅肯定朱子心说的观点，并且进一步阐述发扬，极力倡导"心是气"。

在艮斋的思想体系中，"心是气"指心属于气的位分。他说："今指虚灵神明涵理而体道者，为不可直谓之理，奈何不下而属于气分，则所谓气者，非粗恶龙杂之物，乃是气之一原，与理无间底。"⑦艮斋严格分判性与心，以性为形而上之理，以心为形而下之气，坚持心属于气的位分，不过也强调心为精英之气，与普通形气有所区别。他还指出："心是气之有觉而为性之妙用者，性是理之纯善而为心之本体者。"⑧心虽然属于气的位分，不过因为是虚灵明觉的，所以具有妙用。艮斋倡导"心是气"，不仅源于朱子心说，还

---

① 劳思光著：《新编中国哲学史》第 3 卷上，第 227 页。
②③ （宋）黎靖德编：《朱子语类》第 1 册，第 87 页。
④ 同上，第 85 页。
⑤ 劳思光说："盖朱氏之'理'或'性'，纯作为一形上实有看，而'心'则是万有中之灵觉能力；故'心'在此意义下并无超越义，而只有经验义。"参见劳思光著：《新编中国哲学史》第 3 卷上，第 227 页。宋志明说："朱子只承认心具有内在性，即具有体认理的可能性，不承认心具有超越性。他把内在性归结于心，而把超越性归结于理。"参见宋志明：《艮斋对朱子心学的诠释》，《江苏师范大学学报》（哲学社会科学版）2013 年第 39 卷第 1 期，第 95 页。
⑥ 蔡仁厚：《韩儒田艮斋之心性论》，第 14 页。
⑦ （韩）田愚著：《艮斋集》，第 333 册，第 89 页。
⑧ 同上，第 144 页。

由于栗谷对此观点的论证①。朱子曰："心之虚灵知觉，一而已矣，而以为有人心、道心之异者，则以其或生于形气之私，或原于性命之正。"②栗谷由此而指出："先下一心字在前，则心是气也，或原或生而无非心之发，则岂非气发耶？"③可知栗谷根据朱子对道心与人心的解释，明确提出"心是气"的观点。

艮斋对性本体的强调，必然导致他对心属于气的位分的强调。这也就必然涉及对明德与道心属于理还是属于气的分判。艮斋的明德说，是对朱子明德思想的阐释。朱子说："明德者，人之所得乎天，而虚灵不昧，以具众理而应万事者也。"④这是朱子对明德的明确界定。从来源看，明德是得于天的；从特征看，明德是虚灵不昧的；从构造看，明德具有理而能够回应事务。关于明德是心还是性的问题，朱子回答说："性却实，以感应虚明言之，则心之意亦多。"⑤在这里，朱子从感应虚明的特征指出明德属心的层面。又说："'明明德'，明只是提撕也。"⑥从工夫论而言，提撕的对象也指向心。"或问：'明德便是仁义礼智之性否？'曰：'便是。'"⑦这一问答，从字义来看，则与上述朱子对明德的解说有所相反。"或问：'所谓仁义礼智是性，明德是主于心而言？'曰：'这道理在心里光明照彻，无一毫不明。'"⑧这里，朱子没有正面给出确切的答复，而是描述了理在心中光明照彻的景象。朱子对明德叙述的复杂性，在

---

① 杨祖汉指出："在韩儒，栗谷是首先明确的规定'心是气'的大儒，栗谷此说可谓是对心作明白的规定，也清楚表示了朱子对心的规定。"参见杨祖汉著：《从当代儒学观点看韩国儒学的重要论争续编》，第561页。
② （宋）朱熹撰：《四书章句集注·中庸章句序》，第14页。
③ （韩）李珥著，朱杰人、朱人求、崔英辰主编：《栗谷全书》上，上海：华东师范大学出版社，2017年，第376页。
④ （宋）朱熹撰：《四书章句集注·大学章句》，第3页。
⑤ （宋）黎靖德编：《朱子语类》第1册，第88页。
⑥ 同上，第261页。
⑦⑧ 同上，第260页。

朝鲜儒者中引起了明德是理还是气的争论。艮斋说:"'方寸之间,虚灵洞澈,万理粲然,有以应乎事物之变而不昧,是所谓明德者也。'此为朱子六十五岁告君之说。而以虚灵与不昧为首尾,则其间两句,皆此物之体用也。明德之为心,不其明乎?"[1] 可见艮斋主张明德属于气而为心。

艮斋引朱子关于明德的三段言论而一一辨析,他指出:

> 《大学》明德,或者据《语类》:"问:'明德便是仁义礼智之性否?'曰:'便是'"一段,以为德即是理之证,此似未然。有问"明道便是伯子否?",宜答曰"明道即是伯子"。"便是",是二物相似之辞。"即是",是一物无二之辞也。若观春(从木)录"人皆具此明德,德内便有此仁义礼智四者"之云,则便见德字、理字略有分别之实矣。又如铢录"问明德,曰:'我之所得以生者,有许多道理在里,其光明处,乃所谓明德也。'"此亦见德理非即是一物之意矣。[2]

针对明德是否为性的问答,他从语义分析的角度出发,认为"便是"指两个物体相似,"即是"指两个物体等同,朱子"便是"的回答并不能证明明德就是性理。艮斋以明德为心而具有性理,因此从明德是理之总会处浑沦而说,可称明德为理,但不能将明德与性理等同。关于朱子第二段言论,艮斋认为德与仁义礼智是包含关系,因此德与理的实质内容是有区别的。关于朱子第三段言论,艮斋认为明德是人所独有的光明,道理只是具于其中,而不能与明德等同。

关于明德理气之辨,艮斋之明德属气的主张,还源于栗谷的明德说。艮斋

---

[1] (韩)田愚著:《艮斋集》,第332册,第493页。
[2] (韩)田愚著:《艮斋集》,第333册,第9页。

说："尝见栗谷先生于《圣学辑要》第一章，载《庸》、《学》首章而释之曰：'天命之性，明德之所具也。率性之道，明德之所行也。'今以具性而行道者，直谓之理，则性与道又是何物？栗翁之必如是解者，何也？以朱子于《大学》释明德曰'具众理'，《中庸》释性曰'即理也'，释道曰'当行之理，皆性之德而具于心'，故栗翁断然以明德为具性行道之心，而无少疑难也。"① 栗谷将明德规定为具性行道之心，艮斋对栗谷之明德说也提供了充足的论据。

艮斋说："夫明德，分明是虚灵光明之心，能包得仁性道理，而做出德行事业者也。"② 这是对朱子《大学章句》的转换，而直接将明德规定为心。又说："明德是从吾人得气之秀而最灵处说。夫其气秀而其心最灵也，故足以具得许多道理。足以应得许多事务也。"③ 由此，艮斋从禀赋气之清明处解释明德具性行道何以可能。他进一步指出："浑沦说，则心神明德皆可以理言也，分开说，则心神明德皆是有思虑运用底，不可复目之以形而上之理也。"④ 理是形而上的，是无为的，明德有思虑运用，是有为的，所以不能归于理，只能归于心。有为无为是艮斋判定明德归属的依据。又说："盖明德是于气质正通之中，有至灵不昧之心，能妙得许多道理，做得许多事功者，人独有之，而物不能与也。"⑤ 明德是心，属于气分，具有能动妙用。五常之性是冲漠自然之理，人与物皆具有，因此人性与物性相同，人与物的差异在于形气的影响。人因为有明德，而与物有差异。明德具有灵觉的特质，理是无知觉、无造作的，所以明德不能是理。在艮斋的思想体系中，性为体，心为用，他也以这种关系解释性与明德。他说："性是具于明德而为本体之理。明德是具此性而为妙用之心

---

① （韩）田愚著：《艮斋集》，第 332 册，第 441 页。
② 同上，第 23 页。
③ （韩）田愚著：《艮斋集》，第 334 册，第 84 页。
④ （韩）田愚著：《艮斋集》，第 332 册，第 24 页。
⑤ 同上，第 25 页。

也。"① 又说："《大学》不曰心而曰明德者，心犹言人也，明德犹言圣人也，故曰明德心之尊称也。"② 明德是心，则《大学》"明明德"即是"明心"，"止至善"，则是"复性"。做工夫处在于心，做工夫的目的在于复性。

艮斋认为朱子人心道心的思想内涵丰富，屡变其说，作《书〈语类〉〈大全〉人心道心说后》以细致考察分析，其言曰：

　　一则以天理人欲言。如《心经》首章注所载是也。《释疑》谓："朱子晚年改定其说，以为人心流于不善，然后始谓人欲。"然以愚考之，此段是滕璘辛亥所闻，而在《中庸序》后二年，则恐未可谓初年未定之论也。一则以操存舍亡、义理物欲言。如《答许顺之书》是也。《割疑》谓此与《中庸序》不同。愚按：许氏，先生二十二岁时始见于同安，而卒于先生五十六岁，则此书虽未知的在何年，而要之非晚年定论也。一则以从天理上自然发出为道心，微有一毫把捉意思则谓之人心。如《答张敬夫、吴晦叔书》是也。《割疑》于张书凡四言，与《中庸序》不同。愚意若如此，则圣人有道心而无人心，自大贤以下又只有人心而无所谓道心矣。一则不以理欲操舍自然勉然言，而有但以形气性命分别者。如今《中庸序》是也。一则以觉于欲者为人心，觉于理者为道心。如《答郑子上书》是也。此亦是晚年说。……一则以为人心者，气质之心也。此是甘吉父癸丑以后所闻也。气质之于形气，其辨不同，而今日云然，未敢知也。一则以为父一虐其子，则子狠然以悖其父，此人心之所以危也。此是余大雅戊午以后所闻，则是最晚年说话，而语意与《中庸序》大不伦，恐决是记录之误也。③

---

① （韩）田愚著：《艮斋集》，第 334 册，第 78 页。
② 同上，第 332 页。
③ （韩）田愚著：《艮斋集》，第 333 册，第 227—228 页。

艮斋将朱子人心道心说归纳为 7 种。第 1 种说法是从天理与人欲的对待而言道心与人心，艮斋认为这是朱子晚年定论。第 2 种说法以操存对应道心，以舍亡对应人心，道心也就是义理之心，人心也就是物欲之心。艮斋认为这不是朱子晚年定论。第 3 种说法以从天理处自然发出为道心，有意把捉为人心。艮斋否定这种说法，认为自然与勉然不可作为道心与人心分判的标准。第 4 种说法以性命与形气对应而言道心与人心，也就是朱子《中庸序》的说法。第 5 种说法以对理与对气的知觉为分判道心与人心的标准。艮斋认为这是朱子晚年定说。第 6 种说法将人心作为气质之心。第 7 种说法指出人心悖逆之危。艮斋以《中庸序》为标准，对这种说法持怀疑态度。

对于道心属于理还是属于气的论题，艮斋说："愚按道心两字，便有理气之分，道是太极之理，心是阴阳之气也。道心云者，指知觉之发本于性命之正者而言，故栗翁以道心为本然之气也。"① 从"道心"字义出发解析其含义，将其解读为道与心，认为道心属于气的位分，不过因其本于性命之正，所以不同于一般形气，而为本然之气。他还明确分辨说："道心是有觉有为者，未可直名为率性之道也。道体是无觉无为者，未可直名为道心也。"② 他依据有觉无觉、有为无为的标准，判定道心属于气，不可视作性理。

三、对心性关系的创造性表述

朱子非常注重心性关系，作出了丰富的解说。在朱子思想基础上，艮斋提出"性师心弟"说，对心性关系作出了创造性的表述，可谓重要推进。

朱子说："性是理，心是包含该载、敷施发用底。"③ 这指明性是心之所有之理，心是性理的承载与发用。又说："心以性为体，心将性做馅子模样。盖心

---

① （韩）田愚著：《艮斋集》，第 333 册，第 143 页。
② （韩）田愚著：《艮斋集》，第 335 册，第 253 页。
③ （宋）黎靖德编：《朱子语类》第 1 册，第 88 页。

之所以具是理者，以有性故也。"① 性是心理为一的媒介。朱子经常将心、性、情三者联系在一起论述，如说："性者，心之理；情者，性之动；心者，性情之主。"② 这里他以心为性与情的纽带。朱子说："盖心便是包得那性情，性是体，情是用。"③ 还说："性以理言，情乃发用处，心即管摄性情者也。"④ 可知心不仅包含性与情，还主宰性与情，所谓主宰是从现实流行而言的管摄。朱子又说："心之全体湛然虚明，万理具足，无一毫私欲之间；其流行该遍，贯乎动静，而妙用又无不在焉。故以其未发而全体者言之，则性也；以其已发而妙用者言之，则情也。然'心统性情'，只就浑沦一物之中，指其已发、未发而为言尔；非是性是一个地头，心是一个地头，情又是一个地头，如此悬隔也。"⑤ 由此可见，性、心、情并非隔绝的三者，而是紧密联系的一体。心之全体的状态，即是性的状态；心之发用的状态，即是情的状态。相比较而言，艮斋的心性论则主要论述心性关系，较少涉及情。

　　朱子说："心固是主宰底意，然所谓主宰者，即是理也，不是心外别有个理，理外别有个心。"⑥ 他在心理为一的前提下，主张心的主宰即是理的主宰。艮斋对此作出清晰的阐释，他从本原处肯定性对于心的价值优先意义，同时又从流行发用处肯定心的现实操纵意义。这也就是其"性为心宰"说的内涵。朱子说："虚明不昧，便是心。此理具足于中，无少欠缺，便是性。感物而动，便是情。"⑦ 他主张"心具众理"，理是先天具足的。杨祖汉教授认为："在朱子系的学者中，往往是主张心对于理是有'本知'，或理于心为'内具'的。"⑧ 理之先天具足，也就说明心对于性有先天的本知。"问：'心是知觉，性是理。

---

① ② （宋）黎靖德编：《朱子语类》第 1 册，第 89 页。
③　同上，第 91 页。
④ ⑤　同上，第 94 页。
⑥　同上，第 4 页。
⑦　同上，第 94—95 页。
⑧　杨祖汉著：《从当代儒学观点看韩国儒学的重要论争续编》，第 534 页。

心与理如何得贯通为一？'曰：'不须去着实通，本来贯通。''如何本来贯通？'曰：'理无心，则无着处。'"① 朱子还指出心理无间，并且是本来无间隔，原因在于理先天具于心。劳思光说："朱氏以'心'为得气中最灵或最正者，因此，即以'能见共同之理'作为'心'之殊别之理；由此一面将'心'视为属于'气'者，另一面又将'心'与'理'安顿于一种本然相通之关系中，此原是朱氏立说之善巧处。"② 劳思光认为朱子既将心归属于气，又肯定心与理本然相通，高度赞赏朱子对心与理、气之关系的精妙处理。

朱子将心性关系概括为"一而二、二而一"。朱子说："大抵心与性，似一而二，似二而一，此处最当体认。"③ 又说："性犹太极也，心犹阴阳也。太极只在阴阳之中，非能离阴阳也。然至论太极自是太极，阴阳自是阴阳。惟性与心亦然。所谓一而二、二而一也。"④ 朱子以心性为"一而二、二而一"，从一的方面来说，心与性不离；从二的方面来说，心与性不杂。心与性的关系应当置于一个整体中来看，不可拆分来看。这种心性关系论，是了解程朱、栗谷、艮斋一系心性论的关节点。劳思光从存有性与运行显现两个层面解释朱子理气关系，认为："就存有性而言，'理'与'气'决不可混；但就其运行显现言，'理'与'气'决不可分。"⑤ 这种区分也可以用于理解朱子的心性不离不杂的关系。

艮斋曰："夫性体心用，是仿朱子论性为真实本然之全体，心为虚灵知觉之妙用两语以立文者。"⑥ 艮斋依循朱子的心性关系论，提出"性体心用"之说。他指出："性是太极浑然之体（朱子语），心犹阴阳（朱子语），太极为阴

---

① （宋）黎靖德编：《朱子语类》第 1 册，第 85 页。
② 劳思光著：《新编中国哲学史》第 3 卷上，第 247 页。
③ （宋）黎靖德编：《朱子语类》第 1 册，第 89 页。
④ 同上，第 87 页。
⑤ 劳思光著：《新编中国哲学史》第 3 卷上，第 208 页。
⑥ （韩）田愚著：《艮斋集》，第 334 册，第 345 页。

阳之主（尤翁语），而反为阴阳之所运用（尤翁语）。"① 艮斋引用朱子与尤庵的语句，对心性作形而上下的分判，性是本体之理，心是发用之气，性是心的本原根据，具有价值意义的绝对优先，但是没有现实操纵作用，具有现实作用的只能是心。对于心性关系，艮斋阐述说："愚闻心性二者，参赞化育之本，不能相无而浑合无间，亦非人所能去取也。然性是理，心是气，则其势有强弱之分焉，故圣贤论学，于其不能相无者，既以体用能所之属明之而无所偏废，至其道器之辨，强弱之分，则未尝不致其气精为配理尊无对之意焉。"② 他首先肯定了心与性理之无间，并且这种无间是先天的，不过也强调心与性之形而上下的区别。一方面，心与性是一体的关系，不能分割，只可以"性体心用"统合；另一方面，性与心必须区别看待，强调性理的绝对优先地位，同时也注重心的现实能动作用，也就是"性尊心卑"。艮斋心性关系论的独特创造还在于其"性师心弟"说。"性师心弟"说可以从"性为心师"与"心师性"两个层面看待。"性为心师"强调性理作为准则的优先地位，"心师性"强调主体之心尊奉、效法性理的能动功用。艮斋说："若吾儒则谓性无为而尊为自然之主，谓心为气而必本至尊之性，此所以虽曰心非理而终致心与理之一矣。此是将本体工夫一齐说出，使学者晓然知心性'一而二、二而一'之妙矣。"③ 这是对朱子"一而二、二而一"之心性关系论的展开论述。

蔡仁厚认为朱子理气论不能简单地归为"一元"或"二元"，"主理""主气"之说是不得已而使用的偏显之词。④ 笔者以为，可借此观点来理解心性论，

① （韩）田愚著：《艮斋集》，第 335 册，第 228 页。
② （韩）田愚著：《艮斋集》，第 332 册，第 199—200 页。
③ （韩）田愚著：《艮斋集》，第 334 册，第 43 页。
④ 蔡仁厚指出："朱子之'理气二分'，乃是形上形下之判，理自为主，而气为从，既然有主有从，便不能说是'二元'。而理气相即不离，亦只表示二者关系密切，并不是泯除形上形下之别，所以亦不能说是'一元'。而用'主理''主气'来概括某儒之学，亦只是不得已而用之的偏显之词。"见蔡仁厚：《韩儒田艮斋之心性论》，第 11 页。

即"心性是一"与"心性为二"两种基型的划分,"心是理气合"与"心是气"的划分,固然有诸多益处,也有其必要性。但是,简单的二元划分方法,标签式的概念,不足以涵盖心性论的丰富内涵,而且也容易忽略其共同之处。就程朱-栗谷-艮斋学系而言,"心性为二"的划分固然体现出其心性论的重要特征,不过也容易导致单一的线性思考模式,从而忽略心与性理之间的联系。程朱-栗谷-艮斋学系关于理气、心性关系的定义,实质上超越一元、二元的概念分析,而这正是其思想体系建构的精妙之处,有着重要的意义。

"心理无间"之所以可能,也应当从心和性理的关系处思考。朱子说性理"无情意、无计度、无造作",笔者以为这句话应当从多个层面去理解,而不能只局限于字面意思。从经验层面可以说理不活动,但是,理并不能只从经验层面去看待,我们还应当认识到理的特质是超越的,是超越现实动静的。或可从此处,了解性(理)与心的关系。即作为根柢性的性理,虽然无造作,却先天地能够在心中呈现。心的知觉能力,也先天地能够认识到性理,当然,这种认识的最终实现完成,还需要藉助后天的修养工夫。

第二节 对栗谷性理学的阐述发展

李珥(1536—1584),字叔献,号栗谷,又号石潭,谥文成,是朝鲜前期的硕儒。艮斋是性理学大家①,是朝鲜末期的巨儒②,是栗谷学派的集大成者。艮斋阐述发展栗谷性理学,并在这厚实的基石上建构了自己独特的心性论体系。

---

① 张立文说:"艮斋学术造诣精湛,他探赜索隐,钩深致远,为朝鲜末之性理学大家。"见张立文:《中国与朝鲜李朝朱子学的比较及特质——以朱熹、退溪、栗谷、艮斋为例》,第15页。
② 李丙焘说:"朝鲜末期有两位巨儒,一位是艮斋田愚,另一位是俛宇郭钟锡。"见(韩)李丙焘著:《韩国儒学史》,第487页。

一、对栗谷性理学的阐述

（一）对栗谷"气发理乘"的阐述

韩国儒学史上，关于"四端七情"有过两次重大的辩论，第一次是李退溪和奇高峰之间的辩论，第二次是李栗谷和成牛溪之间的辩论。栗谷与牛溪通过书信往来辩论，牛溪主张"理气一发"说，栗谷则持"气发理乘"一途说。艮斋笃守栗谷的学说而作辩护与阐释。艮斋《读栗谷先生答牛溪先生书》：

> 气发（气固载理而发见，而理则无所知能，故曰气发。）而理乘者，（理固藉气而流行，而气实为之材具，故曰理乘。此一句，一书之大指也。）何也？阴静阳动，机自尔也，非有使之者也。（此言气发也，此书方论气有为，故上文专言气发，而至此统举前后，故并言动静。）阳之动则理乘于动，非理动也；阴之静则理乘于静，非理静也。（此言理乘也。理乘于动，则理亦动矣，理乘于静，则理亦静矣。而今曰非理动理静，何也？朱子曰："太极理也，动静气也。"然则理但乘气之动静而动静耳，不能自动静，故曰非理动理静也。）故朱子曰："太极者，本然之妙也；（引此以证原有乘载之理也。）动静者，所乘之机也。"（引此以证自能动静之气也。）阴静阳动，其机自尔，（此就流行上指此气自能动静而为太极之器也。）而其所以阴静阳动者，理也。（此从根源处指此理所以动静而为阴阳之道也。此两句总结上文之意也。）①

据栗谷原文可知：一、气发而理不发；二、理乘于气，理无动静，乘气而

---

① （韩）田愚著：《艮斋私稿》，《艮斋全集》第 5 册，第 67—68 页。正文是栗谷原文，括号内是艮斋的诠释。

动静；三、气机自尔，理对气没有现实的操纵力；四、理是气之所以动静的根源。艮斋继承栗谷的思想，从"发用""发见"的现实流行的角度理解"气发"之"发"。在艮斋的思想体系中，理是形而上的道，气是形而下的器，他严格分判理气的位分关系和体用关系，强调理为道体之"无所知能"，气为器之能动性。从理气的这种特征而言，"四端七情"只能是"气发"，而不能是"理发"。理作为道体，固然需要凭借气而流行发见，但理气之形而上下的位分关系，决定了气只是作为材质器具的功用，故曰"理乘"。值得注意的是，艮斋指出"气发理乘"不是时间上隔离的两个步骤，而是无先后、互相包含的一体，"气发"是气载理而发见，"理乘"是理藉气而流行。理作为道体，只能乘气之动静而动静，气则自能动静。所谓"其机自尔"，指阴阳之气的动静是自然而发用的，并非由理所操纵安排。艮斋在阐释中特别拈出"自"字，突出了气之动静的主体性。当然，"其机自尔"的前提是就流行上说，并不是无限制的。因此，追溯根源，还需要认识到"理"作为本体的存在，是气之所以动静的依据。

栗谷说："理无为而气有为，故气发而理乘。"① 栗谷"气发理乘"说的理论基础在于"理无为而气有为"，此处的无为、有为，是从现实层面来说的。这也是艮斋思想体系的核心。或者说，在此意义上，艮斋笃守栗谷的性理学。艮斋指出："愚只有孔夫子'人能弘道，非道弘人'两句，便可断尽无限葛藤。盖见孺子将入井之时，道体无觉无为，不能受感而发出来也，若乃人心有觉有为而载得仁理者，此时如何能忍住而不动？此所以有气发而理乘之论也。"② 艮斋在理无为而气有为的基础上，引申至道体无为与人心有觉，援引孔子"人能弘道，非道弘人"话语以证成栗谷的"气发理乘"说。这也奠定了艮斋心性论

---

① （韩）李珥著：《栗谷全书》中，第 848 页。
② （韩）田愚著：《艮斋集》，第 336 册，第 242 页。

的基调。

艮斋特别重视栗谷"机自尔"的观点，并从朱子那里寻求渊源。如其所言："朱子，孔子后一人，而六十六岁定论曰'一动一静，一晦一朔，皆阴阳之所为，非有为之者'。栗翁机自尔、非有使之之教，与此吻合，不见毫发之差爽。"① 在艮斋那里，朱子学是标准，而栗谷之说，则是符合朱子学的精义。艮斋进一步解释说："盖栗翁言'无为而为有为之主者，理也'。无为，非有使之之谓也。有为，机自尔之谓也。为主，即所以然之意也。"② 理只有所以然的本原意，并无现实操纵意。气机自尔，具有现实的自主特征。需要注意的是，自尔是自然之意。艮斋也指出："虽曰'机自尔'也，而其自尔之所以然，则依旧是理也。虽曰'非有使之'，而其不使之使，则依旧是理也。……阴阳之机，虽曰自动自静，而其自动自静亦是理当如此。"③ 由此，据现实流行而言则"机自尔"，即阴阳之气是自然发用的，然而从本原上说则必需认识到所以然之"理"。这就是栗谷所说的："孰尸其机？呜呼太极。"④ 艮斋对栗谷学说，皆从本原与流行两方面进行阐释，这也是朱子学两边照料的传统做法。

栗谷"机自尔"的观点受到主理派的批判，如芦沙奇正镇（1798—1876）就称这种观点是"气夺理位"⑤。艮斋引芦沙之言而为栗谷辩护，"芦沙曰：'动者静者，气也。动之静之者，理也。动之静之，非使之然而何？'窃谓理使云者，只是根柢之谓，非如气之有情意者。……大抵理虽曰主宰，而实则自在，气虽曰动静，而实本于理。此前天地、后天地、千古万古不易之定理。"⑥ 芦沙

---

① （韩）田愚著：《艮斋集》，第 332 册，第 133 页。
② 同上，第 171 页。
③⑥ （韩）田愚著：《艮斋集》，第 333 册，第 79 页。
④ （韩）李珥著：《栗谷全书》上，第 3 页。
⑤ 李相益说："芦沙奇正镇（1798—1876）把栗谷的'机自尔，非有使之'规定为'气夺理位'，试图在理念世界和现实世界里，贯彻'理的全一主宰'。"见（韩）李相益：《艮斋对栗谷李珥性理学的继承发展》，《艮斋先生의 学问과 思想》2015 年第 2 辑，第 213 页。

强调理的绝对主宰性，因此理不仅是气的所以然根据，还具备直接主宰气的能力。由此，芦沙认为"机自尔"之说突出了气的自为主宰而否定了理对气的主宰，从而是主气的学说。艮斋坚持理无为而气有为，对理之主宰作已发未发的区分说明，从根源处肯定理为气主，而从流行上否定理对气的现实操纵能力。因此，艮斋也批评芦沙有"认气为理"的弊病。对于芦沙"主气"的批评，艮斋申明栗谷之学是主理的学说。不过，艮斋所谓的主理，是指确立理的形而上的尊位。芦沙所谓的主理，是指理的绝对、一贯之主宰，包括理念世界的主宰与现实世界的主宰。其争论的焦点是现实流行层面的理是否具有主宰能力的问题。

（二）对栗谷"理通气局"的阐述

"理通气局"是栗谷思想体系中的重要论题。关于"理通"，栗谷解释说："理者无本末也，无先后也。无本末，无先后，故未应不是先，已应不是后。是故乘气流行，参差不齐，而其本然之妙，无乎不在。气之偏则理亦偏，而所偏非理也，气也；气之全则理亦全，而所全非理也，气也。"[1]理虽然乘气流行而有参差不齐的表现形式，只是随气而偏或全，理作为本体，无乎不在，其自身并无偏全，具有无限性。关于"气局"，栗谷解释说："气已涉形迹，故有本末也，有先后也。……偏者偏气也，非全气也；清者清气也，非浊气也；糟粕、煨烬，糟粕煨烬之气也，非湛一清虚之气也。非若理之于万物本然之妙，无乎不在也，此所谓气之局也。"[2]气作为形而下之器，必然具有局限性，从而有偏气、全气、清气、浊气、糟粕煨烬之气、湛一清虚之气的区别。关于"理通气局"的原由，栗谷明确说："理无形而气有形，故理通而气局。"[3]栗谷在理无

---

①②③ （韩）李珥著：《栗谷全书》上，第374页。

形而气有形的基础上，进一步言明理无本末、无先后，气有本末、有先后，并由此推出"理通气局"的结论。

艮斋注意到栗谷"理通气局"说对于心性论的意义，他指出："栗翁之言曰：'人之性非物之性者，气之局也；人之理即物之理者，理之通也。'此可谓发千古不传之妙矣，嗟乎！非知道者谁能识之？栗翁于下文即云：'理之万殊者，气之局故也；气之一本者，理之通故也。'以此观之，气局自属气质，至于天命之性，通天下一性，此又何害于理之通乎？故栗翁又尝直言：'天地之性，人物一也。'今曰人之理非物之理者，气之局也；人之性即物之性者，理之通也。此又何尝戾于栗翁之意哉？"① 栗谷用"理通"说明人与物具有共通之理，用"气局"说明人与物的差异。但是"人之性非物之性"一句容易引发歧义，因此艮斋将人与物的差异限定在气质之性表现形式的千差万别，而极力肯定本然之性（天命之性）的同一。艮斋对理作理一与万殊的分别，对性作气质之性与本然之性的分别，而详细分析梳理。从这样的角度出发，艮斋认为人之理并非物之理，是指向气之局限而言；人之性即物之性，是指向理之通达而言。在这里，艮斋对栗谷的思想，有意识地作了一个转向性的表述。如此，栗谷"理通气局"说就成为了艮斋人性物性相同论的理论支持。② 并且，就道德实践而言，肯定天命赋予之性是纯粹至善的，是圣人与凡人所同一的，这也为人人皆可成圣提供了先天的可能性。

栗谷又说："气质之性、本然之性，决非二性。特就气质上单指其理曰本然之性，合理气而命之曰气质之性耳。"③ 栗谷指出，虽然本然之性与气质之性有所差异，但并非截然不同的二者，只是指向的差异。对于"气质之性"的界

---

① （韩）田愚著，柳永善编：《艮斋先生性理类选》，第 222 页。
② 韩元震（1682—1751，号南塘）学派持人性物性相异论。
③ （韩）李珥著：《栗谷全书》上，第 377 页。

定，艮斋补充说："如以理之在气而谓之气质性，则天地之性亦何尝不在气以成形、人物已生之后乎？"①他认为性皆不离气，不能单纯用理在气来定义气质之性，并指出："大抵气质之性，是气局之性、蔽理之性、不齐之性、当反之性、弗性之性、攻取之性、宜忍之性也。"②艮斋用栗谷"理通气局"说来理解本然之性与气质之性，一方面主张本然之性的相通，另一方面也强调气质之性的局限。本然之性相通，则人性物性相同，人人皆可成圣，气质之性有局限，则应当捡束气质，作道德修养的工夫。

（三）对栗谷"理气之妙"的阐述

关于理气是一物还是二物的问题，栗谷解答说："考诸前训，则一而二、二而一者也。理气浑然无间，元不相离，不可指为二物，故程子曰'器亦道，道亦器'。虽不相离，而浑然之中，实不相杂，不可指为一物，故朱子曰'理自理。气自气，不相挟杂'。合二说而玩索，则理气之妙，庶乎见之矣。论其大概，则理无形而气有形，故理通而气局。理无为而气有为，故气发而理乘。无形无为而为有形有为之主者，理也；有形有为而为无形无为之器者，气也。此是穷理气之大端也。"③"理气之妙"的外在表现形式为"一而二、二而一"的巧妙关系，指理气既非二物，又非一物，非一物故一而二，非二物故二而一。这是超越于理气一元与二元的表达。"理气之妙"的理论基础是朱子理气不离不杂的思想，不过，栗谷突出强调理虽然无形无为，而为有形有为之主，气虽然有形有为，而为无形无为之器，进一步从理气的内在逻辑关系层面说明"理气之妙"的主旨。理的特征是无形无为，气的特征是有形有为，理为气之主，气为理之承载，"理气之妙"的论说实则涵盖了"气发理乘""理通气局"

---

①② （韩）田愚著，柳永善编：《艮斋先生性理类选》，第186页。
③ （韩）李珥著：《栗谷全书》中，第848页。

的思想。

艮斋曰："心与理，一而二、二而一者也。以本来体段言，则二者不相离，故曰一；然其一真一灵，有形而上下之辨，故曰二也。以后来功夫言，则众人之心，常与理不相吻合，故曰二；圣人之心，无时不与理融会，故曰一也，然其有觉无为而有能所之异，则亦不得直唤做一物也。"[①]艮斋将栗谷"理气之妙"的"一而二、二而一"的表现形式，直接运用于心与理关系的表述。艮斋用理气形上形下的架构来定义心，只认肯心的属气的位分，因此栗谷关于理气的表述适用于心与理。艮斋从本体、功夫两个方面来分析心与理"一而二、二而一"的关系，就本体而言，心与理原不相离，但是有形上形下的分别，就功夫而言，众人之心与理隔阂为二，圣人之心与理融会为一。心与理虽说有"一"的层面，不过二者不是完全等同的"一"。栗谷"理气之妙"关于理气的内在逻辑关系的说明也同样适用于心与理，即心因为有觉而是能动的，理虽然无为，却是能动之心的所以然根据。

二、对栗谷性理学的发展

（一）栗谷"心是气"与艮斋"性尊心卑""小心尊性"

栗谷提出"心是气"[②]之说，艮斋继承此说，并借此阐述自己的心性论主张。"朱子曰：'心之虚灵知觉，一而已矣，或原于性命之正，或生于形气之私。'先下一心字在前，则心是气也，或原或生而无非心之发，则岂非气发

---

① （韩）田愚著：《艮斋集》，第 332 册，第 502 页。
② 杨祖汉指出："在韩儒，栗谷是首先明确地规定'心是气'的大儒，栗谷此说可谓是对心作明白的规定，也清楚表示了朱子对心的规定。"参见杨祖汉著：《从当代儒学观点看韩国儒学的重要论争续编》，第 561 页。

耶？心中所有之理，乃性也，未有心发而性不发之理，则岂非理乘乎？"① 栗谷引朱子之言以论述己说，将"气发理乘"的论证与"人心道心"思想相关联②，指明人心道心皆是气，心中所具有的理是性，心之发即气发，性因心而发即理乘。艮斋持守栗谷"心是气"的观点，明确说："今指虚灵神明涵理而体道者，为不可直谓之理，奈何不下而属于气分，则所谓气者，非粗恶庞杂之物，乃是气之一原，与理无间底。"③ 艮斋从理气的架构判定心属于气的位分，不过，心之为气，并非粗杂的，而是与理无间的。

艮斋还进一步辨析栗谷的"道心"观，阐述其"道心是本然之气"的思想。"愚按道心两字，便有理气之分，道是太极之理，心是阴阳之气也。道心云者，指知觉之发本于性命之正者而言。故栗翁以道心为本然之气也。"④ 艮斋从"道心"的字义出发，将其限定为"气"，不过明确其为"本然之气"，就流行发用而言，是本于性命之正的。"小子窃意心理二者，直是浑融而无间，然理则无为而纯善，故为之主，心则能为善，亦能为恶，故谓之气，此圣人之教，所以必要心本于理，而不敢直以心为理也。以故虽以道心之正者，栗翁只谓之气之本然而已，盖恐心理之混也。心理混而无辨，此正学异端之所以乱也。以此观之，道心属气一言，亦可谓发前贤之所未发，而有功于圣门主理之学也。"⑤ 艮斋认为性理无为而纯善，心有知觉，能为善，亦能为恶，这是心与理不能跨越的鸿沟。肯定栗谷对道心属气的限定，是其明辨心与理之别的精要之论。

---

① （韩）李珥著：《栗谷全书》上，第 376 页。
② 林月惠指出："与第一次的退、高'四七之辩'相较，牛溪与栗谷的'四七之辩'，将'四端七情'与'人心道心'两者结合起来，是其特点与发展。"见林月惠：《艮斋对栗谷与牛溪性理说的诠释》，《艮斋学论丛》2013 年第 15 辑，第 69 页。
③ （韩）田愚著：《艮斋集》，第 333 册，第 89 页。
④ 同上，第 143 页。
⑤ 同上，第 509 页。

栗谷有"道心是本然之气"之说，又有"道心是天理"之言，故引起学者的疑惑。艮斋申明："谓'道心是天理'，只是说道心无人欲之杂，非谓道心是无知觉无运用，一似冲漠无朕之性体也。"① 艮斋认为栗谷"道心是天理"是推原其本的论说，即是道心本于理的意思。他强调道心是说明心无人欲之杂的状态，不能直接等同于性体。艮斋明确指出："夫心而曰道心，则是心之本于性者，非自心自为道也。"② 也即是说，道心只是本于性，并非性。

华西李恒老（1792—1868）和寒洲李震相（1818—1886）批判"心是气"的观点而提倡"心即理"。③ 艮斋对栗谷"心是气"观点的倡导也是面对华西学派与寒洲学派"心即理"说的必然回应。"心是气"的出发点是严格区分理气，防止心理混一。"心即理"则意在确立"理之主宰"，防止"气之自用"。在艮斋看来，气心可以为善，也可以为恶，但是因为心本于性，又是虚灵不昧的，所以心先天具有复归纯粹至善的可能，只需要切实做修养工夫。如果将气心混于理，反而会导致气心的自恃自用。艮斋与华西、寒洲的关注点都是为了防止气、心的自用，艮斋则限定心的属气的位分，确立理的本体地位，华西与寒洲则从现实流行的角度强调理的主宰性，而互相怀疑对方的理论正确性。

"栗翁遵朱门心觉原性、尊性希圣之训，而立持心属气、矫质复性之教。"④ 艮斋对栗谷学说的辩护，总是以寻求理论渊源的形式展开。他认为栗谷"心属气"的理论依据是"心觉原性"，从根源处肯定"性"的优先。从这个方面来看，艮斋"性尊心卑"说源于对栗谷"心是气"观点的持守。艮斋说："性为

① （韩）田愚著：《艮斋集》，第 335 册，第 276—277 页。
② （韩）田愚著，柳永善编：《艮斋先生性理类选》，第 198 页。
③ 李相益说："华西和寒洲主张'心即理'的根本契机是，'不能把性、情的主宰者心规定为气。'即是说，心主宰性、情，若是把心规定为气，则会导致'气之自用'。他们是在防止'气之自用'、确立'理之主宰'的脉络上主张'心即理'的。"见（韩）李相益：《艮斋对栗谷李珥性理学的继承发展》，《艮斋先生의 学问과 思想》2015 年第 2 辑，第 213 页。
④ （韩）田愚著：《艮斋集》，第 334 册，第 438 页。

形而上之道，心为形而下之器，而二者无须臾之离，此不可易之定理也。"① 又说："性与太极，无为之理也；心与阴阳，有为之气也。"② 他主张性为理而心属气，严格分判二者之形而上、形而下的界限。心性之尊卑，是从理气位分的层面来说的。艮斋补充说："鄙之谓心卑，非特地将心字贱而下之，惟对性则较卑耳。以大臣对君则虽卑，然其在百官万民之上，则何尝非尊贵之人乎？若就用工夫处说，则'小心望道'（文王），'低下着心，依道理做'（朱子），却又切当，不得不尔也。"③ 这里指出心之卑是相对于性尊而言，不妨碍其自身独立时的价值。此外，从工夫论层面来看，"性尊心卑"之说必然要求"小心尊性"的工夫论支持。"夫摄气以循轨，尊性以治心者，为主理本天之传；认心为形上，降性为居下者，为主气本心之见也。"④ 艮斋将"主理本天"与"主气本心"对立，而以前者为正宗。

艮斋"小心尊性"说是对栗谷"检束其气"思想的延续展开。栗谷言："圣贤之千言万言，只使人检束其气，使复其气之本然而已。"⑤ 艮斋解释说："夫捡束气质，所以敬奉性理尔，此是心之职事也。"⑥ 艮斋将栗谷"检束其气"的观点与心性修养相结合，亦即心作为道德实践的主体，修治心气，以敬奉性理。艮斋进一步指出："盖性虽为极，而原来无为；心虽有能，而不能纯善。原来无为，故或掉于气；不能纯善，故欲本于性。以其或掉于气也，故须捡束其气而不使毫发障碍也。欲本于性也，故必自心自省而不敢须臾放慢也。"⑦ 性纯善而无为，心有为而不能纯善，因此需要"捡束其气""自心自省"。"捡束其气"即修治心气，"自心自省"即自卑自牧，这两种工夫的目标都是敬奉以

---

① （韩）田愚著，柳永善编：《艮斋先生性理类选》，第153页。
②④ （韩）田愚著：《艮斋私稿续编》，《艮斋全集》第8册，第215页。
③ （韩）田愚著：《艮斋集》，第334册，第51页。
⑤ （韩）李珥著：《栗谷全书》上，第375页。
⑥ （韩）田愚著：《艮斋集》，第335册，第36页。
⑦ （韩）田愚著：《艮斋集》，第332册，第337页。

复归性理，实践的主体都是心。"捡束其气"以"自心自省"为前提，"自心自省"必然走向"捡束其气"，二者可归结为"小心尊性"。

栗谷"心是气""道心是本然之气""检束其气"的观点，经过艮斋的阐述，得到了完善与明晰，艮斋也在阐述的过程中，形成了自己"性尊心卑"的独特论说，并进一步开展出"小心尊性"的工夫论。"性尊心卑"说是对心性位分的判定，意在确保"性"在本体层面的价值优先。"小心尊性"从工夫论的层面强调卑心自牧以敬奉性理。

（二）栗谷"理为气主"与艮斋"性为心宰""心本性"

艮斋称："愚观石潭全书，论理论学，莫不曰'理为气主'。"① 诚然，栗谷"理为气主"的思想随处可见。栗谷说："气之所为，而必有理为之主宰。"② 又说："无形无为而为有形有为之主者，理也。有形有为而为无形无为之器者，气也。"③ 又说："夫理者，气之主宰也；气者，理之所乘也。非理则气无所根柢，非气则理无所依着。"④ "理为气主"的依据是理为体气为用，而从根源处注重理的优先。艮斋曰："夫理之无为的然，而何以为气之主？凡气之有为，若无此理为之根极，则何以有成乎？此理之所以为不宰之宰，而有不使之使也。"⑤ 艮斋将栗谷理之主解释为"不宰之宰""不使之使"，即理为气主只有本原根据意，而无现实操纵意。

艮斋指出："夫性为心宰，即理为气主之意，是从上说下来也。心本性，即圣人本天，心之知觉原于性命之意。是从下说上去也。"⑥ "性为心宰"说是

---

① （韩）田愚著：《艮斋集》，第334册，第430页。
② （韩）李珥著：《栗谷全书》上，第353页。
③ （韩）李珥著：《栗谷全书》中，第848页。
④ （韩）李珥著：《栗谷全书》上，第352页。
⑤ （韩）田愚著：《艮斋集》，第335册，第307页。
⑥ （韩）田愚著：《艮斋集》，第334册，第78页。

栗谷"理为气主"思想在心性论的延伸。"性为心宰"说最初由吴老洲①提出，艮斋继承而进一步充实其内涵，并且创造出与之相对应的"心本性"说。

艮斋对"理为气主"与"性为心宰"说的推进在于对"主宰"作出两重定义。"一是自然究极底，如朱子所谓'人生莫不得其所以生者，以为一身之主'，及尤翁所谓'理之主宰，不过曰自然而已，不如阴阳五行之运用造作'者是也。一是神化妙用底，如朱子所谓'心为一身之主宰'，及今所引'以主宰谓之帝'者是也。"②从本原的层面来说，主宰是自然究极的；从发用的层面来说，主宰是神化妙用的。对"主宰"之义的辨析，是梳理性与心的主宰的必要前提。"然则心为一身之主宰，而性又一心之主宰也。但心之为主宰，以其至神至灵，而有妙众理宰万物之能故也。至于性，则虽其无情无为，而实有主一心体万物之妙，故人之论极本穷源底主宰者，必以是为归也。"③主宰有自然、能然的区别，"性为心宰"是以自然而言；"心为身主"是以能然而言。

艮斋由"理为气主"之说阐述其"性为心宰"的思想内涵，并彰显出"心本性"之义。"盖心虽神物，终属气分，故虽以颜子之心，尚有违仁之时，除是孔子，乃有从心之说，而犹必曰'不逾矩'，矩是性，此见理为气主，性为心宰之妙矣。"④他从理气层面分判心性的位分，认为属气分之心，有违背理的可能，因此必须以理作为准则。所谓"理为气主"，具有理作为气的准则的含义。由此，"性为心宰"亦表示性是心的道德实践准则。"谓之主宰者，非谓有情意、有计度，而运用夫心也，只是心有所为，必先有此理，而后心始有所

---

① 吴熙常（1763—1833），号老洲。杨祖汉认为艮斋对主宰作区分，阐明老洲"性为心宰"说的主宰是从"自然究极"而言。参见杨祖汉著：《从当代儒学观点看韩国儒学的重要论争续编》，第483—484页。

② （韩）田愚著：《艮斋集》，第333册，第147—148页。

③ （韩）田愚著：《艮斋集》，第332册，第65页。

④ 同上，第292页。

根极而有此妙用也。"①艮斋还开展出"理为气主"内在价值依据层面的意义，指明"性为心宰"强调性是心的存在依据和价值来源，此亦即"心本性"的内涵。

艮斋说："心本性，即圣人本天，心之知觉原于性命之意。"②又说："圣人之所本者，性也。其本之者，心也。学问之道无它，心本性而已矣。圣门事业，固未易以一言尽，如欲直指全体，恐无如心本性三字之明且尽者也。"③"心本性"，一则说明心之知觉妙用原于性，一则说明心之活动以性为标准，并且涵盖了"性体心用"的思想。这与上述"性为心宰"的思想内涵是相符合的。艮斋明言"性为心宰"是从上说下来，"心本性"是从下说上去，二说存在相对应的关系。不过，"性为心宰"与"心本性"亦因为各自的丰富内容和独特倾向，足以成为独立的论题。

栗谷"理为气主"之说意在确立理在本体层面的优先，艮斋"性为心宰"与"心本性"之说意在确立性在本体层面的优先。艮斋的这些思想建立在栗谷思想基础之上，而程朱"性即理"的定义，是这些论说统合为一的理论依据。

（三）栗谷"理气之妙"与艮斋"性师心弟"

如前文所述，"理气之妙"的外在表现形式是"一而二、二而一"的巧妙关系，内在逻辑关系是无形无为之理而为有形有为之气之主。艮斋"性师心弟"是栗谷"理气之妙"基础上的心性之妙的独创论题。

艮斋说："性为心师，如言天地为天子之法，性命为圣人之主。心师性，如言圣人法天地，君子尊德性。"④性为心师，一方面指性作为心的法则，另一

①　（韩）田愚著，柳永善编：《艮斋先生性理类选》，第 159 页。
②　（韩）田愚著：《艮斋集》，第 334 册，第 78 页。
③　（韩）田愚著：《艮斋集》，第 332 册，第 80 页。
④　（韩）田愚著：《艮斋集》，第 335 册，第 292 页。

方面指性对于心的价值优先。心师性，一方面指心以性为法则，另一方面指心对于性的尊崇。"师者，理也义也。理义，非心而是性。性纯善，全体皆善，心本善，而末或未善。"① 性之所以为师，心之所以为弟，其依据在于性纯善而心本善。"此学无巧妙，只有将敬心以奉太极而已。太极非别物，只是天命之在我者矣。我是心自我也，敬心是通动静贯知行者，奉是钦承而顺从之也。"② 性是天所赋予的本然之性，心是通动静贯知行的敬心，本然之性存在于心。心自我恭敬地继承并且顺从本然之性，即是"性师心弟"的精义。

　　艮斋将栗谷理气之"一而二、二而一"的关系，引申为心性关系，并用"性师心弟"的师生关系具象表达出来，当然此关系主要指师生的精神传承关系。艮斋用师弟的关系比拟性心，师弟固然为二，然师弟关系之所以成立，则在应然的层面上，决定了弟子必须尊师，效法老师。当然，在实然的层面，弟子有其自由意志，有尊师的可能性，也有悖师的可能性。而在尊师的诚挚中，弟子的精神得到纯粹和升华。

　　"性师心弟"的关系中，作为老师之性的尊位非常重要，不过，作为弟子之心对性师的自觉尊敬也极为重要。因此，艮斋对心有诸多界定，首先表现在他借栗谷"机自尔"的思想，以阐释"人心有觉"。"栗翁尝言'阴阳动静，机自尔也，非有使之也'。……人能弘道，机自尔也；非道弘人，非有使之也。盖人心有觉，是阴阳动静之机也。道体无为，是太极自然之妙也。"③ 艮斋认为心的动静，是自然发动的，并非由外力操纵。人心有觉，因此能够自动自静，也因此能够在现实生活中弘扬道义。道体无为，只具有本体意义。在栗谷理无为而气有为思想的基础上，艮斋强调"人心有觉"。他对觉的重视，是对人心

---

① （韩）田愚著：《艮斋集》，第 335 册，第 93 页。
② （韩）田愚著：《艮斋集》，第 334 册，第 262 页。
③ （韩）田愚著：《艮斋集》，第 333 册，第 79 页。

作为现实主体的肯定。

在艮斋的思想体系中，作为弟子的"心"，除了能够自觉，还有具性行道的特质。这源于他对栗谷"明德"说的解释。朝鲜性理学对明德属心还是属理有诸多争论，部分学者据李栗谷语录中"合心性"之说，认为栗谷为折中论。栗谷《圣学辑要》载《中庸》及《大学》首章而解释曰："天命之性，明德之所具也。率性之道，明德之所行也。"① 据此，艮斋说："夫明德，分明是虚灵光明之心，能包得仁性道理，而做出德行事业者也。"② 他认为"明德"是具性行道之心。有学者认为明德具众理，故明德属理，针对此说，艮斋分辨道："理无情意知觉，而明德有情意知觉；理无运用造作，而明德有运用造作；明德光明灿烂，而理不能光明灿烂；明德能具理，而理不能具理。"③ 艮斋虽然分辨性理与明德，不过也认识到二者的联系，正如他所说："性是具于明德而为本体之理。明德是具此性而为妙用之心也。"④

"人心至灵，隐微之际，诚伪义利公私是非之类，一毫瞒过不得。"⑤ 此在艮斋的思想体系中，心虽然只能是属气的，但人心虚灵不昧，因此具有辨别是非的能力，对性的尊崇也是由于自我的觉悟，这就为道德实践提供了自动力。对艮斋而言，即使心只是属气，也具有辨别是非的能力，不过，这能力的终极来源还是必须归于性。

概而言之，正如栗谷"理气之妙"论说涵盖了"气发理乘""理通气局"思想一样，艮斋"性师心弟"说也是对栗谷性理学思想进行整合涵化之后的创造性表达。

---

① （韩）李珥著：《栗谷全书》中，第 790 页。
② （韩）田愚著：《艮斋集》，第 332 册，第 23 页。
③ （韩）田愚著：《艮斋私稿》，《艮斋全集》第 6 册，第 193 页。
④ （韩）田愚著：《艮斋集》，第 334 册，第 78 页。
⑤ （韩）田愚著：《艮斋集》，第 332 册，第 257 页。

小　结

艮斋在程朱"性即理"的基础上，发挥程伊川"圣人本天"与朱子"心觉原性"的思想，主张人物性同论，倡导"心本性"说，将程朱的"本性论"推展到更为精微之地，甚至极致。艮斋强调性的本体地位，必然导致他对心属于气的位分的判定。因此，艮斋主张明德属于气而为心，道心属于气。艮斋在朱子心性关系论的基础之上，提出"性体心用""性为心宰""性师心弟"诸说，对心性关系作出了创造性的表述。概而言之，"性即理"与"心是气"是艮斋心性论的基石，对心性关系的创造性表述是艮斋心性论的精妙之处。需要注意的是，艮斋对程朱心性思想的接受，实则经过了栗谷思想的洗礼。

栗谷的性理思想突出表现为"气发理乘""理通气局""理气之妙"，艮斋对此深有体会并作出独特的阐释。栗谷的性理思想推至心性论可以概括为三项基本原则：一、心属气而性为理；二、性无为而心有为；三、性为体而心为用。这构成了艮斋心性论的内核。正是在栗谷性理学的厚实基础上，艮斋于心性论独有创见地开展出"性尊心卑""小心尊性""性为心宰""心本性""性师心弟"诸说，建构了精密的心性论体系。

第三章 心性论诸说（上）

第一节 "性尊心卑"说

关于"性尊心卑"说的渊源，艮斋称："据《中庸》'君子（心）尊德性'之训，有性尊心卑之说。"[①] 艮斋对《中庸》作创造性诠释，将君子内化为心，由"尊德性"的工夫论转出"性尊心卑"的本体论界定。

一、"性尊心卑"的含义

（一）性为形而上之道，心为形而下之器

艮斋对心性作本体层面的分判，"性为形而上之道，心为形而下之器，而二者无须臾之离，此不可易之定理也。"[②] 将性规定为形而上之道，将心规定为形而下之器，心性虽有形而上下的分判，但是二者实际上是相即不离的关系。

---

① （韩）田愚著：《艮斋集》，第335册，第211—212页。
② （韩）田愚著：《艮斋集》，第334册，第97页。

艮斋的这种判定，在于他发扬程朱"性即理"的思想，强调性为理之纯粹。"程子言：'圣人本天，释氏本心。'朱子言：'性太极也，心阴阳也。'天与太极当尊，而心与阴阳当卑。"① 可知性的地位等同于天与太极，心则属于阴阳之气的位分。

艮斋进一步从体用层面判定道体之性为尊，发用之心为卑。"道心是圣门说心之祖宗，而朱子释之曰：'心之知觉，原于性命。'原之者当卑，而为之原者当尊也。"② 从体用论而言的"性尊心卑"的理据在于性为心之本原，也就是性在本体层面的价值优先。朱子虽然强调理气无先后，但是不得不在终极处归于"理先气后"。同样地，就终结处而言，性必然具有优先地位。

艮斋对"心"与"性"有细致的分析梳理与界定。从形、气、心、性的区别来看，"气精于形，心精于气，而俱是形而下之器也。心比性微有迹，而却是形而上下之分也。"③ 气、形、心均是形而下之器而心最精明。与性相比，心只是稍微有形迹，二者却有着形而上下的分别，不可逾越。从心、性理、气质三者关系来看，"心是上而承奉乎性理，下而澄治夫气质者，不可直谓之性理，又不可直谓之气质。盖性理与气质，皆无觉识，皆无巧能，安得谓心性一物，心质无辨也乎？"④ 就根源说，心是承接性理而来的，就流行发用而言，心具有澄治气质能力。艮斋不仅强调心与性理的区别，也强调心与气质的区别。心与理无别，则陷入"心即理"的混乱；心与气无别，则不能凸显心的能动性。"气质虽极于清粹，终是无觉识、无发挥底，安得与此心之神明湛一，而能洞见道体、全成仁功者，同一科乎？"⑤ 气质之本体虽然清粹，但是无觉识、无发挥，不可比于心。心虽然属于气的位分，但是心神明湛一，具有能动性，并不

---

①② （韩）田愚著：《艮斋集》，第 335 册，第 133 页。

③　同上，第 277—278 页。

④　（韩）田愚著：《艮斋集》，第 334 册，第 498 页。

⑤　同上，第 393 页。

等同于气。

就存在论而言，理气关系是平等的，从道德价值层面而言，理则具有优先性。韩国学者李东熙详细解析说："将所谓理-气的用词，用于存在论（宇宙论）时与用于心性论（道德论）时，其'概念'的意义各不相同。作为存在论使用时，理-气具有同等的地位，因这是作为形上学范畴的理-气。另外，在心性论中，说明'心性结构'时也与在存在论中一样，是作为同等地位的理-气结构的意义。心是因理与气两种因素而成立（心合理气）也是相同的利用方法。但是，在谈论道德价值时，理-气的含义就变化为'理尊气卑'，其地位并不相同。"① 从道德价值层面而言的"理尊气卑"，在于理具有纯粹至善的超越性。道德价值层面的"理尊气卑"，是艮斋心性论"性尊心卑"的基础。

（二）性纯善，心本善

艮斋对心性作道德价值的分判，坚持性理是纯善的，心是本善的。艮斋说："理可曰纯善，心但可曰本善，只纯与本之间，理与气之分也。"② 又说："惟圣性者，佛氏心者，性纯善，心本善，本与纯之间，理与气之辨也。"③ 性纯善与本心善的区别，源于理气在道德价值层面的区别，即理是纯粹至善的，而气则不能称为纯粹至善。纯善与本善，是心性之属理气位分有形而上下的分判所在，也是"性尊心卑"的道德层面意义。

艮斋对心性纯善与本善的严格区分，可追溯至程伊川与朱子。伊川曰"心

① （韩）李东熙：《艮斋对朱子·退溪·栗谷性理说的解释》，《艮斋先生의 学问과 思想》2018 年第 4 辑，第 243 页。
② （韩）田愚著：《艮斋集》，第 334 册，第 336 页。
③ （韩）田愚著：《艮斋集》，第 336 册，第 213 页。

本善，发于思虑，则有善有不善"①，明确说明"心本善"。"朱子言：'性浑然
至善，心虽本善，又不可说恶不全是心。'至善者当尊而有善有恶者当卑。"②
艮斋引朱子之语，指出就道德价值层面而言，性之纯善是绝对的，足以作为价
值判断的标准，而心之本善是相对的，在现实中既能为善又能为恶，不足以作
为判断的标准。由此，至善之性具有作为准则的优越，所以说"性尊心卑"。

艮斋之"性纯善，心本善"的思想受吴老洲影响。老洲论述说："大抵气
则有本有末，本一而末不齐，故所以于心称本善。（心之体，乃气之本，即所
谓精爽。）理则无本无末，一而已，故所以于性称纯善。本与纯之间，理气
之分也。故心虽善，无是性，其善无所准则；性虽善，无是心，其善不足有
为。"③ 老洲对气作本末的区分，以心为气之本。不过，心虽然是气之本，是善
的，但是可能会流于不齐、不善的气之末，因此心只能称本善。性则是理，是
无本末的，是纯粹至善的。

艮斋从道德价值层面对性、心、气质进行位分的分隔。"心，本善者也，
上而与纯善之性，下而与不齐之气质，皆不可同科矣。"④ 本善之心与纯善之性
及不齐之气质，有截然的分别。艮斋在性、心、气位分有别的前提下，承认三
者本体皆善，而将现实之恶归于气之动。"大抵性既纯善，心亦本善，气又体
清，宜无他错，只缘气发处才失照检，遂与物欲习惯，互相牵引，而陷于邪
僻，深可惧也。"⑤ 气发而失却照检，所以陷于邪僻。如此，本善之心则无需担
负现实之恶的责任。

艮斋将"性纯善"与"心本善"的关系比拟为主宾关系，也认识到其各自

① （宋）程颢、程颐著：《二程集》，第204页。
② （韩）田愚著：《艮斋集》，第335册，第133页。
③ （韩）吴熙常著：《老洲集》，《韩国文集丛刊》第280册，首尔：民族文化推进会，2001年，
　　第217页。
④ （韩）田愚著：《艮斋集》，第335册，第187页。
⑤ （韩）田愚著：《艮斋集》，第334册，第274—275页。

的独立性。"性心之善合言时，性之善固为主，心之善固为宾。若各论二者之善，又不须分宾主。"① 合而言之，性纯善为心本善之主，分而言之，心本善亦可自为主。"大抵心，但可曰本善，不可曰纯善；但可曰制曰操，不可曰圣曰本。"② 也即是说，心需要节制、操持，而性则为标准。心是做工夫的主体，性则是心做工夫的依据准则。

（三）尊卑概念的界定

艮斋依据先秦儒家经典，对心性之尊卑含义作出界定。"《易》曰'天尊地卑'，卑岂俗语至至下贱之谓乎？《孝经》曰'虽天子必有尊也'，言有父也，天子亦卑也。《礼》曰'家无二尊'，母对父则亦卑也。"③ 由此可知，尊卑是指伦序，卑并非指称下贱，尊卑是相对而言的，不是固定的，但是二者之间的尊卑之别是必然的。这些原则适用于"性尊心卑"。

"鄙之谓心卑，非特地将心字贱而下之，惟对性则较卑耳，以大臣对君则虽卑，然其在百官万民之上，则何尝非尊贵之人乎？若就用工夫处说，则'小心望道'（文王），'低下着心，依道理做'（朱子），却又切当，不得不尔也。"④ 艮斋强调心之卑是相对于性的卑，并且从工夫论的角度来说，心的卑下有其合理性与必要性。因为心的卑下是自我卑下，并非外在的强迫。

艮斋对心性尊卑的界定，是对性的道德价值优先地位的肯定，是对道德实践绝对标准的确立。关于"性尊心卑"的特色与意义，韩国学者琴章泰指出："若是说'心即理'说具有强调心的道德主体性、让人觉悟道德责任的意义，那么艮斋'性尊心卑'说则具有牵制人心的恣意性、要求人顺应道德规范的客

---

① （韩）田愚著：《艮斋集》，第334册，第336页。
② 同上，第179页。
③ 同上，第318页。
④ 同上，第51页。

观标准的规范主义的性格。"①

二、艮斋对"性尊心卑"的论证

艮斋76岁（1916年）写《性尊心卑的据》，78岁（1918年）写《两家心性尊卑说》，详细论述了其"性尊心卑"之说。

（一）《性尊心卑的据》要旨

艮斋《性尊心卑的据》引孔子、子思子、孟子、程子、朱子、尤庵诸人之语，作出独特阐释，以论述"性尊心卑"。

> 孔子曰："大人者，先天而天不违，后天而奉天时。"《本义》："大人无私，以道为体，曾何彼此先后之可言哉？先天不违，谓意之所为，默与道契。后天奉天，谓知理如是，奉而行之。"按：大人包心言。为心者奉理而行，则性尊而心卑，不其明乎？
>
> 孔子曰："君子畏天命。"《集注》："畏，严惮之意。天命者，天所赋之正理也。知其可畏，则其戒谨恐惧，自有不能已者，而付畀之重，可以不失矣。"按：君子包心言。为心者严惮夫天赋之性，则性尊而心卑，不其明乎？
>
> 子思子曰："君子尊德性。"《章句》："尊者，恭敬奉持之意。德性者，吾所受于天之正理。"按：君子包心言。为心者恭敬奉持夫德性，则性尊而心卑，不其明乎？②

---

① （韩）琴章泰：《艮斋学在韩国思想史上的地位》，第198页。
② （韩）田愚著：《艮斋集》，第335册，第140页。

　　艮斋在朱子《周易本义》《论语集注》《中庸章句》的基础之上阐释孔子、子思子的思想。他指出性是天命之正理，是天赋之性，是作为道德准则的本体；心犹如大人、君子，是道德实践的主体。作为准则的性，具有道德价值的优先地位。明觉之心能够知晓理，因此主体之心依据准则之性而践行，对性恭敬奉持，并对性充满敬畏。这种敬畏能够使主体戒谨恐惧不已，如此，则天赋之性理而不失。

　　　　孟子曰："道若大路然，岂难知哉？人病不求耳，子归而求之，有余师。"《集注》言："道不难知，若归而求之事亲敬长之间，则性分之内，万理皆备，随处发见，无不可师也。"按：子包心言。为心者师性之理，则性尊而心卑，不其明乎？

　　　　程子曰："学者必求师，师者何也？曰理也、义也。"按：学者包心言。为心者师义理，则性尊而心卑，不其明乎？①

　　程子将孟子所谓的师解释为理、义，艮斋则进一步解释为性理。主体之心效法准则之性，亦是体现出性的优先地位。性理发见于日用流行之间，用心于事亲敬长，皆有可师，则不难知道。也就是说，心对性的效法是切实可行的。

　　　　朱子曰："人物之生，莫不得其所以生者，以为一身之主。"《劄疑》："所以生者，谓仁义礼智之性也。"按：人包心言。为心者得性以为主，则性尊而心卑，不其明乎？

　　　　朱子曰："惟皇上帝，降此下民，何以与之？曰义与仁。惟义与仁，惟

---

① （韩）田愚著：《艮斋集》，第335册，第140页。

帝之则，钦斯承斯，犹惧不克"云云。又曰："尊我德性，希圣学分。"按：下民包心言。为心者，于帝降之衷钦以承之，则性尊而心卑，不其明乎？

尤庵先生曰："惟道无形，该贮于心，以为一身之主，而为齐家、治国、平天下之本。"按：道贮于心以为主，故心之齐家、治国、平天下也，以是为主本，则性尊而心卑，不其明乎？①

朱子言心为一身之主，心之所以为一身之主的根源则在于性。从这种本原意义而言，艮斋认为性具有优先地位。性心不是隔离的二者，天命之性内在于心，心则恭敬地承受。尤庵指出道贮存于心，艮斋在尤庵思想的基础上解释说性贮存于心而为心之主，心的齐家、治国、平天下的践行都是以性为本。值得注意的是，性为心主，只是从根源处而言的优先地位，并非现实的操控。

孔子祖孙、孟、程、朱、宋诸圣贤，无不以性为心之所主，以心为性之所乘。其为尊卑上下，昭然别矣。况所谓学礼、学道、学仁义之类，又定为性师心弟者，有目皆睹。惟世间有不肯小心而内怀骄气，外袭尊号者，或欲与性齐等，甚则贬性而下之、小之、偏之、两之。如此者，其心只知有心，而不知有性矣。然则动不动，专靠着有觉之人心足矣，尚何待于无为之道体乎？此可与吾儒本性之学，同条而共贯也哉？②

艮斋总结上述论证，认为前圣前贤的思想都可归结为"性尊心卑""性师心弟"。艮斋当时所面对的境况是心宗"心即理"学说的盛行，因此批判其尊心贬性的思想。

---

① （韩）田愚著：《艮斋集》，第335册，第140—141页。
② 同上，第141页。

张子曰：“心统性情。”朱子曰：“心为性情之主宰。”此类但以人心有觉，道体无为而云尔，非所以为上下尊卑之别也。或以是为心尊性卑之说，则谬矣。朱子尝言：“天子统摄天地。”又言：“人者天地之心，没这人时，天地便无人管。”此以天地无思虑无句当，圣贤尽人物赞化育而言，岂可以此为人心尊于天地乎？①

“心宗”诸派根据张子“心统性情”及朱子“心为性情之主宰”之说，主张心的主宰。艮斋则辨析说张子、朱子之说是规定道体无为，肯定心的知觉能力，并非判定心性尊卑的地位。艮斋又举朱子之说，认为人心即使可以统摄天地，也只是参赞天地之化育，而不能与无思虑之天地处于同等地位。

（二）《两家心性尊卑说》要旨

艮斋将“性尊心卑”与“心尊性卑”两家之说对立分论，以为“性尊心卑”是吾儒本天之学，“心尊性卑”是他家本心之学。

仁人之事天，如孝子之事亲。（仁人以心言，天以理言，事是尊之之谓。）……至尊者道，以心求道。（道是性之德而具于心者。）尊我德性，希圣学兮。（我是心自我也，尊性为圣学，则其心自尊而不肯尊性者，将安所归乎？）上帝与民仁义，钦斯承斯，犹惧不克。（性是天之所命乎心者，心而自尊而不欲恭敬奉持夫性者，除非昏狂之人也。）汤之所以事天曰顾諟明命，文王之所以事天曰翼翼小心。（心而曰小，则其不可妄自尊大也明矣。今人往往其心侈然自大，傲然自高，故才闻性尊心卑之说，便

---

① （韩）田愚著：《艮斋集》，第335册，第141页。

觉气涌如山矣。其心于性，且不肯恭敬奉事，天下更无可尊者矣。呜呼殆哉！）谦谦君子，（以心言。）卑以自牧，（言君子之心，宜卑以自处。）虑以下人，（于人且下之，况于性乎？）不知学者，上人之心，无时而已。（人且不可上，况于性而可上乎。）以上吾儒本天之学。①

艮斋将儒家前圣贤的思想视为标准，因此对其进行阐释以作为"性尊心卑"的依据。艮斋对心主体和性本体分立论说，仁人即代表心主体，天即代表性理，而将"事"这一行为赋予了尊奉的意蕴。道是至尊的，而道又是性之德，因此性也就是至尊的。艮斋在强调性尊的同时，将性与天、理、道紧密结合在一起，直接将尊性定义为圣学。性是天命赋予心的，尊性是人的理所应当，而心自尊则是昏狂。艮斋所谈论的心是指向现实道德实践的心，所以"翼翼小心"被解释为心不可妄自尊大，用以批判现实中心"侈然自大，傲然自高"的恣肆表现。"卑以自牧"是艮斋特别关注的，因此他在判定"性尊心卑"时，还强调心的自卑自牧。如果没有心的自卑自牧，那么"性尊心卑"只是一外在的勉强限定，并不能真正实现道德践行。

天上天下，惟我独尊。（本佛语，《语类》讥陆氏处，亦有此语。）只管说心是无亏欠本来好底物事，上面着不得一个字。问："先生信个甚么？"答曰："某只是信个心，心即是圣，即是道，更求归宿，便害道。个个人心是仲尼。"（《论语集注》论孔子谦辞云："圣人非心实自圣而姑为是退托也。"余观自佛、陆、杨、王，以至近世学人，多是俱曰"予圣之见"，此如何抵敌得？）极天下之尊而莫之敢撄者，其惟心乎！应观法界

---

① （韩）田愚著：《艮斋集》，第335册，第93页。

性，一切惟心造。心如圣人在君师之位，性如亿兆之民。（如此则性之善，非固有底，乃是心之所造。又为性者，当受教见治于心，而后乃能至善。性之卑下，莫此为甚矣！）心是上面主宰，性是下面条理。心之大理，具性之小理。心可独当太极，而性不可独当太极。以上他家本心之说。①

艮斋从心性位分的角度理解佛教"惟我独尊"，认为此说尊心而贬性。他认为"应观法界性，一切惟心造"从本原方面肯定了心的先在，而将性置于心之下。在艮斋看来，孔子内心谦虚不以为自己是圣人，而佛教及陆王一派则自以为圣。引文中"个个人心是仲尼"指王阳明之说，这里的"是"代表了人心的现实状态，此处需要细致分析。王阳明诗云："个个人心有仲尼，自将闻见苦遮迷。而今指与真头面，只是良知更莫疑。"②在与弟子对话中，王阳明说："人胸中各有个圣人。只自信不及，都自埋倒了。"③又说："尔胸中原是圣人。"④王阳明所谓的"有"与"原是"，是从"良知见在"这一本体论层面而言，目的在于确立良知具足与良知遍在的信心，并非指人心的现实状态。阳明将圣人的外在偶像内化为良知，强调对圣人的自我认同，并不是说每个人都是现成的圣人。不过，阳明主张"心即理"，突出主体自我的绝对主宰，必然与艮斋的"性尊心卑"思想有抵牾之处。概而言之，艮斋从自身"性尊心卑"的立场出发，将佛教、陆王都视作尊心之说而一起加以批判，在艮斋看来，本心之说与本天之说是绝对的对立。

---

① （韩）田愚著：《艮斋集》，第335册，第93页。
② （明）王阳明著，吴光、钱明、董平、姚延福编校：《咏良知四首示诸生》，《王阳明全集》（新编本）第3册，杭州：浙江古籍出版社，2010年，第826页。
③ 陈荣捷著：《王阳明传习录详注集评》，台北：台湾学生书局，2013年，第292页。
④ 同上，第293页。

三、深斋对"性尊心卑"的批判

曹兢燮（1873—1933），字仲谨，号深斋，又号岩栖，是岭南儒学者，著有《岩栖集》。他 1912 年写《性尊心卑辨》，1917 年又写《性尊心卑的据辨》，批判艮斋"性尊心卑"的学说。

（一）《性尊心卑辨》要旨

深斋《性尊心卑辨》并不是与艮斋"性尊心卑"完全对立之说，而是表达出部分意见的不同。

> 此言未为无见也，于学者非不有功也。然其立言取譬之意，则亦失于偏已矣。夫心，比性微有迹，对性则为形而下矣。然恶得而比之子？子之为父也，称严君焉，虽有妻妾婢仆，不得有二君焉。心则百体之主而众理之所妙也，无已则比之君乎！夫君，上承乎天而统百官、理万民者也，承乎天则顺而在下矣。然不可以尊天而卑君也，百官万民，仰而禀令，未尝以屈于天而不伸其尊也。①

实则，在性为形而上、心为形而下的立场上，深斋与艮斋是相同的。深斋对艮斋的批判在于"性犹父，心犹子"之譬喻的不恰当。深斋重视心的妙用，认为心可比作君，而不可比作子。对于艮斋"性尊心卑"的分立，深斋以为不可以尊性而卑心，应当充分认识到心的重要。

深斋以心之自卑预设艮斋的回应，并进一步说：

---

① （韩）曹兢燮著：《岩栖集·性尊心卑辨》，《韩国文集丛刊》第 350 册，首尔：民族文化推进会，2005 年，第 251 页。

性之于心也，犹心之于身也。无心则无身，然不可谓心贵而身贱，重其身乃所以贵其心也；无性则无心，然不可谓性尊而心卑，严其心乃所以尊其性。且夫心之所以为心者，性而已矣，犹夫君之所以为君者，天职而已矣。如之何其必欲二之也？谓心即理者，吾固未知其何如也，谓心即气者，亦恐滞于末而遗其本矣。谓心是理而尊之者，其弊流于猖狂自恣，则谓心是气而必卑之者，不或流于葸荏足恭之为乎？虽然二者之说，吾以为：原其情则一也。一者何也？皆主理也。其情之一而其言不翅南北者，何也？不能正名而急于立言也。然则名如何而可正也？曰："百体主心，心主理；百官万民命于君，君命于天。"①

深斋认为性是心之为心的本原，因此不可将心性视作二者，而主张将心性看作一体。由此，他否定心性的尊卑对立，认为性的尊贵不需要心的自卑来显示，相反，就像尊重身体是为了尊贵心一样，"严其心"也是为了"尊其性"。深斋对"心即理"与"心即气"两种观点都进行了批判。"心即理"是寒洲学派与华西学派的观点，"心即气"是栗谷-艮斋学派的观点。深斋认为"心即理"有猖狂自恣的流弊，而"心即气"也滞于气心之末而遗漏本心，有畏惧、怯弱、过于谦恭的流弊。"心即理"与"心即气"都主理，但是立言却似截然对立，其原因在于"不能正名而急于立言"。深斋从正名论阐述自己的观点，认为对心与理最正确的论述是心为百体之主，理为心之主。

对于深斋《性尊心卑辨》的批判，艮斋在《与成玑运》书信中作出回应：

尊卑之云，只言位分而已，非教尊者自骄，卑者足恭，而此辨以卑

---

① （韩）曹兢燮著：《岩栖集·性尊心卑辨》，第350册，第251页。

直作足恭说，何也？辨又言："不可谓心贵而身贱，性尊而心卑。"是又欲翻子思"君子（心）尊性"，孟子"体有贵贱"之定案而云尔欤？辨又言："重其身所以贵其心也，严其心所以尊其性也。"吾谓重其身，以其载夫性也；严其心，以其原于性也。假如言重其民所以贵其相也，严其相所以尊其君也，其言非不是也，然民终卑于相，相终卑于君，而竟不可作平等看。吾知其意必不如是之模糊不界也。况君之于天，天者，君之父也；君者，天之子也。性尊心卑之理，卒亦畔弃不得，而辨者亦自云尔也。①

艮斋自谓只有"性师心弟"之说，而无"性父心子"的譬喻。不过朱子有"理父气子"与"性母心子"的譬喻，如果深斋拘泥执着于言语，则朱子之譬喻亦有不通之处。并且，对于深斋性天心君的譬喻，艮斋指出天即君之父，君即天之子，实质上与"性父心子"的譬喻一致。实则，深斋主张将心比作君，是从现实层面强调对心的尊崇，以期充分发挥心的能动功用，而把性作为信仰层面进行尊崇。深斋对心性的共尊，是不同层面的共尊。艮斋对性尊心卑的主张，则是从位分角度出发的分判。他强调心理之别，坚持性的本原优先地位，反对"心即理"对心的尊崇，反对心性共尊的平等位分。对于深斋"卑者足恭"的批判，艮斋认为对心性位分尊卑的判定，并不会导致此病，因为心是自我谦卑，并不是外在强迫。深斋则从现实角度出发，分析了"心即理"猖狂自恣的流弊，以及"心即气"过于谦恭的流弊，所以提出了现实与信仰二分的心性共尊的解决方案，以对于心的尊崇，促成对于性的尊崇。

---

① （韩）田愚著：《艮斋集》，第 334 册，第 286 页。

（二）《性尊心卑的据辨》要旨

针对艮斋《性尊心卑的据》，深斋作《性尊心卑的据辨》以详细辨析艮斋的思想，并加以批判，其言：

> 按此等，只以为性尊之据则可矣，何以为心卑之据乎？性尊二字，自是好品题，而著却心卑二字，便觉意思不平、气象不佳。程子所谓"后人虽有好言语，被气象卑，终不近道"者，岂非此类之谓耶？天命与性，虽非二物，然天命以在天者言，性以在我者言。今便以天命为性，亦恐未精。①

深斋同意艮斋对性的尊崇，但是不同意对心的贬低。并且，他认为应当从在天与在我两方面看待性，而不可直接以天命为性。深斋批判的出发点在于对心的重视。

> 以性为心之所主，则心是能主者也，所主者固是尊也，能主者独可卑乎？性与心对言之，则固有道器、上下之分矣，然不当以其所乘之器而遂卑之。②

性为形而上之道，心为形而下之器，在这一点上，深斋与艮斋是相同的。并且，深斋也承认性是心之所主，心是性之所乘，但是他强调作为能主之心的重要。艮斋注重心性的位分尊卑，深斋则注重心的现实能动功用，因此有此批判。实际上，艮斋并非不注重心的现实功用，只是面对"心即理"的论说而强

---

① （韩）曹兢燮著：《岩栖集·性尊心卑的据辨》，第350册，第262页。
② 同上，第263页。

调心理之别，防止心的狂妄与恣肆。

> 谓心是理者，是一而非两也，必曰性尊心卑者，乃不免两之之失，而其偏则均矣。"只知有心而不知有性"，此句足以警异学之失。然世之学者，患不知有心，故亦不知有性。若能真知有心，则性亦不外乎是。①

深斋认为"心是理"以心理为一，"性尊心卑"析心与性理为二，这两种说法皆有偏失，而不能表现心与性理之不离不杂的关系。心与理之不离不杂的关系，是程朱学的共识，艮斋必然不会违背此。并且，艮斋继承栗谷"一而二、二而一"的见解，而有精妙的论述，深斋此处未曾论及。艮斋对性的尊崇和重视，深斋是赞同的，不过关于"只知有心而不知有性"的说法，他提出不同意见，认为不知有心故不知有性，倘若真知有心则必然知性。艮斋从位分而分判心性之尊卑，就此而言，心性必然是对立的关系。深斋则强调心性的一体关系，主张通过心来知性，肯定心的道德实践功用。

> 心有当靠者、有不当靠者，道心是当靠者，人心是不当靠者。夫言心而曰"人心、道心"，言学而曰"惟精、惟一"，千古之心法、心学，无以复加矣。今必欲以心对道而曰心不可靠，则是所谓心者，只是人心而已，为说不亦偏乎？②

深斋细化心的内涵，分道心、人心而言，指出道心是当靠者，批评艮斋之说只面向人心而言心之不可靠，有失偏颇。实际上，艮斋的意思在于强调性的

①② （韩）曹兢燮著：《岩栖集·性尊心卑的据辨》，第 350 册，第 264 页。

不可或缺的重要地位，而深斋则将重点放在道心的可靠上。

> 窃尝譬之，"心统性情"犹言"君统民社"，"心者性情之主"犹言
> "君者神人之主"。夫君为民社而设，故君必念念在民社，然后方尽君之
> 道，然不可以此而卑君于民社也；心因性而有，故心必念念在性，然后方
> 尽心之道，然不可以此而卑心于性也。……盖以位言则君固临乎民社，而
> 以实言则民社重于君；以量言则心固包乎性，而以理言则性妙于心，并行
> 两全而不相侵夺可矣。必欲强而曰"尊"、曰"卑"、曰"齐等"者，非无
> 用之赘言，则自私之偏见也。①

深斋将心比作君，将性比作民、神，承认心因性而有，但是否认由此而定
的尊卑关系。他以名实对举，认为君虽居尊位，但是事实上却是民、社重于
君；从体量而言则心包性，以实理而言则性妙于心，强调心性并行并尊而不相
悖。深斋虽然反对心性尊卑之分，但是与艮斋相比，他的思想其实是偏向心一
边的。艮斋有"性师心弟"之说，必然也不同意心君性民的譬喻。而且，艮斋
虽然对心性有主体与本体的区分，但是就位分而言，心性必然有尊卑的区别。

四、玄谷对"性尊心卑"的辩护

（一）《观曹兢燮性尊心卑辨》要旨

柳永善（1893—1961），号玄谷，艮斋弟子。针对深斋《性尊心卑辨》
（1912），玄谷作《观曹兢燮性尊心卑辨》（1916），维护师说。其言：

---

① （韩）曹兢燮著：《岩栖集·性尊心卑的据辨》，第 350 册，第 264—265 页。

> 谓心即理者，吾固未知其如何也，谓心即气者，亦恐滞于末而遗其本矣。（深斋）
>
> 盖心性举一则都贯穿，然当观其立言之宾主，心虽曰气，理未尝不自在，则何谓遗本滞末耶？且所谓气者，乃指其虚灵精英者耳，又岂可以虚灵精英者谓之末哉？（玄谷）①

"心即理"指寒洲学派的观点，"心即气"指栗谷-艮斋学派的观点。深斋认为"心即气"拘执于心之末之气而遗漏心之本体之理，即忽略心主理的一面。玄谷认为合而言之，性与心不离，分而言之则有所偏重，性指向理而心指向气。"心即气"虽然强调心之属气的位分，而并未否定理在其中的事实。玄谷还指出"心即气"之气为虚灵精英，不同于普通的形气，不能称之为末。

> 谓心是理而尊之者，其弊流于猖狂自恣，则谓心是气而必卑者，不或流于葸葸足恭之为乎？（深斋）
>
> 圣人有"卑以自牧"、"虑以下人"之教，而未闻流于葸葸足恭之耻也。心是形而下者，自卑而尊性，是乃所当为者，若以所当为者谓之葸葸足恭，则必自高僭上者当为礼恭矣，其害岂浅浅也哉？（玄谷）②

深斋认为"心即理"尊崇心，流弊在于心的猖狂自恣，"心即气"贬低心，流弊在于畏畏缩缩、过于谦恭。玄谷继承艮斋之说，认为卑是心之自觉谦卑，而非贬低。从应然层面而言，心应当自卑以尊奉性。深斋与玄谷的分歧在于，深斋理解的心之卑是外在的贬低，而玄谷主张的心卑是心的自觉谦卑。

---

① （韩）柳永善著：《玄谷先生文集》，第353册，第435—436页。
② 同上，第436页。

（二）《论岭人性尊心卑的据辨》要旨

玄谷又作《论岭人性尊心卑的据辨》（1918），为其师之说辩护。岭人，即岭南学派的儒者，不知具体姓名。玄谷所引之文未见于深斋《岩栖集》，此岭人应当不是指深斋。《论岭人性尊心卑的据辨》曰：

> 理义者，乃心中所具之理义也，舍心而求诸何处乎？从何有性尊心卑之可言乎？（岭人）
>
> 孰有舍心而求理也？虽曰理具于心而不可直谓心理无辨，则为心者当奉持而师专之，岂可谓无尊卑之可言乎？（玄谷）①

岭南儒者认为心具理，心与理不二，心是寻求理的途径，不可尊性而贬心，重视心的能动作用。玄谷当然也承认心具理及心理不二的观点，但是否认心等同于理的观点，并且坚持性为尊心为卑的位分判定。相对来说，岭南儒者更注重现实层面心的功用，玄谷更注重本原层面性的优先地位。

> 大抵心性尊则俱尊，卑则俱卑，今乃务为一推于上，一坠于下，有"性尊心卑"、"性师心弟"之说也。（岭人）
>
> 若曰尊则俱尊，则是一身之内有两尊，一家之内有二尊，吾恐其教令不出于一也。（玄谷）②

岭南儒者从心理合一的观点出发，强调心性合一，反对以尊卑割裂心与性的观点，主张心与性同尊。玄谷认为心与性有不离的方面，但是二者也有不杂

---

① （韩）柳永善著：《玄谷先生文集》，第353册，第439页。
② 同上，第440—441页。

的方面，并且从本原层面而言，性的优先地位是绝对的、无条件的，心之尊只能是相对的、有条件的。

五、阳斋对"性尊心卑"的辩护

（一）《读曹氏性尊心卑辨》要旨

权纯命（1891—1974），号阳斋，艮斋弟子。针对深斋《性尊心卑辨》（1912），作《读曹氏性尊心卑辨》（1918），其言：

> 夫心为一身之主，百体之统，而得天君之名，则心之尊同于性，亦非为无见也。但，心，气之精者也；一身、百体，气之粗者也。心视于一身、百体，固尊于一身、百体也。性又非气而理也，理视于气，其不尊又矣乎？夫天下无两统、无两本，以尊视尊，不得不性为尊而心为卑也，此性尊心卑之所由起也。曹氏之欲两尊，无乃知其一而不知其二也与？①

深斋《性尊心卑辨》主要观点是性与心同尊，心性一体。阳斋认为心是气之精英，比气质、形气固然尊贵，但是与性相比，则相对为卑。这是在"性即理"与理尊气卑的基础上，主张"性尊心卑"。心可谓有条件的尊贵，性可谓无条件的尊贵。性与心之关系有合言，有分言。深斋强调心性合一，故主张心的尊贵同于性。阳斋分而言之，指出性与心的差别，即心固然有尊贵之处，但是心相对于性则必然为卑。

---

① （韩）权纯命著：《阳斋集》，首尔：骊江出版社，1988年，第226页。

艮翁之意，盖谓其心比于性，则不得不卑，未曾谓心为可贱之物也，而今自作元只又何也？使谓身心平等如其说，无乃与承于天则顺而在下者不相戾矣乎？①

阳斋认为艮斋尊卑之意，是相对而言的比较说法，并非决然的尊贵与卑贱的对立。性为理，则必然为尊，为绝对准则；心是精英之气，比性则卑，但是心具有神化妙用，不能以卑贱视之。阳斋还指出深斋言语之矛盾处以反驳，比如深斋既说身心平等，又说承于天则顺而在下。阳斋认为性与心不能等同，心与身亦不能等同，性比心尊，心比身尊。

至其结语又谓："百体主心，心主于理，百官万民命于君，君命于天。"夫百体主心，则心固尊于百体也；心主于理，则理非尊于心乎？百官万民命于君，则君固尊于百官万民；君命于天，则天非尊于君乎？于是艮翁所谓"性尊心卑"之理确然而益著，昭然而益明。②

深斋主张心为百体之主，理为心之主，心与理的关系不可割裂，对心的尊崇即是对理的尊崇，不可通过贬低心以尊崇理。在深斋思想体系中心性一体，因此其言语中多注重心与理，而较少涉及性。阳斋由深斋之语提出了截然相反的观点，认为心为百体之主就意味着心尊于百体，理为心之主就意味着理尊于心。这是从本原层面述说理的优先地位。艮斋与阳斋都倡导"性即理"而强调性的本原优先地位，因此对性的阐述就成为其思想的重点。

---

①② （韩）权纯命著：《阳斋集》，第 227 页。

（二）《曹崔性尊心卑的据辨辨》要旨

针对深斋《性尊心卑的据辨》（1917），阳斋又作《曹崔性尊心卑的据辨辨》（1919），其言：

> 以性为心之所主（止）盛性之器。（深斋）
>
> 既曰所主者尊，则主之者不得不卑也。性与心有道器上下之分，则上者尊而下者卑也。心为盛性之器，则所盛者尊而盛之者卑也。……心能运用此性、发挥此性，其功至于参赞化育，则视诸气质之无灵觉，形体之蠢然不啻尊也，所以曰一而无对，然视诸性之纯善至尊、无为真宰，则又不得不为卑也。（阳斋）①

深斋认为性为心之所主，心为盛性之器，强调心与性为一体而不可分隔。阳斋从位分层面分判尊卑，所主之性为尊，主之之心为卑，形而上之性为尊，形而下之心为卑。深斋认为尊卑的对立，会导致心与性的二分，阳斋则主张心与性合一的同时强调二者的区别。深斋认识到只有肯定心的能动作用，才能更好地进行道德实践，阳斋也肯定心的现实功用，不过他更注重强调性作为绝对准则的优先地位。

> 窃尝譬之，"心统性情"犹言"君统民社"，"心者性情之主"，犹言"君者神人之主"云云。（深斋）
>
> 夫君为民社而设，则君固重而民社更重；心因性而有，则心则固尊而性更尊也。夫心卑者，视于性尊则卑也，非卑于气质形气也。（阳斋）②

---

① （韩）权纯命著：《阳斋集》，第 227 页。
② 同上，第 229 页。

深斋注重心的能动功用，因此从现实层面主张心统御性情，心为性情之主宰。阳斋则从本原层面分析，指出性是心的本体依据，心是性的妙用，因此性尊于心。又因为心是气之精英，所以心尊于气质形气，如此，心才能发挥其妙用。可以说，深斋与阳斋的分歧在于其问题意识以及关注层面的差异。

第二节 "性为心宰"说

"性为心宰"说最初由吴熙常（1763—1833，号老洲）明确提出，而渊源可追溯至朱子的学说思想。艮斋大力阐明、推广"性为心宰"说，受到了华西学派金重庵、柳省斋的激烈批判，还受到了宋渊斋的疑难，不过也得到了弟子柳玄谷的维护。

一、"性为心宰"的渊源

"性为心宰"说的渊源是朱子的理气论与心性论。理气论主要是"理为气本""理先气后"的思想，心性论主要是"性为心体"的思想。

朱子持理本体论，朱子曰："有是理便有是气，但理是本。"[1] 又曰："未有天地之先，毕竟也只是理。有此理，便有此天地；若无此理，便亦无天地，无人无物，都无该载了！有理，便有气流行，发育万物。"[2] 追溯本原而言，理是比气更为根本的存在。理气关系有分说，有合说。分说，则有先后之分。朱子曰："若论本原，即有理然后有气。……若论禀赋，则有是气而后理随以具。"[3] 从本原而论，则可以说"理先气后"；从禀赋或者构成而论，则可以说"气先

---

① （宋）黎靖德编：《朱子语类》第 1 册，第 2 页。
② 同上，第 1 页。
③ （宋）朱熹撰，朱杰人、严佐之、刘永翔主编：《晦庵先生朱文公文集》，《朱子全书》第 23 册，上海：上海古籍出版社；合肥：安徽教育出版社，2010 年，第 2863 页。

理后"。理气之先后，不是决然的分判，而是不同情况下的分别叙述。朱子曰："理未尝离乎气。然理形而上者，气形而下者。自形而上下言，岂无先后！"① 他在理气不离的前提下，强调理的逻辑之先，曰："要之，也先有理。只不可说是今日有是理，明日却有是气；也须有先后。且如万一山河大地都陷了，毕竟理却只在这里。"② 他否定理气在时间上的先后顺序。朱子曰："此本无先后之可言。然必欲推其所从来，则须说先有是理。然理又非别为一物，即存乎是气之中；无是气，则是理亦无挂搭处。"③ 推本而言，理先气后。不过，理气合说则浑然一体，无先后之分。

朱子曰："心以性为体，心将性做馅子模样。"④ 又曰："心者，主乎性而行乎情。"⑤ 朱子秉持程子"性即理"之说，以性为本体，心则是性理的承载与发用主体。朱子曰："心固是主宰底意，然所谓主宰者，即是理也，不是心外别有个理，理外别有个心。"⑥ 心虽然有主宰的妙用，但是其妙用的本原依据在于性理。朱子曰："性犹太极也，心犹阴阳也。太极只在阴阳之中，非能离阴阳也。然至论太极自是太极，阴阳自是阴阳。惟性与心亦然。所谓一而二、二而一也。"⑦ 性与心是不离不杂的关系，合说则性与心为一整体，性体心用；分说则性与心有各自独立的意义。艮斋面临心宗诸派对心的主宰能力的强烈推崇，认识到性与心不离不杂的关系，已经不能应对现实挑战，只有选择强调性的本体地位，防止心夺性位。因此，艮斋进一步说明"性为心宰"的要义，强调性的本体优先地位。

在朱子"理为气本""理先气后"思想的基础上，李栗谷进一步强调"理

①③（宋）黎靖德编：《朱子语类》第 1 册，第 3 页。
②⑥ 同上，第 4 页。
④ 同上，第 89 页。
⑤ 同上，第 94 页。
⑦ 同上，第 87 页。

为气主"。对于理气关系，栗谷说："理无形而气有形，故理通而气局。理无为而气有为，故气发而理乘。无形无为而为有形有为之主者，理也；有形有为而为无形无为之器者，气也。此是穷理气之大端也。"① 栗谷依据朱子对理气的界定，认为理为形而上之道，气为形而下之器，理不受形制的拘束而通达，气受形制的拘束而有局限。理无造作、无情意，气有作为，因此理不能发用，气能发用。又理气不离，所以气发用而实有理承载。归结而言，理无形无为，气有形有为，但是理为气主，气为理之器。艮斋进一步阐释说："盖栗翁言'无为而为有为之主者，理也'。无为，非有使之之谓也。有为，机自尔之谓也。为主，即所以然之意也。"② 栗谷所谓理无为，是指理无造作、无情意，艮斋则从本体论层面强调理的自存性与绝对性，以及不受驱使的特质。对于气有为，艮斋则强调气之作为具有自然发用的特质。理为气主，即理是气的本原依据。理只有所以然的本原意，并无现实操纵意。气机自尔，具有现实的自主特征。所谓"理为气主"，是从体用角度表明理气关系。艮斋以理气关系对应心性关系，从而将"性为心宰"建立在"理为气主"的基础之上。艮斋说："夫性为心宰，即理为气主之意。"③ 又说："性为心宰，心为性用。"④ 从体用关系而言，"性为心宰"亦即"性为心体"，不过相对于"体"来说，"宰"字强调了性对心的必要价值，虽然只是本体意义而并非现实状况。理气与心性对应关系的成立在于，艮斋坚持性为理、心即气的分判，也就是其"性尊心卑"说。

"性为心宰"说的直接来源是吴老洲，其《杂识》曰："理无本末，故性真而无妄。气有本有末，故心有真有妄。是以洛闽诸贤，但言理善而不言气善，但言性同而不言心同。然若直就神理妙合处看其本体，则几乎泯然无别，此乃

① （韩）李珥著：《栗谷全书》中，第848页。
② （韩）田愚著：《艮斋集》，第332册，第171页。
③ （韩）田愚著：《艮斋集》，第334册，第78页。
④ （韩）田愚著，柳永善编：《艮斋先生性理类选》，第154页。

义理极精微处。苟能于此积思以自得之，则余可随处沛然也。然去其中，又拣别出理为气本、性为心宰之义，方可免于堕落异端之见也。（性为心宰，虽似创新，朱子亦于理下主宰字。）"①老洲"性为心宰"的思想，建立在"理为气本"的基础之上。理为形而上之道，性即理，故性是纯粹至善的。心为形而下之器，只能说本善而不能说至善。心具理，因此能够与理为一，心与理为一是最佳的境界。老洲所谓异端之见，是指"心即理"之说，为了防止心的恣肆，他强调"性为心宰"，以性作为心的本原依据。老洲又说："大抵气则有本有末，本一而末不齐，故所以于心称本善。（心之体，乃气之本，即所谓精爽。）理则无本无末，一而已，故所以于性称纯善。本与纯之间，理气之分也。故心虽善，无是性，其善无所准则；性虽善，无是心，其善不足有为。"②他认为性纯善，心本善，纯善之性是心之准则，本善之心，是性之妙用。这是从道德价值层面阐述性为心宰，也就是说性为心的道德价值依据。

对于老洲的思想，艮斋的老师任全斋说："虽兼理气以言之，目下具之、妙之者是心，则当以气为主。若理则纲纪造化，贯彻三极，即不宰之宰也。向所谓理为气本、性为心宰，亦谓是也。"③全斋指出从运用而言，心有现实能动的特质，足以为主宰。不过，从本原而言，只有性理足以作为绝对标准，性理虽然没有现实能动作用，但却是心之妙用的本原依据。艮斋"性为心宰"的思想，无疑受全斋之影响。

艮斋直接继承老洲"性为心宰"说而进一步阐释发明，从而建构了自己的学说体系。艮斋说："愚窃谓性为心宰一句，虽始发于老洲，而其实从上圣贤以及栗、尤诸老先生所相传授之单传密付也。"④他指出"性为心宰"之名虽然

---

① （韩）吴熙常著：《老洲集》，第280册，第545页。
② 同上，第217页。
③ （韩）任宪晦著：《鼓山集》，第314册，第150页。
④ （韩）田愚著：《艮斋集》，第332册，第200页。

由老洲提出，但是这种思想实质上源于前圣贤之思想，力图寻求理论支持。他进一步解释说："俯询性为心宰之义，愚何足知，惟尝闻朱子之言，以为性犹太极，心犹阴阳。又闻尤庵以为太极为阴阳之主，而反为阴阳之所运用。今人徒知性为心之所运用，而不知心之运用实出于性，故曰：'气之流行，性为之主。'又曰：'心固是主宰底意，然所谓主宰者，即是理也。'（艮斋自注：并朱子语。）"[1] 艮斋将"性为心宰"思想追溯至朱子、尤庵。据朱子与尤庵的思想，性为太极，为形而上之道，心为阴阳，为形而下之器，太极为阴阳之主，因此性为心之主，阴阳为太极之运用，因此心为性之运用。心宗之学推重心的能动功用，而忽略作为心之本原的性。艮斋则强调性对心的本原意义，主张心为主宰的根源在于性理。艮斋最突出的贡献在于辨析主宰的含义，阐明老洲"性为心宰"说的主宰是从"自然究极"而言。[2]

二、"性为心宰"的含义

（一）《性为心宰》要旨

艮斋作《性为心宰》，以问答形式对"性为心宰"进行论证：

有问于世儒曰："太极为阴阳之主，道为器主，理为气主，此三句有异指否？"对曰："无异指也。"再问曰："分明无异指否？"曰："分明无异指。"于是举性为心宰而问曰："此与前三句如何？"曰："心是理之有觉有为者，性虽曰理而毕竟无觉无为，夫无觉无为者，如何得为有觉有为者之主乎？"问者曰："向所谓太极、道、理，岂有觉有为乎。""此与孔、朱以

---

[1] （韩）田愚著：《艮斋集》，第332册，第200页。
[2] 参见杨祖汉著：《从当代儒学观点看韩国儒学的重要论争续编》，第483—484页。

人心道体分有觉无为之正训判然别矣，吾不欲复与子相为谋矣。"①

艮斋以"太极为阴阳之主，道为器主，理为气主"为程朱、栗谷以来定论，并以此为"性为心宰"的理论依据。他借世儒之口对"性为心宰"提出反对意见，即无觉无为之性不足以成为有觉有为之心的主宰。针对这种反对意见，艮斋指出太极、道、理皆是无觉无为，却是有觉有为之阴阳、器、气之主，因此性足以成为心之主宰。世儒所代表的观点与艮斋的观点分歧在于对"主"与"宰"的理解。因为就字义而言，世儒认为"太极为阴阳之主，道为器主，理为气主"所谓的"主"，并不是能动的、现实的主宰力，而是主宾的界定，相反，"性为心宰"的"宰"则指向现实的主宰力。在艮斋的思想体系中，他将"宰"分为自然的主宰与能然的主宰，而将"性为心宰"的"宰"规定为自然的主宰，强调性对心的本原意义。因为是自然的主宰，所以无觉无为的性能够主宰有觉有为的心。

　　傍有尊栗、尤者曰："性为心宰，吾亦不以为是也。"或者诘之曰："子谓性理心气为是乎？"曰："是。"曰："然则性为心宰与理为气主，何所异而疑之欤？"曰："性无为故也。"曰："栗、尤亦曾有理有为之教乎？无为而为有为之主，栗、尤之说皆如此，而子之言则不然，无乃习闻世儒之论，而有惑志者欤？子试反诸己而思之曰：'吾之性是理，吾之心是气之精英神明者也，前贤所谓理为气主者，于吾身将如何看？'看来看去，久将自有破却漆桶时节。是时，乃敢自谓我今始真尊栗、尤者也。"②

---

① （韩）田愚著：《艮斋集》，第 335 册，第 310 页。
② 同上，第 310—311 页。

　　艮斋"性为心宰"说不仅遭到其他学派儒者的批判，还遭到栗谷学派内部儒者的批判，因此艮斋又以尊崇栗谷、尤庵学问的儒者的口吻提出反对意见，亦即无为之性不能成为有为之心的主宰。艮斋以栗谷学派"性理心气""理为气主"及"无为而为有为之主"的观点反驳批评意见，并进一步指出这些栗谷后学惑于世儒之论，而失却栗谷学之真精神。所谓世儒之论，主要指心宗诸派强调心的主宰的思想。诚然，艮斋的这些论述都可以从栗谷那里寻找到依据。栗谷说："气之所为，而必有理为之主宰。"① 又说："无形无为而为有形有为之主者，理也。有形有为而为无形无为之器者，气也。"② 这里明确提出"理为气主"的观点。不过艮斋对栗谷的思想作进一步阐发，延伸至心性论而倡导"性为心宰"学说。

（二）"主宰"的两重含义

　　艮斋"性为心宰"说的关键在于对"主宰"含义的辨析。他指出："主宰有二义：一是自然究极底，如朱子所谓'人生莫不得其所以生者，以为一身之主'，及尤翁所谓'理之主宰，不过曰自然而已，不如阴阳五行之运用造作'者是也。一是神化妙用底，如朱子所谓'心为一身之主宰'，及今所引'以主宰谓之帝'者是也。据此则老洲谓主宰不衬于理者，指神化妙用言也。谓性为心宰者，指自然究极言也。"③ 主宰可以从两个层面来论述，一方面是从本原而论，即所谓"自然究极"；另一方面是从流行发用而论，即所谓"神化妙用"。"性为心宰"是从本原而论，强调性理之为绝对价值标准。艮斋进一步说："谓之主宰者，非谓有情意、有计度而运用夫心也，只是心有所为，必先有此理，

---

① （韩）李珥著：《栗谷全书》上，第353页。
② （韩）李珥著：《栗谷全书》中，第848页。
③ （韩）田愚著：《艮斋集》，第333册，第147—148页。

而后心始有所根极而有此妙用也。而沈明仲不知此意，乃欲以主宰为情意、造作意看，故尤翁告之曰：'所谓理为主宰者，不过曰自然而已，非如阴阳五行之有运用造作也。'据此则知主宰二字，字同而用异，谓心为性之主宰者，从流行处指其能运用此理而言也；谓性为心之宰者，就源头处指其为气之所本而言也。"①他将主宰二字，辨别其自然与运用之异，而从源头处与流行处分别为言。性为心之主宰是自然的，并非有情意、有计度而运用的。

艮斋说："心之主宰，是有为之主宰。理之主宰，是自然之主宰也。心字似帝字，帝虽运用天道，然天道却是帝之本也。"②又说："盖心为身主，以能然言，性为心宰，以自然言。"③艮斋对"主宰"作能然与自然的两重划分，以从能然而言心之主宰，从自然而言性之主宰。并且，关于心之主宰对象为身，性之主宰对象为心，这也凸显出对性的本体优先地位的确认。"心性，以本分地位言之，性固当为心之主。虽以运用工夫言之，为心者亦当以性为主，不敢萌与性互主之念。……为心者，不敢自主，而必主于性而运用，乃能克己而为仁矣。万一不然，欲舍理而自主，则其不为形役而凿性者，绝无矣。……自作主宰，亦须此心尊性而有是妙用，不然，必为形役矣。"④从实然的角度来看，心虽然具有主宰的妙用，但是从应然的角度看，心必须以性为主。倘若心不遵循性理而狂妄自大，则必然遭受形气的拘役。也就是说，性之主宰，是绝对的主宰，心之主宰，是相对的、有条件的主宰。"道心以其原于性命，而得主宰之名，是安得为极本穷源之主宰乎？若夫理之为主宰，直以当体至善，本位至尊，不暇借带而自为主宰。"⑤艮斋区分道心之主宰与理之主宰，认为理为纯粹

---

① （韩）田愚著：《艮斋集》，第 332 册，第 200 页。
② （韩）田愚著：《艮斋集》，第 336 册，第 149 页。
③ （韩）田愚著：《艮斋集》，第 334 册，第 78 页。
④ 同上，第 97—98 页。
⑤ 同上，第 425 页。

至善，具有至尊的位分，因此理之主宰是绝对的主宰，而道心因为源于性命才有主宰的能力，是有待的主宰，是相对的主宰。

"此心自用时，其发果无差否？以性为主时，其心能无畏乎？夫以至神至灵运用不测之心，乃有所畏而不敢肆，岂非有至尊无对之理，为自然不宰之宰故欤？"① 他以心对性的敬畏，说明性理对心的主宰。"吾以为气之为役，以志为主，心之不动，以理为主，则理实为极本之主。心但为运用之主，必也持志以循乎理，养气而役于心。"② 心志为形气之主宰，性理为心之主宰，因此，就工夫论而言，应该以心遵循性理而主宰形气。"心为主宰，以心之存主运用，必本于性也，故云尔。使其不师理义而自恣焉，则是形役尔，奚主宰之可名哉？"③ 艮斋对性之自然主宰的强调，目的在于防止心的恣肆，心不本于性而恣肆，则是形役，则不能发挥能然的主宰功用。"愚每谓此心一有所为，必以性为主，而不敢自用，如此勉勉循循不能已，而至于用力之久，而一日泯然心与理一之境，然后所谓从心所欲不逾矩者，可庶几焉。今若不肯如此俯首下功，乃欲以心为极本穷源之主宰而不复本于性，而望其用之不差，则是虽若直截径捷而得之，吾恐其未及有得，而遽已化而为佛矣。"④ 倘若以性为自然之主宰而遵循性理，则能够达到心与理为一的圣人境界。如果只是任凭心之运用主宰，则不免妄行而误入歧途。

（三）艮斋对"心统性情"的阐释

艮斋阐述"性为心宰"的妙义，强调性理的绝对主宰，则必然要对程朱"心统性情"说作出新的阐释，以阐明性与心的关系。

---

① （韩）田愚著：《艮斋集》，第332册，第200页。
② （韩）田愚著：《艮斋集》，第335册，第85页。
③ 同上，第208页。
④ （韩）田愚著：《艮斋集》，第332册，第200—201页。

朱子盛赞张横渠"心统性情"说，认为是颠扑不破的。朱子还进一步发明"心统性情"的含义，阐述其心性论思想。朱子曰："'心统性情'，统，犹兼也。"① 又曰："心之全体湛然虚明，万理具足，无一毫私欲之间；其流行该遍，贯乎动静，而妙用又无不在焉。故以其未发而全体者言之，则性也；以其已发而妙用者言之，则情也。然'心统性情'，只就浑沦一物之中，指其已发、未发而为言尔，非是性是一个地头，心是一个地头，情又是一个地头，如此悬隔也。"② 此处从已发、未发角度，认为"心统性情"是指心贯通性、情，心与性、情是浑然一体，不可隔绝。朱子曰："性以理言，情乃发用处，心即管摄性情者也。"③ 心是虚灵明觉的，具有管摄性情的现实功用。又曰："性者，心之理；情者，性之动；心者，性情之主。"④ 从流行发用层面而言，心为性情之主。又曰："性对情言，心对性情言。合如此是性，动处是情，主宰是心。"⑤ 心还具有主宰的能力。在朱子的思想体系中，"心统性情"主要有两个层面的意思：一、心兼性情，表现为心与性、情之浑然一体的关系；二、心主宰性情，表现为心的妙用。

艮斋分析"心统性情"含义说："心统性情，是兼包该贯之义，非以尊统卑之谓也。（朱子云"天子摄天地"，岂谓天子尊于天地耶？）'心为主宰'、'心为严师'，皆以心之师性而言。如不师性而自用，则心猿耳、形役耳，何以为主宰？何以为严师乎？"⑥ 朱子的思想中，统确有"兼包该贯"的含义，不过艮斋否定性与心地位尊卑的统领义。这是艮斋从严格分判性心位分的考虑出发，所作出的阐释。艮斋用天子统摄天地作比喻，认为天子虽然能够运用天理以治理天下，但是不能因此说天子比天地更为尊贵。天子就相当于虚灵

---

① （宋）黎靖德编：《朱子语类》第 7 册，第 2513 页。
②③ （宋）黎靖德编：《朱子语类》第 1 册，第 94 页。
④⑤ 同上，第 89 页。
⑥ （韩）田愚著：《艮斋集》，第 335 册，第 230 页。

明觉之心，天地即性理，心虽然有妙用，但是不能侵夺性理的本体地位。艮斋还强调心的主宰能力是源于性理，因此只有遵循性理，心才能发挥主宰能力。

艮斋《主宰说》曰："静而大本之无少偏倚，动而达道之无所乖戾，皆是此心之妙用，故曰心为性情之主宰，此即所谓人能弘道也。心之功用，至于参天地赞化育，然其所以参赞之理，则出于性而不出于心，故曰性为心之主宰，此即所谓性是太极浑然之体也。"[①] 艮斋注重心的妙用，以此为基础阐释"心统性情"，另一方面指出心之功用源于性，而倡导"性为心宰"。这都源于他对性体心用的坚持。

艮斋思想体系的重心在于强调性理的本体优先地位，因此他对"心统性情"的阐释，也离不开对性与心位分的分判。这是艮斋思想的特色所在，也是区别于朱子思想之处。

三、重庵对"性为心宰"的批判

金平默（1819—1891），号重庵，为李恒老（1792—1868，号华西）高足。重庵《性为心宰辨》曰：

圣人言："人能弘道，非道弘人。"今曰性为心宰，则是道反弘人也，乌可哉？

张子曰："心能尽性，性不知检其心。"若曰性为心宰，则乌在其不知检心也？

朱子曰："天理人欲之判，由之宰与不宰也。"是则宰者心之职也，今

---

① （韩）田愚著：《艮斋集》，第 333 册，第 99 页。

乃谓性之职可乎?

今人开口便说"心之本体是湛一之气,《大学》之所谓明德也"。余折之云如此,则张子说"心统性情",是气为理统也;朱子说"心者,性情之主",是气为理主也。气统乎理、气主乎理,是无乃冠履倒置乎?彼于此语塞,故引近日先辈"性为心宰"之说以压之。

心为一身之主,万理之宰,故古人名之曰天君,而程朱诸先生无异辞焉。今曰性为天君,而心为天君之大臣,则是程朱诸先生将这一个心为羿、莽之一类也,不亦重乎?①

重庵坚持理无为而气有为,认为"性为心宰"把性理视作能动的,违背了圣贤性理无为的思想,强调具有主宰能力的只能是心。华西学派倡导"本心主理",强调本心之理的主宰,艮斋则继承栗谷学派的思想,强调"心即气",以明德属心。对此,重庵诘问说心如果为气,则气为理统,气为理主,这显然不符合张子、朱子的思想。重庵曰:"张子、朱子说心,盖就方寸之形、精爽之气,讨得上面主宰,为性情之总脑,则是《启蒙》'心为太极'之说也,一而无对而理之体用,无一之不该矣。"② 他认为本心该遍理之体用,是绝对的。张子"心统性情"与朱子"心者,性情之主"都是指本体之心主理,因而能够统摄性情,成为性情之主,而气心不足以统摄性情,成为性情之主。"性为心宰"说谬误的根源在于以心属气。重庵注重本心的主宰,视心为天君,则必然反对无为之性理凌驾本心之上的思想。艮斋与重庵都是借助朱子、张横渠之理论,以阐述自己的思想,只是他们由其出发点的不同,而有截然不同的观点。

① (韩)金平默著:《重庵集》,《韩国文集丛刊》第320册,首尔:民族文化推进会,2003年,第73页。
② 同上,第504页。

艮斋阐述主宰的两重含义，即从本原而言，可说"性为心宰"；从流行发用而言，可说"心为性宰"。对此，重庵也提出了批评意见。重庵曰："既以心为性之主，复以性为心之宰，则是方寸之间有二主宰，争为长雄也，其可成说乎？大抵心以理言，则是一身统体之太极，而惟其所乘者，乃气之精爽，故此统体之太极，藉以为主宰。性则乃其实体，而分为万事之则，所谓各具之太极也，故统于此心之里面。由是知心之本体。譬之，则人君之主管百职，而性乃其所管之职事也。今曰国内百职，为人君之主宰，则又可成说乎？"①重庵从"本心主理"出发，只能接受心为主宰，反对互为主宰之说。从理气不离而言，本心既为统体之太极，具有本体地位，又因形气之承载而具有主宰能力。实体之性统属于心，乃心之职事，客观上弱化了性的本体地位。重庵之批评，没有体会艮斋强调性理本体地位的用心，或者说在重庵的思想体系中，并不特别注重性理的本体地位。

四、艮斋与省斋的论辩

柳重教（1832—1893），字稺程，号省斋，亦为李恒老（1792—1868，号华西）高足。对于艮斋所论述的"性为心宰"与"心为性宰"的区别，省斋说："心性互宰，古无此语，自近世吴老洲公始发之，而后之学者多致疑。……心能检性，性不知检其心，心之宰性职耳，性之宰心，亦有是理耶？若谓专言性而主宰在其中，则此是合心而言性者，无可疑矣。谓心与性对而互相主宰，则非浅陋之所敢闻也。"②省斋认为心具有主宰能力，性理无为，因此主张心主宰性理，反对"性为心宰"说。倘若言性之主宰，则此性已经是合心而言了。

---

① （韩）金平默著：《重庵集》，第319册，第311页。
② （韩）柳重教著：《省斋集·华西先生语录》，《韩国文集丛刊》第323册，首尔：民族文化推进会，2004年，第465页。

省斋继承师说，倡导"本心主理"，因此强调本心的主宰能力，并且认为只有心才具有主宰能力。

对于省斋的批判，艮斋在《与柳稺程》书信中说："至于性不知检其心，则又与此不相害。横渠以理之无为言，老洲以心之所本言。二说者，实亦互相发也。且性不知检心，即理不知捡气之谓也，而理不知捡气之云，则必不安于高见矣。且性为心宰，即执事之谓理为气主也，而却以为未便，何也？只为以心为理，而遂以为性之主宰，则其势自不得不然也。且以不知检心之故，而便疑其不足于为主，则其所谓理为气宰者，岂非有知觉有作用底物事耶？于是乎执事者，虽欲免认气为理之讥，不可得矣，虽自谓主理而不免为本心之学矣。"① 他认为老洲"性为心宰"说并不违背张横渠性不知检其心的思想，因为"性为心宰"是从本原方面强调性为心之本体依据，张横渠之说则是强调性理的无所作为。省斋从"本心主理"出发而强调心的主宰能力，实际上就是承认理是心之主宰能力的根源，艮斋借此反问既承认理为气主，为何不能认同性之为主宰。艮斋还指出省斋批判"性为心宰"的理由是强调本心主理，而不能肯定性的主宰地位，否则性与心同样为主宰，则互相矛盾。艮斋强调，不能因为性理的没有现实妙用就否定其作为本原依据的绝对优先地位，否则一方面肯定理为气宰，另一方面否定性为心宰，会陷入认气为理与本心之学的困局。在艮斋的思想体系中，严格分判性与心的位分，性属于形而上之理，心则属于形而下之气，因此理为气主，就代表着性为心宰。

艮斋还在《答柳稺程别纸》中阐述"主宰"的两重含义，其曰："主宰有以自然言者，有以运用言者。运用者，气也。自然者，理也。自然者，朱子所谓'太极者，本然之妙'者是也。运用者，胡氏所谓'心也者，妙性情之德'

---

① （韩）田愚著：《艮斋集》，第 332 册，第 69 页。

者是也。……理为气之主宰，只是自然而然，实非有所作用也，而执事直以理为心，则所谓理为主宰者，非复自然无为之体，而乃为运用造作之物，故区区者因而有是说欤。"① 这里认为"性为心宰"的宰是从自然方面指示性之为心的本原依据，从运用方面而言，则虚灵明觉之心具有妙用。同样地，理为气之主宰，也是从自然方面强调理的本原性。如果认为本心主理，而强调心之主宰，则将无为之理视作有为的，必然违背了朱子的定论。

五、艮斋与渊斋的论辩

宋秉璿（1836—1905），字华玉，号渊斋。渊斋《老洲杂识记疑》对老洲"性为心宰"提出疑难，其曰："朱子以为'心固是主宰底意思，然所谓主宰者，即是理也。'盖此段，论天地之心、之理。则在天地则理固为天地之主宰，在人则心固为一身之主宰，岂以性为心之主宰乎？语类又云：'心者，性情之主。'且曰：'主宰是心。'此等语，非但见一二处，则何如是相背耶？"② 老洲以朱子的思想为基础，提出"性为心宰"说。渊斋同样以朱子之说提出质疑，认为从天地而言，则理为天地之主宰；从人而论，则心为一身之主宰。也就是说，渊斋承认理作为心之本原，心的主宰源于理，但是坚持人心为一身之主宰。渊斋认为性理无为，只有心才具有主宰能力，"性为心宰"违背了朱子心为性情之主等思想。

对于渊斋的疑难，艮斋作《〈渊斋集·老洲杂识记疑〉疑义》回应，其曰："朱子曰：'太极是性，动静阴阳是心。'尤翁曰：'太极为阴阳之主，凡生于太极阴阳者，无不皆然。'以此观之，在天之心，在人之心，初无两样。在天之

---

① （韩）田愚著：《艮斋集》，第332册，第78—79页。
② （韩）宋秉璿著：《渊斋集·老洲杂识记疑》，《韩国文集丛刊》第329册，首尔：民族文化推进会，2004年，第312页。

理，在人之性，亦无二体。决不可作差殊看。然则老洲'性为心宰'一句，非惟不背朱子，真得千圣相传本天尊性底一点血脉也。其嘉惠后学之功，岂浅鲜哉？近世一种议论，尊心为形上之道，贬性为心下之物。如此者，其不信老洲之言，固当然也。至于朱、宋脚下，一遵心属气分、性为道体之训者，亦复听莹，窃所未晓也。若乃心是一身之主宰、性情之主宰，此却就妙用处说。如朱子言'理寓于气，日用间运用，都由个气。'尤翁言'太极反为阴阳之所运用'是也。"① 艮斋认为天人贯通，在天之理与在人之性一致，天心与人心一致，因此朱子理气、心性思想适用于天人而无区别。朱子承接程子而倡导"性即理"之说，强调性的本体地位，太极为阴阳之主，即是理为气主、性为心主。由此，老洲"性为心宰"说，与朱子"性为心主"一脉相承。华西学派诸儒，推崇心的主宰，因此批评"性为心宰"说。从学脉而言，渊斋是栗谷学派，主张性理为本体，心属气的位分，渊斋批判"性为心宰"说，艮斋表示不可理解。最后，艮斋指出心的主宰能力，是从流行发用而言，而"性为心宰"说，则强调性理之于心的本原意义。

六、玄谷对"性为心宰"的辩护

玄谷② 于1897年作《性为心宰说》，阐述并维护师说，其言：

"性为心宰"始出于老洲先生而实得千圣相传本天尊性之旨诀也。主宰有二义，有自然底，有能然底。"性为心宰"与"理为气主"、"太极为阴阳之主"一样话头，是自然为主，非以其有为也。尤翁尝曰："理之主宰，不过曰自然而已，不如阴阳五行之运用造作也。"如心是一身之主，

---

① （韩）田愚著：《艮斋集》，第333册，第150页。
② 柳永善（1893—1961），号玄谷，艮斋弟子。

身是神化妙用底，"性为心宰"指自然究极底。若曰"理为气主"则可，而"性为心宰"不可，则吾未知其说也。盖性是理而均之无觉无为，心是气而均之有觉有为，性之无觉无为不可为有觉有为之心之主宰，则理之无觉无为奚独为有觉有为之气之主宰乎？知此，则性宰之意不需言而默喻矣。①

玄谷认为"性为心宰"之名虽然是吴老洲最先提倡说出，但是其实质源于圣贤"本天尊性"的宗旨。"本天尊性"与"本心"相对，这也是正学与异端的分判之处。"性为心宰"强调性的主宰，此主宰是从本原层面而言的自然主宰，与具有现实操纵功用的能然主宰有所区别。对于这种自然主宰的强调，可以追溯至"理为气主"与"太极为阴阳之主"，性、理、太极之主宰，都从自然层面而言。性理无觉无为，但是具有本体地位，心气有觉有为，只是性理之妙用，性作为心的本体依据，先天具有优先性。"性为心宰"对性之自然主宰的强调，也就是对性之作为绝对准则优先地位的强调。

如曰心则灵矣，何必以性为主云尔，则气之精英亦不必以理为主耶？朱子曰："人物之生，莫不得其所以生者，以为一身之主。"又曰："气之流行，性为之主。"既曰身曰气，则心亦在其中矣，要识得在天之理、在人之性只是一理，本无二体，则可以省得多少文辨矣。②

"性为心宰"的基础是"理为气主"，即性为理，心是气之精英，理为气之主宰，则可推知性为心之主宰。反对者认为心虚灵明觉，可自为主宰，不必屈

---

① （韩）柳永善著：《玄谷先生文集》，第 353 册，第 280 页。
② 同上，第 280—281 页。

居于性之下。玄谷引朱子之语，指出天理与人性为一，心只能属于气的位分，从本原层面而言，性理始终主宰着心气。由上述内容可知，玄谷忠实继承艮斋的心性思想，而又对其"性为心宰"说作出阐述与辩护。

第三节 "小心尊性"说

艮斋"小心尊性"说建立在程朱"主敬"修养工夫论的基础上，强调心自小自卑、操心捡气，以尊崇性理。"惟圣性者，佛氏心者，性纯善，心本善，本与纯之间，理与气之辨也。故圣贤于性言尽言尊，于心言操言捡，而其教人也，无此性自责之训，而有此心自讼之戒。其微指可见矣。今学者须要心心念念自明自慊，而罔或至于自昧自欺之境也。"[①] 性为纯粹至善之理，因此只需要尽性、尊性，而心只是本善，有可能为善有可能为恶，因此需要操心、捡心。心是明觉的，因此能够自明自慊，只要切实去做即可。这是儒学正道与异端的分判之处。由此，艮斋宣称："愚平生把心尊性三字，为吾儒第一义。"[②]

一、程朱"主敬"的工夫论

程明道拈出"敬"字，程伊川则进一步说明"涵养须用敬，进学则在致知"[③]，把"敬"提升为修养工夫论的重要概念。伊川曰："人心不能不交感万物，亦难为使之不思虑。若欲免此，唯是心有主。如何为主？敬而已矣。"[④] 敬的作用在于使此心有主，让心在与外界万物交感而有思虑的时候，能够免于陷入恶。性理是纯粹至善的，心是可以为善亦可以为恶的，性理作为本体，不可

---

① （韩）田愚著：《艮斋集》，第336册，第213页。
② （韩）田愚著：《艮斋集》，第335册，第130页。
③ （宋）程颢、程颐撰，潘富恩导读：《二程遗书》，上海：上海古籍出版社，2000年，第237页。
④ 同上，第215页。

直接做工夫，只能于心上作修养工夫，防止心的恣肆与恶。这种修养工夫就是"敬"。伊川又曰："敬只是主一也。主一，则既不之东，又不之西，如是则只是中。既不之此，又不之彼，如是则只是内。存此，则自然天理明。"① 敬的修养工夫关键在于主一，主一就是主理，主于理则合中而天理灿然光明。二程言"敬"，多与"诚"结合论述。其曰："主一者谓之敬。一者，谓之诚。"② 又曰："颜子之不惰者，敬也。诚者，天之道；敬者，人事之本。敬者，用也。敬则诚。"③ 诚为体，敬为用。诚为天道、天理，敬则是专主于天道、天理。从人事而言，敬就是收敛内心与精神，这种修养工夫能够通达、返归天道。"如天理底意思，诚，只是诚此者也；敬，只是敬此者也。非是别有一个诚，更有一个敬也。"④ 诚、敬都是与天理紧密结合的，并非突兀而独立的外在之物。作敬的修养工夫，绝对不能脱离天理。二程持敬工夫论的主旨在于通过心之修养，回归"本然之性"，返归纯然至善的状态。

朱子继承程伊川持敬及"涵养须用敬"的思想，阐明、倡导"主敬涵养"的修养工夫论。朱子言："先立乎其大者，持敬。"⑤ 又言："程子谓：'涵养须用敬，进学则在致知。'此语最妙。"⑥ 又言："程先生所以有功于后学者，最是敬之一字有力。人之心性，敬则常存，不敬则不存"⑦。朱子认为二程持敬工夫论的用意在于使学者静定其心的同时与事物相交涉，"敬"的工夫落实了，自然达到虚静的状态。朱子曰："'圣人定之以中正仁义而主静'，正是要人静定其心，自作主宰。程子又恐只管静去，遂与事物不相交涉，却说个敬，云'敬

---

① （宋）程颢、程颐撰，潘富恩导读：《二程遗书》，第 195 页。
② 同上，第 372 页。
③ 同上，第 173 页。
④ 同上，第 81 页。
⑤⑦ （宋）黎靖德编：《朱子语类》第 1 册，第 210 页。
⑥ 同上，第 215 页。

则自虚静'。须是如此做工夫。"①周濂溪以"无欲故静",倡导"主静",程子则进一步倡导"主敬"工夫论。主静与主敬的目的都在于使此心静定而自作主宰,只是一味强调主静,有陷入虚妄的弊端,主敬则不仅能够达到虚静的境界,又不会遗漏外界事物。敬贯动静,兼顾体用,避免学者理解偏差的可能性。可以说,"主敬"工夫是对"主静"工夫的纠偏。因此,朱子说:"敬则自然静,不可将静来唤做敬。"②他强调敬与静的区别。

朱子曰:"人之为学,千头万绪,岂可无本领!此程先生所以有'持敬'之语。只是提撕此心,教他光明,则于事无不见,久之自然刚健有力。"③他指出程子"持敬"的修养工夫论是为学之头脑。所谓"持敬",就是提撕此心,即孟子收放心之意。朱子又说:"然敬有甚物?只如'畏'字相似。不是块然兀坐,耳无闻,目无见,全不省事之谓。只收敛身心,整齐纯一,不恁地放纵,便是敬。"④这里以敬畏的心态比拟敬,强调敬不是与外界隔绝的呆坐,而是要时时收敛,不放纵。朱子曰:"如今看圣贤千言万语,大事小事,莫不本于敬。收拾得自家精神在此,方看得道理尽。看道理不尽,只是不曾专一。"⑤主敬,也就是要收拾精神,一本于理。朱子曰:"敬,只是此心自做主宰处。"⑥又曰:"敬者,一心之主宰,而万事之本根也。"⑦提撕此心、收敛身心、收拾精神,就能使此心自作主宰,掌控万事万物。朱子曰:"敬只是常惺惺法。所谓静中有个觉处,只是常惺惺在这里,静不是睡着了。"⑧心存则醒觉。常惺

① (宋)黎靖德编:《朱子语类》第 6 册,第 2385 页。
② 同上,第 2470—2471 页。
③ (宋)黎靖德编:《朱子语类》第 1 册,第 209 页。
④ 同上,第 208 页。
⑤ 同上,第 206 页。
⑥ 同上,第 210 页。
⑦ (宋)朱熹撰:《四书或问·大学或问》,《朱子全书》第 6 册,第 506 页。
⑧ (宋)黎靖德编:《朱子语类》第 4 册,第 1503 页。

惺，是使此心醒觉不昏昧。

朱子极其推尊"敬"的工夫论。曰："'敬'字工夫，乃圣门第一义，彻头彻尾，不可顷刻间断。"① 又曰："'敬'之一字，真圣门之纲领，存养之要法。一主乎此，更无内外精粗之间。"② 不过，朱子并非只是单独推崇"敬"之工夫论，还强调"主敬"（居敬）与穷理并进。朱子曰："居敬是个收敛执持底道理，穷理是个推寻究竟底道理。"③ 又曰："学者工夫，唯在居敬、穷理二事。此二事互相发，能穷理，则居敬工夫日益进；能居敬，则穷理工夫日益密。"④ 居敬是存养此心体认天理的工夫，穷理是推究天理的工夫，二者虽有区别而其实是一体的，能够互相发明，互相促进。朱子还将"用敬"与"集义"并举。朱子曰："涵养须用敬，处事须是集义。"⑤ 又曰："敬者，守于此而不易之谓；义者，施于彼而合宜之谓。"⑥ 敬，是向内收敛此心，集义，是向外措施而合宜，内外相交而无遗。

朱子曰："夫心主乎性者也，敬以存之，则性得其养而无所害矣。……然学者将以求尽其心，亦未有不由此而入者。故敬者学之终始，所谓彻上彻下之道，但其意味浅深有不同尔。"⑦ 他强调在此心上作工夫，存心养性，尽心以知性知天。朱子曰："敬则万理具在。"⑧ 又曰："人能存得敬，则吾心湛然，天理粲然，无一分着力处，亦无一分不着力处。"⑨ 作敬的修养工夫，终将至于此心湛然，天理粲然的境界。

钱穆将朱子"敬"的含义概括为六种："在内若有所畏，在外能整齐严肃，时时收敛此心，专主于一，随事检点，务使此心常惺惺，此即是敬。无内外，

---

① ② ⑧ ⑨　（宋）黎靖德编：《朱子语类》第 1 册，第 210 页。
③ ④　同上，第 150 页。
⑤ ⑥　同上，第 216 页。
⑦　（宋）朱熹撰：《晦庵先生朱文公文集》，《朱子全书》第 21 册，第 1398 页。

无动静，彻头彻尾，彻始彻终，自初学以至于达圣域，皆须此敬字工夫。然亦并不谓只此一个敬字便可单提直入也。"① 这种概括可谓十分贴切。

二、"小心尊性"涵摄"主敬"工夫

程朱"主敬"工夫论内涵丰富，艮斋则从自身思想体系及诉求出发，对"主敬"工夫论作出独特阐释，建构其"小心尊性"的修养工夫论。

艮斋指出："伊川先生曰：'以心求道，道体虽至善，而不能自知自行，故必待用此心求之而后著也。但心虽灵觉，毕竟是气分上物事，故先须用敬以治之，使无昏翳之失，乃可以明善而得与道体为一矣。'然则学者于敬功，宜尽心焉。"② 至善之道体无为，因此需要有为之心做工夫以显现道体。另一方面，心是属于气的位分，有善有恶，因此需要先自做敬的工夫。程伊川以敬的工夫为尽心知性的首要步骤。艮斋"小心尊性"的工夫论思想源于程伊川的主敬工夫论。"晦庵先生言：'敬是此心自做主宰处。'敬是此心奉持此理而自做主宰之名。"③ 如上述内容，朱子"敬"的内涵包括收敛此心、收拾精神、常惺惺、整齐严肃等方面。艮斋着眼于此心的自做主宰，进一步说明心之所以能够自做主宰，是因为敬奉性理。以"敬"来联结心与性，并将工夫论的落脚点归于心。艮斋曰："学者之于性，因其不离，而惧此气之有蔽也，必存心主敬，以驭其气；因其不杂，而虑此理之无助也，必知言集义，以养其气焉。"④ 艮斋根据朱子理气"不离不杂"的思想，转而论述工夫论。其工夫论，继承程朱"存心主敬"及孟子"知言集义"的思想，着重强调在气上作工夫。艮斋将程朱"主敬"工夫论，转而集中于内向的"小心尊性"。

---

① 钱穆著：《朱子新学案》，《钱宾四先生全集》第 12 册，台北：联经，1998 年，第 462 页。
② （韩）田愚著：《艮斋集》，第 334 册，第 390 页。
③ （韩）田愚著：《艮斋集》，第 335 册，第 222 页。
④ （韩）田愚著，柳永善编：《艮斋先生性理类选》，第 175 页。

艮斋十分重视"敬"，曾编《晦庵言敬录》，《年谱》亦称："盖敬者，圣门彻上彻下之道也，先生平生得力专在乎敬字。"①"小心尊性"工夫论的核心在于"敬"。换句话说，"敬"的工夫论涵化于"小心尊性"的工夫论中。"万古最尊是性本体，六合可用惟敬功夫。"②艮斋所谓的敬工夫主要是就心性而言，心是敬工夫的实施主体，敬的对象则是性。艮斋曰："敬者，心之所以为主宰也。只言心则只是虚灵精妙之气耳。着个敬字工夫，如舟在大洋中不辨方所，而仰见北极，始有子午可指。心而无敬便放倒，无复可以承夫理而宰乎身者也。"③艮斋重视心的主宰作用，但是认为心之所以为主宰的前提是敬，是对性理的尊敬。这种尊敬是心的自觉自发，只有这样，心才能承受理而发挥主宰一身之妙用。"今学者，必用敬功，使此心得而自做主宰，然后穷理克己以往，至于修齐治平，皆赖此以措之。（所谓敬功，亦是此心自捡束，不使出于规矩绳墨之外也。）"④艮斋还强调心自做主宰，以此为修身、齐家、治国、平天下的基础。但是心自做主宰的前提是对性的尊敬，也就是主体之心依据准则之性进行自我捡束。

"盖心是活物，才自失照管，便不本于性，而下与情欲形气之属同沦于不善之地，呜呼危乎！其可不瞬瞬息息而用夫敬也乎？"⑤艮斋出于对现实人心沦于气欲的担忧，而强调敬的工夫。敬的工夫是渐进的积累，而有其标准。艮斋指出："敬功至于无亏阙，无动摇，至精至微，至正至方，时时渊莹，处处圆融，方是尽处。"⑥艮斋从心出发描述了敬的工夫纯熟之后的境况。"敬字功夫至，则此心有事时，洞然外达；无事时，卓然中立。动而不累于物，静而不沦

---

① （韩）权纯命、柳永善、吴震泳编：《艮斋先生年谱》，（韩）田愚著：《艮斋全集》第12册，第639页。
② （韩）田愚著：《艮斋集》，第333册，第4页。
③⑥　同上，第12页。
④ （韩）田愚著：《艮斋集》，第336册，第194页。
⑤ （韩）田愚著：《艮斋集》，第333册，第59页。

于空，此是敬功至妙处。"① 敬虽然是自觉自发的，但只是应然状态，并不是现实的状况。艮斋曰："敬则道凝而德成，不敬则道亏而德败，圣人聪明睿智，故自然能敬。……今我辈学者，须勉强于敬功，时时处处必靠着敬字以为骨子。"② 就现实状态而言，只有圣人能够自然而敬，而平常之人则需要勉强做敬的工夫。

艮斋"小心尊性"说巧妙之处在于涵化程朱"敬"的工夫，提升了理论高度。钱穆说："言敬则工夫本体具在。只言心，则不知何处下工夫。"③ 此亦见"敬"工夫的周全之处，及对心学工夫论的补足。

三、尊奉性理

"小心尊性"尊奉性理的理论基础是"性尊心卑"，理论前提是"性为心宰"。"性尊心卑"主张性为形而上之理，心为形而下之气，性具有绝对优先的本体地位，并且性也是纯粹至善的绝对标准。"性与太极，无为之理也；心与阴阳，有为之气也。夫摄气以循轨，尊性以治心者，为主理本天之传。认心为形上，降性为居下者，为主气本心之见也。"④ 性是形而上之道，并且是无为的理，因此作为准则与本体被尊崇。心是形而下之器，属于气的位分而有为，需要操存、治理。艮斋对心性形而上下位分的严格判定，形成了心、性工夫的不同面向，即性理应然被尊奉，心应然谦卑。

"性为心宰"则从本原层面强调性理之为心的本体依据，性理为心之本体依据，因此从应然层面而言心需要尊奉性理。"小心尊性"的诉求也是返归性理。"此学无巧妙，只有将敬心以奉太极而已。太极非别物，只是天命之在我

---

① （韩）田愚著：《艮斋集》，第 333 册，第 12 页。
② （韩）田愚著：《艮斋集》，第 335 册，第 194 页。
③ 钱穆著：《朱子新学案》，《钱宾四先生全集》第 12 册，第 431—432 页。
④ （韩）田愚著：《艮斋集》，第 333 册，第 437 页。

者矣。（我是心自我也。）敬心是通动静贯知行者，奉是钦承而顺从之也。"① 就人而言，太极即天命之性，此性理具于心。性为体而心为用，心虚灵明觉，具有自主能力，能够自觉敬奉性理。"人性独有一个大全至善之体而已，再无毫分差异之理，夹插在里许。（此统指本末而言。）故为学工夫，亦只有捡束心气，（敬功）以明其当然之则，而全其浑然之体而已。然必须奋然自立，锐然自肯，直从当下下得切己工夫，慎勿倚靠师友，再莫迁延时月。信能如此，道体虽曰难见而未易尽，然岂有终不得之理。"② 就本体而言，人皆有纯粹至善的性，圣人与凡人无差别。就流行发用而言，形气则千差万别而不免有所偏杂，因此需要做捡束心气的工夫，以保全浑然之性。做修养工夫，必然是自觉反省与自觉修治，着实下工夫，外界的力量不足以倚靠，并且需要在醒觉之时立即行动。这样，才能通过心气的修治以保全本体之性。

四、心之自小自卑

良斋的心性修养论简便而内涵深厚，良斋曰："于心用低下小着之功，于性用严惮顺它之法。"③ "小心尊性"的关键在于主体之心，尊性是心自觉尊奉，小心亦是心自小自卑。"心而或僭于性，则为逾节之大者，必也从思虑瞬息语默动静，为心者常常存得自小自卑之意，——听命于自然之道体，以至于终身而无改焉则庶矣。"④ 心之自小自卑，是不间断的。心之听命于道体也是自觉的尊奉，并不是外力的胁迫。"盖尊性，是心尊之。至于心则是自卑，非有物而卑得心者。"⑤ 心之为活动的主体，不受外力的驱使，但其虚灵明觉，能够自觉

---

① （韩）田愚著：《艮斋集》，第 334 册，第 262 页。
② 同上，第 324 页。
③ 同上，第 393 页。
④ 同上，第 374 页。
⑤ 同上，第 218 页。

遵循性理。

艮斋心自小自卑的思想源于《易》之"卑以自牧"。"《易》曰：'君子卑以自牧。'君子以心言，此与人能弘道之人字相似。敬请高明（此亦指心言。）自卑以尊性，罔或自尊而藐性也。此是正道异端分派处，不可以不审也。"① 艮斋以君子比喻心，为心之自觉谦卑、自治寻找理论依据，并以自卑尊性与自尊藐性为正道异端的分歧处。"小心望道，文王也。低心顺理，朱子也。忧勤惕厉，千圣心法也。戒惧慎独，儒门旨诀也。"② 先圣贤小心、低心、谨慎的思想，都是"小心尊性"之意。

心作为活动的主体，虽然能够自小自卑，也会自圣自尊。"心能自小自卑，而钦承仁义，则四支百体，无不从令矣。如或自圣自尊，而藐视性天，则气习外物，群起而共摔之，如何能主宰一身乎？"③ 心的不同活动直接导致不同的境况，可见心之自小自卑的重要性。"若君子之尊德性而希圣学者，静而保守道体，动而持循义用，皆是小心尊性之功也。"④ 对于"小心尊性"的功用，艮斋指出就本体而言，可以保守性理的本体优先地位，就发用而言，主体之心能够依循本体而无差错，以至于圣人之境界。

对于"小心尊性"现实可能的内在机制，艮斋阐述说："心本善而发于思虑，或不能真遂其本然。然才一反省，便能知愧。从这一点愧心发处，亟加保守扩充之功，慎勿令间断不续。此处才放慢，便已陷溺于欺天侮圣之域矣。能从此接续下功，渐习渐熟，虽圣贤之不逾矩不违仁，亦可以驯致矣。至于性理，有善而无为，只要人敬以养之而已。此是为学大端。"⑤ 心具有辨别是非的能力，因此才一反省，便能知愧。这是心的主体特质。知愧是心保守扩充之所

---

① ④ （韩）田愚著：《艮斋集》，第 334 册，第 97 页。
② 同上，第 151 页。
③ 同上，第 179 页。
⑤ （韩）田愚著：《艮斋集》，第 332 册，第 449 页。

以可能的先决条件。心的自觉反省需要不停的作修养工夫，否则随时会放失此心而有所陷溺。心的自觉反省是自主活动，不过必须以性理为绝对标准，才能到达圣人的境界。

"性本至尊，心当自卑，一味敬奉，毋或失坠。大抵心愈卑则愈尊，若自尊，便堕落。"[①] 性理的尊贵地位是本然如此，心之自小自卑是应当如此。并且，心自觉的谦卑，反而能够自作主宰而挺立，若果心自尊而不谦卑，则随时堕落。艮斋的"小心尊性"说具有强烈的现实意味。艮斋之学虽然强调性理的本体优先地位，可称之为"性学"。不过，从其"小心尊性"说对心自小自卑的论述，可见其心说的精妙。心之愈卑则愈尊，亦表现出浓厚的思辨色彩。从这一点来说，心不必与性理争夺本体地位，也能够拥有自主能力。相比较来说，华西学派与寒洲学派都将心的主宰能力直接归结为理本体，认为"本心主理"或"心即理"。

五、操心捡气

"小心尊性"说向上而言，心则尊奉性理；向下而言，则操心捡气。艮斋说："儒术，只有操束心气、奉循道理而已。"[②] 又说："今吾辈工夫，只有捡束吾心，以奉循天性一事而已。"[③]

从心与气两方面而言，"心要操存，气必捡束。"[④] 心因其本善，而可为善亦可为恶，心遵循性理则为善，心放纵恣肆则为恶，因此需要操存。气流行发用，不免四处散逸，沾染恶习，因此需要捡束。结合心与气而言，则需要修治心气。"性理纯善无疵、十全不偏，而其偏且疵，皆由心气而生，故圣人教人，

---

① （韩）田愚著：《艮斋集》，第 334 册，第 411 页。
② （韩）田愚著：《艮斋集》，第 335 册，第 16 页。
③ （韩）田愚著：《艮斋集》，第 336 册，第 18 页。
④ （韩）田愚著：《艮斋集》，第 335 册，第 150 页。

只修治心气而已。修治心气而心气正，则性理得尽矣。性理尽则与天合德，而圣人之能事毕矣。"① 在艮斋的思想体系中，性为形而上之理，心为形而下之器，性纯粹至善，心则只是本善。现实中性之表现为偏颇与瑕疵，皆是受心气的习染，因此，需要修治心气使气返归于正，如此则得以尽性理，则能达到与天合德的圣人境界。

"心比性微有迹，非如性之不容修，比气自然又灵，非如气之不能自修，则当自心自修。夫自心自修，亦不过主性以修气而已。此为性学正宗。斯理也，《中庸》已言之。戒惧慎独，主性也。己百己千，修气也。不主性不修气者，与孔氏之传判异矣。"② 从性、心、气的特质来看，修治的关键在于心。性为本体，纯粹至善而无从作工夫。心虽然属于气的位分比性稍有痕迹，不过心虚灵明觉而不能等同于气，心是修养工夫的落脚处，而又有自作主宰的能力，所以心需要自我修治。心之修治，在于以性理为主而捡束气。"人性善而已，（圣人尽性，学者养性而已。）其恶者气自如此，毫不干性事，故儒者之学，惟此心自操以捡气，而去其有蔽于性者而已。"③ 性纯粹至善，圣人、凡人无所差别，现实中恶的表现在于气对性的遮蔽，因此修养工夫的关键在于操心以捡气，去除气对性的遮蔽。性至善而无为，心则为活动的主体，因其虚灵明觉而有自主能力，可以自操。

艮斋曰："夫性者，真实无妄、纯粹至善之理，声臭兆朕已无了，况复可以气质浊驳之故，拟议于其间乎？惟其气之才动，情之始萌，而未能悉中乎节，则得失于是乎判矣。故学者功夫，静时唯有敬而存之而已，必于几微之际，猛加省察之功，不使气欲得而害其本然之善而已。"④ 性之为理，纯粹至

---

① （韩）田愚著：《艮斋集》，第 335 册，第 23 页。
② 同上，第 308 页。
③ （韩）田愚著：《艮斋集》，第 334 册，第 371 页。
④ （韩）田愚著，柳永善编：《艮斋先生性理类选》，第 193—194 页。

善、真实无妄、无形无为，而受形气之影响，已发之情不能完全符合中节。因此，也需要在静时就主敬涵养，在动之几微处，此心自觉省察，避免形气之损害本然善性。

"凡庸不如圣贤，由气之杂而害乎性也，今欲气之纯，（气纯则物欲无从生矣。）须是敬。敬也者，此心自小自卑而奉承乎性也。"[1]圣贤与凡人的区别在于气欲驳杂与否，想要捡束气以归于纯正，则需要此心谦卑而敬奉性理。"惟心钦承性命之理，既自捡束，因而捡束其气，羁束其四体，使皆不敢逾越乎规矩绳墨之外，此是尽性至命之学也。"[2]心不捡束，则被气欲冲昏，被物欲牵制，流于祸乱。心自觉敬奉性理，自我捡束、修治心气，羁束身体与行为，则是通过心性修养以外显为修身，由内而外。"惟此心，自惭怍自省克，则上可以事性天，下可以御形气矣。日自求己之疾苦，假如有十种，每日去其一，则十日当尽去。有百种病痛，亦用百日工夫，誓克除之。苟能此道矣，焉有不入圣者乎。"[3]心作为主体，具有惭怍、省察克除的能力，去除各种弊端的关键在于心。不过，修养工夫需要不间断地践行，才能显见其效果，因此只有实下工夫，才能达到圣人的境界。

小 结

艮斋分判性与心之位分，性为形而上之道，心为形而下之器，心与性虽然位分不同，但是二者实际上是相即不离的关系。就体用层面而言，性体心用，本体之性为尊，发用之心为卑。从道德价值层面而言，性理是纯善的，心是本

---

① （韩）田愚著：《艮斋集》，第334册，第373页。
② 同上，第118页。
③ 同上，第119页。

善的。尊卑指伦序，尊与卑相对而言，卑并非指称卑贱。艮斋作《性尊心卑的据》与《两家心性尊卑说》，详细论述其"性尊心卑"之说。曹深斋作《性尊心卑辨》与《性尊心卑的据辨》，批判艮斋"性尊心卑"的学说。艮斋对心性尊卑的界定，是对性的道德价值优先地位的肯定，是对道德实践绝对标准的确立。深斋强调心的妙用，主张心性一体，否定心性对立，反对尊性而卑心。艮斋弟子玄谷作《观曹兢燮性尊心卑辨》《论岭人性尊心卑的据辨》，艮斋弟子阳斋作《读曹氏性尊心卑辨》《曹崔性尊心卑的据辨辨》，反驳深斋之说，为其师"性尊心卑"说作辩护。从中可知，心性关系一直受到朝鲜性理学者的关注，洄为朝鲜性理学中的核心命题。

在"性尊心卑"说的基础上，艮斋倡导"性为心宰"说，强调性的本体优先地位，从本原上确定性为心之主，以应对心宗诸派对心的推崇，防止心夺理位。艮斋"性为心宰"说的渊源可追溯至朱子"理为气本""理先气后""性为心体"的思想，以及栗谷"理为气主"的思想。"性为心宰"说最初由老洲明确提出，艮斋作进一步阐释发挥，并阐明老洲"性为心宰"说的主宰是从"自然究极"而言。艮斋对"主宰"作自然与能然的两重划分，并从源头处与流行处分别为言，将"性为心宰"的"宰"规定为自然的主宰，强调性对心的本原意义，彰显性理之为绝对价值标准。也就是说，性之主宰，是绝对的主宰，心之主宰，是相对的、有条件的主宰。华西学派的重庵与省斋秉持"本心主理"，强调本心的主宰能力，反对"性为心宰"说，认为"性为心宰"说谬误的根源在于以心属气。渊斋亦作《老洲杂识记疑》对老洲"性为心宰"提出疑难，认为性理无为，只有心才具有主宰能力，"性为心宰"违背了朱子心为性情之主等思想。对此，艮斋作《〈渊斋集·老洲杂识记疑〉疑义》回应，指出心的主宰能力，是从流行发用而言，而"性为心宰"说，则强调性理之于心的本原意义。艮斋弟子玄谷亦作《性为心宰说》，阐述并维护师说。

　　艮斋从自身思想体系及诉求出发，对程朱"主敬"工夫论作出独特阐释，建构其"小心尊性"的修养工夫论。"小心尊性"在"性尊心卑"与"性为心宰"的理论基础、前提上，强调心自觉谦卑，操心捡气，以尊奉性理。"小心尊性"现实践行的关键在于主体之心，尊性是心自觉尊奉，小心亦是心自小自卑。艮斋倡导"小心尊性"说，意在通过心自觉尊奉性理，确保性理的绝对优先地位，以面对心宗诸派极度推崇心之主宰的境况。

第四章　心性论诸说（下）

第一节　"心本性"说

艮斋好友宋炳华在《艮斋私稿跋》中称："右《艮翁私稿》累数百篇，一理万事，无不包在其中，一言而蔽之曰'心本性'。心本性之道，亦曰敬与诚已矣。此自有皇羲之乾实坤虚、舜禹孔颜之精一克复以来传授心法也。"① 他将艮斋的学术归结为"心本性"。

一、"心本性"的两层含义

"心本性"即心以性为本，有两方面的含义：一是"心原性"，性为心之本体依据；二是"心学性"，心应当尊奉、效法性。"心原性"是"心学性"的前提。

艮斋曰："圣人之所本者，性也；其本之者，心也。学问之道无他，心本

---

① （韩）田愚著：《艮斋集》，第333册，第576页。

性而已矣。圣门事业固未易以一言尽，如欲直指全体，恐无如'心本性'三字之明且尽者也。"① 艮斋以"心本性"之说为儒学全体，本体之性为准则，心为主体而践行。"'道也者，不可须臾离也。'此性之德具于心而为心之体也。'君子戒慎乎其所不睹，恐惧乎其所不闻。'此心之能本于性而为性之用也。"② 艮斋还以《中庸》思想为理据，说明性之为心之体，以及肯定心之能够本于性而体现为性之妙用。

（一）"心原性"

"心原性"的理论依据可以追溯至朱子。朱子《中庸章句序》曰："心之虚灵知觉，一而已矣，而以为有人心、道心之异者，则以其或生于形气之私，或原于性命之正，而所以为知觉者不同，是以或危殆而不安，或微妙而难见耳。"③ 由此，艮斋认为在朱子的思想体系中，心之知觉原于性命之正，即心根原于性理而有知觉。

"心原性"，指心原于性，也就是说性为心的本体根据。"凡言灵觉、神明、知识、悟彻之属，皆是心之妙用，而原于性之真体。"④ 性即理而为本体，心则是有知觉的妙用。"本心是道心也，仁义之心也。道与仁义，皆性也。心必本原于性，然后有本心之名。若不本原于性而自恣，则谓之失其本心也。"⑤ 心之为本心，在于根原于性，性对于心有绝对的本原意义。

"心之有性，犹木之有根，根培则木茂，根撅则木枯，故欲治心者，务养性，养谓顺而不害也。"⑥ 艮斋将心比作木，将性比作木之根，强调性之为本体

---

① （韩）田愚著：《艮斋集》，第332册，第80页。
② 同上，第95页。
③ （宋）朱熹撰：《四书章句集注·中庸章句序》，第14页。
④ （韩）田愚著：《艮斋集》，第332册，第246页。
⑤ （韩）田愚著：《艮斋集》，第336册，第147页。
⑥ 同上，第126页。

根据的重要地位，并指出心应当顺应、尊奉性。"人之运用，系于心。心之运用，本于性。是乃圣人本天之宗旨，儒门主理之正学也。"①儒学以天理为准则，就心性论而言，心主导人的现实实践运用，而心的这种妙用本源于性。只有确认性作为心的本体根据，才能称之为儒门正学。

"朱子谓敬是此心自做主宰处，学者于此宜细玩而实体之。盖此心以理为主则曰敬，不以理为主则曰肆，然则敬字，亦此心原性功夫，此为圣门正传。"②艮斋涵摄朱子"主敬"的工夫论而表达"心本性"的工夫论。如果主体之心自觉尊奉本原之性理则是敬，则能够自做主宰而无偏差，倘若不依循性理而妄行，就是猖狂恣肆。

（二）"心学性"

"心学性"的面向指心依循性、效法性。"鄙人平生所得有一言，曰心学性。性是当然之理也，心有能然之才者也。"③性是绝对的准则，心是能动的主体，心应当以性为标准而效法性。"若吾儒功夫，本欲此心动静一本于性。"④

"心学性"的依据是性理纯粹至善，心可以为善，可以为恶。"心之为物，英明神妙，无所不能，可谓奇矣，然竟是有动有为者，自然有善而又有恶，此所以心不可学也。吾故曰圣人之学，性学也。性则无所谓奇，而惟纯善而无恶，大全而无偏，自然而为主者矣，此所以性为吾儒之准的，而圣人之不能易也。"⑤性为形而上之本体，纯粹至善而足以作为绝对的标准。心为形而下之器，是能动的主体，既有妙用，又有流于恶的弊端，因此心不足以为标准，而

---

① （韩）田愚著：《艮斋集》，第 332 册，第 30 页。
② （韩）田愚著：《艮斋集》，第 334 册，第 61—62 页。
③ （韩）田愚著：《艮斋集》，第 336 册，第 219 页。
④ （韩）田愚著：《艮斋集》，第 332 册，第 125 页。
⑤ （韩）田愚著：《艮斋集》，第 335 册，第 329 页。

只能是践行的主体。"心学性"现实践行之所以可能在于心之明觉，"盖非至神至灵之心，莫能明道而行道也。"① 因此，"心学性"还应充分调动心的能动作用。

由于性与心的位分差别，心必须效法性，方法就在于"敬"。"盖道是性之当然，而学是心之能然也。心虽至公，而不得为大本。心虽无邪，而未必皆合理。心虽诚矣，而又必欲向道。则心之不可自信，而必师乎性明矣。若夫圣，则其心又以不逾乎矩，必依乎中而圣矣。（矩与中，皆性而非心矣。）然则心之学道当奈何，曰敬而已矣。（敬以致知，敬以力行。）"② 性是当然之本体，心是能然之主体，心只能无限靠近性而不能取代性。敬贯穿动静，涵盖知与行，"心学性"的关键就在于作"敬"的工夫。"今用功要处，惟欲此心自敬自察，不敢少乖乎其则而已。此为心本性之学也。圣贤之不逾矩、不违仁，亦不过这个功力之成熟者尔。"③ "心本性"工夫论的主体是心，关键在于心的自觉敬奉和省察，性则无觉无为，只是作为准则存在。在心上不懈用功，纯熟之后自然能够达到圣贤"不逾矩、不违仁"的与理为一的境界。"所谓敬，是此心本于性，而为之存主运用尔。性又只是一个道理之在我，而为一身万事所当然之则者也。"④ 从心性论而言，"敬"的工夫就是心以性为主而发挥妙用，性作为心之本体根据，是先天内在于自我的，而成为主体之心践行的准则。"心之学道，（道即性也。）其工夫要紧，期限要宽。宽非悠泛之谓，乃餍饫不躁迫之意也。紧非急速之谓，乃谨严不放慢之意也。"⑤ "心学性"的具体实践中，既要紧迫又要宽裕。紧迫是指持续作工夫不懈怠，宽裕是指循序渐进，不急躁。

---

① （韩）田愚著：《艮斋集》，第 334 册，第 121 页。
② 同上，第 406 页。
③ （韩）田愚著：《艮斋集》，第 332 册，第 487 页。
④ （韩）田愚著：《艮斋集》，第 335 册，第 204 页。
⑤ （韩）田愚著：《艮斋集》，第 334 册，第 179 页。

心为能动的主体，因此既能效法性，也可能骄傲恣肆。"圣人（心）之学，学夫性也，能学者心也，所学者性也。孟子道性善，言必称尧舜。夫浑然至善之性一也，汩于私欲而失之者心也，无私欲之蔽而尽之者，亦心也。此圣人所以每言制心操心，每言畏天命尊德性也。若为心者，自谓我是性，我外无性，性外无我，则非心之学性，乃心自学也。"① 为了避免心的恣肆，还要注意操心，祛除私欲对性理的遮蔽。

艮斋自称："鄙人所揭'心本性'三字，非惟于心性理气之辨有所发明，亦于学问主脑之说更极有力。"② 一方面，"心本性"之说以性归属理，以心属于气的位分，强调性是心的本体根据，所以说与心性理气之辨有所发明。另一方面，"心本性"之说又强调心自觉尊奉、效法性，并且涵摄主敬的工夫，足以成为学问之主脑。

"夫性为心宰，即理为气主之意，是从上说下来也。心本性，即圣人本天，心之知觉原于性命之意，是从下说上去也。"③ 艮斋的心性论诸说是相互联系的整体，"性为心宰"说强调性为心的自然主宰，"心本性"说强调心原于性，虽然论述方式不同，内涵则相通。

二、艮斋对"心本性"的论证

艮斋认为"心本性"三字虽然是自创的，不过追寻溯源则可以发现"心本性"之义是圣贤所相传受的。"凡天下之善者，皆性。以今日天下大势言之，四海诸邦，或尚技艺，或主兵力，皆非性也。乡里俗辈，或趋贵势，或务货财，皆非性也。儒门士流，或专口耳，或喜争竞，皆非性也。今得士流急躬行

---

① （韩）田愚著：《艮斋集》，第 334 册，第 120 页。
② 同上，第 108 页。
③ 同上，第 78 页。

而好谦虚，则心之本于性也。乡人贱奔竞而贵德义，则心之本于性也。朝士尊华夏而爱百姓，则心之本于性也。列邦上贤德而和邻国，则心之本于性也。夫如是则乱安从生乎？吾故曰心本性三字，千古圣贤之所相传受者也，四海人士之所宜勉守者也。"[①]天下之善，皆是性，反而言之，天下之不善，皆非性。天下本应皆善而有不善，具体来说，国家崇尚技艺、主张战争，俗人趋炎附势、专务钱财，儒士专治口耳之学而好争辩，这些都是不善的。在圣贤的教化之下，则儒士躬行而谦虚，普通人以德义为贵，掌握政权的人爱护百姓，各国以贤德为上而和睦邻国。归根结底，这些实际上都在于心本于性。圣贤虽然没有明确提出"心本性"，但是他们所尊崇和推行的教义都指向"心本性"。

　　艮斋又说："愚所谓'心本性'一句，原因柳稺程极力说心字太尊，性字差卑而出，非偏有所考而云尔也。然汤之'以礼制心'，孔子之'心不逾矩'，颜子之'心不违仁'，子思之'戒惧之心因于道不可离'，程子之'圣人本天'，朱子之'心之知觉原于性命之正'、'心根于天地之性'，南轩之'王者之政，其心本乎天理'之类，皆是'心本性'之说也。学者苟能以此意，善观圣贤经传，则句句是'心本性'。"[②]柳稺程是心宗华西学派的重要人物。艮斋"心本性"之说提出的直接原因是心宗对"心"的极度推崇，以及相对而来对性的忽略。不过，"心本性"并不是无稽之谈，而可以从圣贤经传中找到依据。艮斋将"礼"、"矩"、"仁"、"道"、"天"、"天理"之类，都涵盖于性的范围之内，论证性作为准则的地位，将心之"不逾"、"不违"、"戒慎"都作为"心本性"的具体表现。

　　艮斋六十一岁时（1901 年）作《心本性说》：

---

① （韩）田愚著：《艮斋集》，第 332 册，第 457—458 页。
② （韩）田愚著：《艮斋集》，第 333 册，第 69 页。

晦翁先生雅言："学者须是靠定一个物事做骨子方得。"今余与诸君相从于此，不知靠得什么做骨子。昔尝与朋友讲论，得"心本性"三字，今以之做骨子如何？此当以实事求之，不可但骋辩说以争之。如为人君者，必先有敬畏天地之理，而后用心以敬畏之，必先有父母黎元之理，而后用心以父母之，致贤责任，发政施仁，亦莫不然。为人臣者，必先有爱君如爱父，爱百姓如妻子之理，而后用心以爱之，用行舍藏，辞受去就，亦莫不然。齐家之正伦理、笃恩义，修身之务格致、尽诚正，亦皆先有其理，而后用心以循之。如此，则天下国家，安有不治者哉？反是则乱必至矣。①

艮斋在与朋友讲论中体贴出"心本性"三字，并且意欲学者以此做骨子，以此为学问根据。他强调对"心本性"的切身体会，而并非意气之辩论。以人君、人臣、个人之修身齐家为例，说明理对于心的优先地位，以及心对于性理的遵循。"心本性"不仅关系个人，也关系整个家国天下。

然则所谓心本性者，或似非孟浪不精要之言，诸君宜细玩而实体之。如居家庭间，奉一槃水，请一席趾；在函丈间，贰一豆馈，错一束总，丝丝无一件不从天命之性透露出来，然后始有此心之妙用也。……近世乃有心属理之论，而士流有祖述之者。然以余观之，心是气，非创自栗翁，直从舜禹以至程朱，无有以心属理者。②

天命之性流行发显于日用之间，心依循性而有妙用，实际体会周遭事物即可以发现。艮斋强调心对性的依循，在于对心与性理的位分的区别。面对心宗

---

①② （韩）田愚著：《艮斋集·心本性说》，第 333 册，第 407 页。

"心即理"之说，他倡导栗谷"心即气"的观点，将性规定为形而上之道，将心规定为形而下之器，并以此为正学。

三、"心本性"的理据

艮斋"心本性"的理据在于"性即理"。"'性即理也'一句，直自孔子后惟伊川说得尽，便是千万世说性之根基，此是身心之大原头也。余尝说'心本性'此一句，窃自谓千万世为学之主脑，此是儒教之大原头也。夫性即理，则本体纯善也；心本性，则功夫当敬也。二者皆通动静底，而所谓善，即君臣父子夫妇之道是也；所谓敬即矫气养量尽伦之功是也。"① 为学必须先识见本原，工夫才有着力处，不然只是无头脑的混乱。程伊川倡导"性即理"，将性提升为理的本体地位，作为心之本原。程伊川"性即理"之说确认性之本体纯粹至善，而艮斋"心本性"之说则从工夫论的角度强调心应当敬奉性理。因此，艮斋自谓"心本性"根据程伊川之说而来，是做学问的头脑，是儒教的本原。值得注意的是，艮斋还将性延伸至君臣、父子、夫妇的人伦之道，"心本性"也就面向尽人伦的道德实践，这也体现出"心本性"的实践指向。

"心本性"的理据还在于"性体心用"。艮斋说："性体心而不可遗，心本性而不自用，此愚之自悟而自警者。上句是本体之善，而无所知能；下句是功夫之善，而宜加思勉。"② 性作为心之本体，是纯粹至善的，虽然没有知觉功能，但是不可忘却，而应当尊奉。心作为实践主体，是作工夫的用力处，应当依循本体至善之性而不恣肆自用。

艮斋在《答宋晦卿》书中详细论述了"性体心用"，他指出：

---

① （韩）田愚著:《艮斋集》，第 332 册，第 466 页。
② （韩）田愚著:《艮斋集》，第 333 册，第 182 页。

来书所主心该体用之说，愚亦平生所笃信而无疑者也，然此自心之能主宰处言耳，若自性之为根柢处说，则静而虚明纯一之心，动而恻隐羞恶之心，又无非根极于性而有此妙用也。此性之所以在动在静而为心之本体，心之所以能动能静而为性之妙用者然也。故愚窃意性体心用之训，与心该体用之论，不惟不相悖，实亦互相资也。……盖心固是体用贯彻底物事，而其体用贯彻之理又何所本乎？正以上面原有箇性为之根柢枢纽尔。……性是具得体用无所不在之体，心是该得体用无所不能之用。虽同是兼体用底，而性是极本穷源一定不易之理，故得本体之名；心是至神至妙万变不测之物，故得妙用之称也。①

面对宋晦卿所主张的"心该体用"之说，艮斋认为此学说是从心的能动主宰方面而言，从性作为本原方面而言，则只可说"性体心用"，这两种学说的立论角度不一样，但并非是相对立的，而是相辅相成的。性无为而贯穿动静，所以是心之本体，心能动能静而为性之用。并且，心的妙用是原于性才有的。艮斋充分承认心的主宰能力，不过更强调性对于心的本原意义，也就是说心之体用贯彻，是本于性的。艮斋对"性体心用"的强调，为"心本性"提供了理论基础。

四、"心本性"的实践指向

艮斋"心本性"之说是面临现实道德困境而提出的，具有强烈的实践指向。"圣学不明，邪说蜂起，师心自恣，靡极不至，至于彝伦致伤，世教陵夷，故愚以心本性、心学性等语揭出要指，庶几人道复立，而风俗得正矣。"② 艮斋

---

① （韩）田愚著:《艮斋集》，第332册，第94—96页。
② （韩）田愚著:《艮斋集》，第335册，第225页。

以忧世苦心，艰辛探索拯救世道的方法。人心败坏，教化沉沦的原因在于心的恣肆，在于圣学的衰微，因此艮斋主张"心本性、心学性"，期望以此拯救社会人心，扶持正学。

"临行所赠心本性三字，仆甚重之。盖恐人不以理为主，而任其心之自用也。心苟自用而不主于性，即以事则差，以世则乱，以学则为异端，其理顾不重欤？"① 艮斋从现实境况出发，谨慎对待心的不稳定，警惕心的恣肆自用，因此强调心以性理为主。倘若心不依循性理，则做事情难免有差错，于社会而言则难免导致祸乱，于学术而言则是异端。

"空空说'心本性'三字，竟不见实得处，要在办得真实。心就平日易忽慢处、难克治处，猛然下手着脚，易忽慢底换成难慎，难克治底无复痕迹，方是真实，不然只是说。"② "心本性"工夫论需要在现实中践行，其关键在于心。心于忽慢处与难克治处有所自觉，并且勇猛作工夫，才能有实际效果。

"凡经传所载，如明善诚身，闲圣辟异，也是心学性。进贤退邪，尊华攘夷，也是心学性。天下有道则见，无道则隐，也是心学性。平居无事，则无伤发肤；乱世遇变，则不惜性命，也都是心学性。横看纵看，左来右去，何者非此个道理？"③ 艮斋将"心本性"扩展到修身、为人、从政、出处、社会的外在面向。可以说"心本性"的工夫贯穿内外始终，涵盖一切行为规范。

五、韦堂对"心本性"的批判

赵章燮，字成汝，号韦堂，又号潜溪，有著作《韦堂先生文集》存世。韦堂是渊斋宋秉璿（1836—1905）的弟子，就学脉而言，与艮斋同属栗谷学派。

---

① （韩）田愚著：《艮斋集》，第332册，第278页。
② （韩）田愚著：《艮斋集》，第334册，第341页。
③ （韩）田愚著：《艮斋集》，第336册，第219页。

洪澜所作《韦堂集跋》称其"心性之论，晚年浸淫乎芦、华两先生，而至于尊所闻，行所知，确乎自成一家规模"。[①] 芦指芦沙奇正镇，是主理派。华指华西李恒老，倡导"心即理"说。可知韦堂尊奉芦沙、华西之心性思想，而自成一家。

韦堂作《性根心说》批判艮斋"心本性"的学说，今摘录于此，以分析韦堂与艮斋的思想差异：

> 说心而曰致中和，曰能尽性，曰统性情，曰具众理应万事，皆言心之主宰性情也。说性而曰根于心，曰具于心，曰不知捡其心，曰性情字皆从心，皆言性情之见宰乎心也。盖性之根于心，犹木之根于土，水之载于器也。若曰心本性，则亦可曰土根于木，器载于水耶？其曰："人君有敬畏天地之理，而后用心以敬畏之；人臣有爱君爱民之理，而后用心而爱之。"前后数百言，无非此个意也。盖以心与理为二，如释氏理障之见，以为理在一处，心在一处，而以此用彼，如以手取物然也。噫！理在甚处，非在吾心乎？故有曰秉彝，秉彝者，乃吾心本然秉执之常性也，岂若以此手往执彼物样耶？又曰："事事无一不从天命之性出来，然后始有此心之妙用"，此言若自他人口中出，则似乎无病，而出于田氏之口，则此"性师心弟"之所本，而乃无体之用也。既不识吾心本体之已具此用，则不得不曰始有妙用。呜呼！"始有"二字，岂识理者之言乎？若儒者之论，则必曰仁、义、礼、智，心之体也；恻隐、羞恶、辞让、是非，心之用也。故若当爱处，则吾以吾仁而爱之；当恶处，则吾以吾义而恶之；当让处，则吾以吾礼而让之；当知处，则吾以吾智而知之。此心之所以统性情而兼

---

① （韩）赵章燮著：《韦堂先生文集》，《韩国历代文集丛书》第 2020 册，首尔：景仁文化社，1997 年，第 535 页。

体用也，安有坼心性而二之，以此心为空无一法而必资乎彼性而后始有用者乎？①

韦堂引用前人诸说，指出心主宰性与情。艮斋倡导"性为心宰"之说，从本原处与流行发用处两个层面分析主宰之意，认为心对性与情的主宰，是从流行发用层面而言的现实操纵能力，而从本原处来说，则性是心之本体依据。韦堂并未作这样的二分，如果从艮斋思想的角度看，则韦堂所强调的心之主宰，是现实层面的主宰。韦堂以心主宰性情为理论基础，倡导"性根心说"。所谓"性根心"，就像树木根植于土地，水承载于器皿，也就是说性内在于心，心为性之载体，性不能离心而存在，并且性必须依赖心而彰显。他将艮斋"心本性"视为"性根心"的对立面，认为"心本性"颠倒了心与性的位置。韦堂此处错会艮斋之意，"心本性"是指心原于性，心以性为本，也就是说性是心的本体依据。从这种意义上来看，"心本性"与"性根心"并不是同一层面的对立之说。

"人君有敬畏天地之理，而后用心以敬畏之；人臣有爱君爱民之理，而后用心而爱之。"韦堂认为艮斋这样的说法割裂了心与理，并且导致心与理具有时间的先后性。据此，韦堂认为艮斋心效法性理之说，是分心与理为二，并从判教的意识出发，将这种学说归于佛学。仅从语义而言，艮斋的这种说法确实具有理先心后的弊病，不过纵观艮斋思想体系可知，其意在于强调性理对于心的本原优先地位，并不是时间优先。此外，需要注意的是，艮斋之心效法性理的论说建立在心原于性理的基础之上，如果在心原于性理的基础上说心效法性理，则可以避免心与理的割裂。实际上，性理内在于心的观点，也是艮斋所认

---

① （韩）赵章燮著：《韦堂先生文集》，第 2020 册，第 30—31 页。

同的，只是他强调性理作为绝对准则的优先地位。

"事事无一不从天命之性出来，然后始有此心之妙用"，就是心原于性理之意。韦堂认为艮斋此说是无体之用，举用而遗体，即心无体而必须以性理为体，心之用也必须依赖于性理。他还进一步批判其中的"始有"表现出时间的先后性，导致分心与性理为二。在韦堂看来，性理是心之体，情是心之用，不可分割，无有先后。性理根于心而与心为一，内在于自我，并非外在的准则，遇事则发而为情。倘若性理与心割裂而有时间的先后，那么心也就不能主宰性与情。在艮斋的思想体系中，此处的"始有"不是时间的先后，而是逻辑先后，既然是逻辑的先后，也就不存在性理与心的割裂。艮斋认为合而言之，则性理为体而心为用，分而言之，则心与性各有体用。就此而言，则"心本性"是统合心性而论说，"性根心"则只是就心之体用而论说。艮斋引朱子"靠定一个物事做骨子"之说，认为"心本性"三字可以靠定做个骨子，韦堂则意欲以"性根心"三字做个骨子，抗衡其说。

第二节　"性师心弟"说

艮斋自言："不佞实未有所得者，惟尝与柳持平①往复，窃有疑于尊心逾于尊性，因而得'心本性'三字，既而又得'心学性'三字，最后得'性师心弟'一语。"②面对心宗诸派对心的极度推尊，艮斋极力维护性的地位而倡导尊性之说，在"心本性"的基础上进一步推展出"性师心弟"说。

---

① 持平为官职名，柳持平即柳重教（1832—1893），字穉程，号省斋，又号存斋，为李恒老高弟，华西学派的重要代表人物之一。
② （韩）田愚著：《艮斋集》，第 334 册，第 358 页。

一、"性师心弟"的含义

艮斋定义"性师心弟"的含义说："大概言为心者运用之际，以性善之发见者为模范而一一效法也。"① 又可以细分为"性为心师"与"心师性"两个层面。艮斋："'归求有余师'，'师者，理也，义也'，此性为心师之说也。'学仁'、'学礼'、'学道'，此心要学性之说也。善乎！薛文清之言曰：'圣人之所以教，学者之所以学，性而已。'此实本于《小学·立教篇》题而云尔也。"② 孟子言"归求有余师"，程子解释说"师者，理也，义也"，这些都是"性为心师"的证明。孔子言"学礼"、"学道"，朱子《论语集注》言"学仁"，这些都是"心学性"的证明。"'性为心师'，如言天地为天子之法，性命为圣人之主。'心师性'，如言圣人法天地，君子尊德性。"③ "性为心师"强调性理作为准则的优先地位，"心师性"强调主体之心尊奉、效法性理的能动功用。"性未尝有觉有言，而谓之师者，至善之理，随处发见，学者（以心言）苟能钦承而效法之，是则所谓'性师心弟'也。"④ 性理虽然是准则，但是无觉无言，纯粹至善之性理发见于日用流行之间，最重要的是主体之心敬奉和效法性理。"性善之理，随处发见，无不可师。尊性之心，随处体察，无敢或违。"⑤ 性理纯粹至善而发见于日用流行之间，主体之心只要随处体察，敬奉性理。艮斋将"性师心弟"指向平常日用生活之间，而具有充分的实践性。"大抵性之理，无所不在，无时不见，而心之学，又不可一事放过，霎时休歇，是宜玩味而体当也。"⑥ 性理之发见超越时间与空间，主体之心的体察也应当时时刻刻于事事物物上用功，不可有一毫松懈。

① （韩）田愚著：《艮斋集·性师心弟辨辨》，第 335 册，第 68 页。
② （韩）田愚著，柳永善编：《艮斋先生性理类选》，第 193 页。
③ （韩）田愚著：《艮斋集》，第 335 册，第 292 页。
④ （韩）田愚著：《艮斋集》，第 334 册，第 229 页。
⑤ 同上，第 335 页。
⑥ 同上，第 42 页。

　　艮斋的心性论具有浓厚的现实道德倾向。"'性师心弟'是纲领头脑话，更须究得弟子所当修底细条目，逐一践履过，乃为实学。不然，只握得一团空壳子，竟无益也。"①"性师心弟"是为学的头脑，关键在于主体之心的践履落实。

　　"'性师心弟'，愚妄窃以为得先圣之遗旨，而辟心宗之乱道，今承四字甚妙之谕，尤足以白信。但磨心之功，未甚精细，所以于尊性之实，未有所得，此与上心自恣者，无以自别。今得'诚君敬臣'妙对之真诀，庶几为心听性命之资。……今兹来书，发实诚虚敬之义以见教，于我心复有所戚戚焉者尔。……今天下无诚君敬臣久矣，所以心弟反夺性师之位，以至于此极，极可浩叹。此非不然，但君之诚臣之敬，皆由心之学性而立，然则'性师心弟'四字，毕竟是圣学筑底处。"②艮斋坚信"性师心弟"说继承了圣贤的精神宗旨，足以驳斥心宗诸派异说，但是如果在心上用功不够，则不能真正做到尊性，这样也会流于心的恣肆而同于心宗的弊病。指出"诚君敬臣"的譬喻，则有助于心弟对性师的顺从。诚君指真实无妄之道，敬臣指虚灵神明之心。但是现实状况是大多是无"诚君敬臣"。君之所以诚，臣之所以敬，又必须依靠心学性理而确立，由此，可以说"性师心弟"是为学之基础。

二、对"性师心弟"的论证

　　"性师心弟"之语虽然是创新，但是它自有其学理渊源。艮斋自言："愚尝据《语》《孟》，'学礼'、'学道'、'归求有师'之训，有'性师心弟'之说。"③具体来说，"邹书之'归而求之有余师'，程书之'师者，理也，义也'，固性师之谓也。鲁论之'学道'、'学礼'，和靖之'学仁义'，《语类》之'学而不

---

① （韩）田愚著：《艮斋集》，第 336 册，第 64 页。
② （韩）田愚著：《艮斋集》，第 334 册，第 10 页。
③ （韩）田愚著：《艮斋集》，第 335 册，第 211 页。

论性，所学何事'，又皆心弟学性之义也。"①艮斋从"性师"与"心弟学性"两个方面来寻找依据，性师即性理之谓，涵盖道、礼、仁义等，心弟即指称实践之主体。

艮斋74岁（1914年）撰写《性师心弟独契语》。其言曰：

> "性师心弟"四字是仆所创，然《六经》累数十万言，无非发明此理，可一以贯之。……彼不曾自体者，辄疑性是无言之理，如何能为心之师？陋哉言乎！孔子，人师也，其道且有不待言而显者，故尝欲无言，而颜氏便能默识。圣人之蕴，亦不言而化，而教万世无穷矣。今性之发见于日用之间者，精微曲折，无非至善，以若心之神明灵觉者，何待逐一指点而后知其为可师而学之耶？但得心弟自虚以受教，则厥德将与天地同其体用矣。②

艮斋认为"性师心弟"的名称是自己创造的，但是"性师心弟"所蕴含的学理却是与《六经》相合的。批判此说的人认为性是理而无觉无为，因此不能为心之师。艮斋以孔子与颜子的师生关系为例，指出性师之理不需要言说即能显明于日用之间，心弟是神明灵觉的，先天就能识别性理，不需要逐一指点。心弟所需要做的就是谦虚顺从至善之性理，这样的话，就能够发挥参赞天地的奇妙功用，而达到与天地同德的境界。

"性心分师弟，有理气相离之疑，容亦无异，但朱子有理气分君臣父子、性心分母子之譬。如得善思，则都无可疑，或未及精察，一切譬喻，皆未易通矣。……夫朝廷之与州县，有百里千里之远，而不害其相离之譬，则师弟之同

---

① （韩）田愚著：《艮斋集》，第334册，第42页。
② （韩）田愚著：《艮斋集》，第335册，第145页。

在一身之中，尤何疑乎？更如'经师人弟'、'圣师士弟'，虽有万里之隔，千载之远，而其神理之相流通，何曾有毫发之有阻阂哉？"[1] 对于"性师心弟"之说的比喻，批评者认为有导致理气分离的嫌疑。因此，艮斋援引朱子的譬喻以论述己说。朱子将理比作君与父，将气比作臣与子，又将性比作母，将心比作子，朱子固然是知道理气不离的，这样的譬喻需要理解其深意而不能拘泥于文字。此外，比如"经师人弟""圣师士弟"的譬喻，因为神理相流通而为一，以至于超越时间与空间，"性师心弟"也是一样的道理，性与心是相即不离的关系，即使作老师与弟子的譬喻，也不会改变这种关系。

三、对"性师"与"心师"的辨析

关于艮斋"性师心弟"之说，批判者认为性无知觉无为，所以不能称作师，而认为有知觉、能作为之心才足以称为师，故有"性师"与"心师"两种论调。"心师，窃意张子之意，以心之原于性命者言，若只凭灵觉为师，是禅佛之见，决然不可也。此尤翁[2] 所以又发'师心易差'之说，以尽其义矣。至于性师，孟子直从性善处说，故朱子以'随处发见，无不可师者'明之。夫性既可师，则师性者非心而谁？愚故创立心弟二字，以告夫天下之为心者，使于知思应酬之际，一一视性为模范而师法之，庶几上可以守圣门本天之传，下可以订近儒心理之误也。"[3] "心师"论调源于"心即理"的思想，而借用张横渠"己心严师"之说作为理据，"性师"之说则源于孟子"归求有余师"的思想，是儒学本天的正传。艮斋认为张横渠之说必须推究心之本原至性理处，不足以为"心师"之理据。如果将虚明灵觉之心作为绝对的准则，即是佛教本心之

---

① （韩）田愚著：《艮斋集》，第 336 册，第 125 页。
② 指宋时烈（1607—1689），字英甫，号尤庵，又号华阳洞主，谥文正。属于栗谷学派，被称为"朝鲜的朱子"。
③ （韩）田愚著：《艮斋集》，第 334 册，第 116 页。

学。尤庵宋时烈"师心易差"的说法，即是为了防止对心的极度推崇和信赖。性理是纯粹至善的，必须作为准则，也只能作为准则，心是能动的，只有效法性理，如此才可以保证性理的本体地位，以及发挥主体之心的效用。

艮斋说："横渠己心严师，谓百体动作，都要由心宰也，然孟子谓曹交曰：'子归而求之，有余师矣。'求之者，心也；余师者，性也。此又性为心师之说，方可谓极本穷源之师矣。盖心师有时或差，性师无有不善，此圣学所以不本心而必本性也。"①艮斋阐释孟子之说，以"求之者"为心，以"余师者"为性，认为孟子之说从本原处指明性的本体根据意义，又从发用处指出心的能动意义。张横渠"己心严师"的说法是指心对身体的现实操控能力。并且，因为性理是纯粹至善的，所以为绝对准则，而心只是本善的，能为善，也能为恶，所以不足以作为准则，而只能作为实践主体。能动之心不足以作为师，只能是作为与性师相对之心弟。"心弟之云，颇涉创新，然以圣人君子学道一句观之，君子非人心之有觉者乎？道非道体之无为者乎？学非心学之乎？然则指学者为弟子，岂悖理之言乎？"②艮斋将能动之心指向圣人、君子，而充分肯定其知觉能力，以及效法性理准则的功用。"性师心弟"之说既确保性理的准则地位，又肯定心作为实践主体的现实能动作用，可见此说之义理精微而又功夫切实。

艮斋进一步分析说："吾儒之学，不过欲心之得正，心苟正矣，事皆治矣。今欲正心，宜用何术？记得张子有'己心严师'之教，而尤翁却有'师心易差'之戒，何也？张子固曰：'凡所动作则知所惧'，所惧何事？惧其或悖于性之理也。以此知心之循理则得正，自用则必差矣，孟子言'归而求之有余师'，此谓性之发见于日用之间者无有不善，皆可以为师矣。今夫师心者易差，师性

---

① （韩）田愚著：《艮斋集》，第 332 册，第 268 页。
② （韩）田愚著：《艮斋集》，第 334 册，第 52 页。

者无失，圣学之所本，可知已矣。圣人犹且'以礼制心'、'心不踰矩'。"①艮斋从正心工夫的角度出发，指出张横渠"凡所动作则知所惧"之说强调了性理作为绝对准则的地位，认为张横渠"己心严师"之说虽然强调心的现实主宰能力，但是，还应该认识到心之本原依据在于性理。受尤庵宋时烈思想的影响，艮斋对心的不稳定非常谨慎，认为即使是圣人，也需要谦虚敬奉性理，以防止心的恣肆。性理纯粹至善而发见于日常生活之中，主体之心遵循性理则可以为善，如果心只是自用，则容易流于恣肆。因此，艮斋作出"师心者易差，师性者无失"的二分判定。

四、"性师心弟"的特征

艮斋"性师心弟"说的最大特征在于对性本体的推尊与对心主体的界定，这源于他对性与心的特质及心性关系的深入探讨与阐释。

就性与心的特质而言，艮斋指出："然所谓性者，但有善而无恶而已，竟不能明善而辨恶，又不能去恶以复善，则亦将如之何哉？又幸有能知识能造化之心在我胸中也，此心至灵，大而宇宙，细而毫芒，无不觉；此心至大，经礼三百，曲礼三千，无不包；此心至久，前几千岁，后几千岁，无不彻；此心至刚，与生俱生之气禀偏驳，似理非理底物欲习染，无不克；此心至仁且义，近从吾亲，远暨微物，无不爱，正而经常，变而禅征，无不制矣。吾人所以学圣之机栝，顾不在兹欤？"②从"性即理"而言，性是纯粹至善的，但是没有知觉、没有作为，因此不能辨别善恶，也不能作去恶回归善的实践。虚明灵觉之心则是能知觉、有作为的，并且"至灵"而足以觉察天地万物，"至大"而足以包罗万象，"至久"而足以超越时间，"至刚"而足以克去气欲，"至仁"而足以

---

① （韩）田愚著：《艮斋集》，第 332 册，第 332 页。
② 同上，第 145 页。

仁爱万物，"至义"而足以裁制纲常，是人之践行道德以成为圣贤的关键。艮斋以尊崇性理为学术宗旨，极力反对心宗诸派对心的过度推崇，明确体现在其心性论诸说中。值得注意的是，艮斋只是从心性位分判定二者之尊卑，以免混心入理，并不是一味贬低心。实际上，艮斋也充分肯定了心之能动功用。可以说，艮斋一方面肯定心的"虚明灵觉"，另一方面极力为性理准则保留余地。

艮斋虽然肯定主体之心的功用，不过对心之不可恃，始终抱着十分谨慎的态度。"心为气掩而不正，则曰：'非我也，气也。'此是心之自逃其罪之说也。余谓自励自弃，皆心也；自昭自昧，皆心也；自欺自慊，皆心也；进吾进止吾止，亦皆心也。此不难见之理，今以'孰放孰求，孰亡孰有？屈伸在臂，反覆惟手'两句推之，世间何件不正非心之所为，而乃独归罪于气也。心之不正，非独因气，亦由欲也，今何舍却欲字而独言气也？"[1] 艮斋从位分判定心属形而下之气，具有妙用，并且认为心只是本善，而能为善亦能为恶。因此，心没有现实约束而是自由的主体。心之不正，一方面由于气的遮蔽，另一方面则在于心之欲。心不正，则世间事务皆不正。正心的关键在于心，不可推托于气。自我鼓励与自我放弃，在于心；自我昭明与自我蒙昧，在于心；自我欺骗与自我满足，在于心。心具有为善的功劳，但也要为其恣肆负责，所以应当充分发挥心的主体功用，并且正确对待心的不稳定。艮斋对人心的"不可恃"有自身的深切体会，这与其所处的人心混乱、道德沦丧、国家衰亡的社会环境有巨大的关系。

在艮斋的思想体系中，心与性并不是对立的关系，而是"一而二、二而一"的精妙关系。"若吾儒则谓性无为而尊为自然之主，谓心为气而必本至尊之性，此所以虽曰心非理而终致心与理之一矣。此是将本体工夫一齐说出，使

---

① （韩）田愚著：《艮斋集》，第 335 册，第 219 页。

学者晓然知心性'一而二、二而一'之妙矣。"①艮斋反对"心即理"的观点，主张心与理合一，即心与理并不是先天的本然是一，而在于通过后天的工夫以达到心理合一的境界。心理合一的途径是确保性理为自然之尊主，能动之主体心以性理为本并且虔诚效法性理。如此则既有本体，又有工夫，并且展示了心性"一而二、二而一"的精妙关系。

心性"一而二、二而一"的关系，建立在心与性理不离不杂的基础上。艮斋从位分层面分判性与心之尊卑，体现出心性不杂的一面。艮斋也主张心与性理无间，这体现出心性不离的一面。正如他所说："心性二者，参赞化育之本，不能相无而浑合无间，亦非人所能去取也。然性是理，心是气，则其势有强弱之分焉，故圣贤论学，于其不能相无者，既以体用能所之属明之而无所偏废，至其道器之辨、强弱之分，则未尝不致其气精为配理尊无对之意焉。"②心性"不能相无而浑合无间"就是心与性理不离之意，这是先天的，并非后天人力所能操纵。但是心与性理还有不杂的一面，因此性为道而心为器，性弱势而心强势。就心与性理不离而言，则性为体而心为用，心是能动的，性是心之所以能动的本原。就不杂而言，性理为至尊之绝对准则，心必须尊奉效法性理。

艮斋心性论需要面对的难题是，心尊性理的动力从何而来？杨祖汉教授援引康德尊敬法则之说来说明，指出："田艮斋十分郑重性师心弟之义，这可以用康德所说的人在正视其现实意志的不纯粹时，一定会尊敬道德法则来解释，如上文所说由于此所尊敬的是由自己的理性给出来的道德法则，故在尊敬法则时也会同时对于能够给出此法则的自己，或恰当地说，自己的人格（能够给出无条件的道德律令要求自己定要遵守之这种人性或人格性）会产生尊敬，于是在以性为尊、以己为卑，或以性为师、以心为弟子的谦卑心情可以同时让自己

---

① （韩）田愚著：《艮斋集》，第334册，第43页。
② （韩）田愚著：《艮斋集》，第333册，第31页。

因为正视自己的人格性而得到精神上的提升。"[①] 这种说法很好地论述了"性师心弟"说的意义，即"心"在尊"性"的过程中，反而得到自我成就。笔者认为还可以依据艮斋对心性特质与心性关系的阐述上来寻找答案。在艮斋的思想体系中，性理作为绝对的准则而存在，主体之心则致力于践行，纯粹至善之性理发见于日用生活之间，虚灵明觉之心具有知觉性理并效法性理的可能，并且心与性理是"一而二、二而一"的关系，性理先天内在于心而与心无间，也就是说心先天具有知性或者说尊性的。

艮斋"性师心弟"说以孔子、颜子的师生关系作比喻性与心，生动而亲切。老师与弟子固然为二，然其关系之所以成立，则在应然的层面上，决定了弟子必须尊重老师，效法老师。当然，在实然的层面，弟子有其自由意志，有尊师的可能性，也有悖师的可能性。但是在尊师的诚挚中，弟子的精神反而能够得到纯粹和升华。就个人体会而言，由于感知到努力认真学习能够使自我本身快乐，这就成为继续学习的动力源泉，经过长期做工夫，实有所获，而内心得到自我满足。

概而言之，艮斋通过对心性位分尊卑的判定，借由"性师心弟"的譬喻，既确保了性理的本体地位，又充分肯定了心的主体功能，不仅为道德实践确立了绝对准则，又提供了实践的先天动力，还表现了对现实践行的担忧，这是艮斋心性论的特色所在。

第三节　关于"性师心弟"说的论辩

艮斋发挥程朱、栗谷的思想，提出"性师心弟"说，遭到栗谷学派内部儒

[①] 杨祖汉：《朝鲜儒学对朱子思想的诠释》，《孔学堂》2017 年第 1 期（总第 10 期），第 44 页。

者的质疑，更遭到寒洲学派、岭南学派儒者的猛烈批判，不过也得到门内弟子及再传弟子的认可与拥护，从而掀起了一阵论辩热潮。

一、艮斋与韦堂的论辩

艮斋晚年倡导"性师心弟"的学说，韦堂作《性师心弟辨》批判此说，艮斋作《性师心弟辨辨》回应。艮斋《性师心弟辨辨》先引韦堂之语，而后论述己说进行反驳，因此本文主要依据《性师心弟辨辨》分析二人的思想差异。

> 理气是二物也，故不得不分开说，心性是一物也，故安有师弟彼此之可分言者乎？（韦堂）

> 心性一物，是佛禅陆王之传，而非孔孟程朱之教也。赵氏所见，不可晓也，其倍师说而慕异端，亦出于胜人之私心，非本于慎言之性也。（艮斋）

> 二也，故言理必言气，言气必言理，如曰"太极生两仪"，曰"一阴一阳之谓道"是也。一也，故言心不必别言性，言性不必别言心，如舜只曰人心道心而性在其中，《中庸》只曰性命中和而心在其中。故《序文》曰："天命率性，道心之谓也。"《答张敬夫》论性情中和而以心为主。观此数说，可知其一而非二也。（韦堂）

> "心不逾矩"，"心不违仁"，"以礼制心"，"以仁存心"，彼皆未之见欤？《朱子大全》云"尊我德性"，又云"玩心神明"。彼之谓言心不必别言性，言性不必言心者，直是无稽之言。（艮斋）

> 仁义礼智，谓之性亦得，谓之心亦得。恻隐、羞恶、辞让、是非，谓之情亦得，谓之心亦得，非若理气之截然作二物看也。（韦堂）

> 曰仁义之性，则无为之道体也。曰仁义之心，则有觉之人心也。

（艮斋）①

在理气论方面，韦堂与艮斋没有大的分歧，他们的思想差异主要体现在心性论。韦堂在理气不杂观点的基础上，承认理气具有分开述说的必要，但是他认为心性是一物，而不可以用老师与弟子的关系比拟以区分心性为二。"性非别有个物，只是心中所具之理也，心是以此理而宰乎物者也。"②艮斋将性分属理的位分，将心分属气的位分，性理是形而上之道，心是形而下之器，因此在理气不杂的基础上强调心理之别，指责韦堂心性一物的观点为异端。艮斋强调性理的纯粹至善，对心的不稳定则始终保持谨慎的态度，因此将韦堂的异端之说，归于其不本于性而产生的私心之见。

韦堂认为理气与心性不是一一对应的关系，心是合理气的，性也是合理气的。理气二分，因此二者都必须论说。但是心性一物而无别，性先天具于心，因此论述性之时，已经包含心在内，论述心时，也包含性在其中，不必特意区分二者。韦堂坚持心性一物，但是其思想倾向却是尊心的。艮斋以性理为绝对的准则，心则是能动的主体，心性之间有着必然的位分之别。他强调性理作为心之本体依据，具有价值优先的尊贵地位，主体之心则因为虚灵明觉而能够尊奉性理。面对当时尊心的盛况，艮斋的思想表现出尊性的浓厚色彩。

韦堂不仅将心性作为一物，并且认为情与心亦是一物。性先天具于心，故可以说心性是一物，情为心之所发，故可以说心与情是一物。他反对用理气对性、心、情作截然的区分，而强调三者的共通的特征。艮斋认为性理是道体而无觉无为，心是性之用而有觉有为，极力强调性与心的区别，防止混心入理。他当然也承认性具于心，但这并不代表心与性是一物，因为理气不离不杂，所

---

① （韩）田愚著：《艮斋集·性师心弟辨辨》，第 335 册，第 68 页。
② （韩）赵章燮著：《韦堂先生文集》，第 2020 册，第 134 页。

以心性也是不离不杂的关系，不能完全等同。

> 心似个官人，性便如职事，今以职事为师，而官人为弟子，则可谓成说乎？（韦堂）

> 官人不以君所命之职事为模范而自用，则其不陷于罪者鲜矣。（艮斋）

> 若如其说，则心能尽性者，弟子而反有尽乎师道也。性不知检其心者，以师之尊而不能检其弟子之所为也，恶可哉？（韦堂）

> 性师心弟，大概言为心者运用之际，以性善之发见者为模范而一一效法也。今彼之所诘如此，亦可就此发明道理，使人晓知也。盖师者，只是施教而已，而弟之所为，如何能逐一检点？故曰："程门人自不谨严，干程先生甚事？"至于心能尽性，又当以弟子能尽其师之所以教者譬之，无不可通也。（艮斋）①

韦堂把心比作有作为的官人，把性比作官人所应当做的职事，反对将性与心比作有尊卑差别的师生关系。认为心具有尽性的能动功用，不应该屈居弟子的卑下地位，性理无知无觉，不能检束心的恣肆，因此性理不足以成为老师。艮斋同意韦堂关于心为官人、性为职事的比喻，但是强调性理作为绝对准则的地位，从现实道德实践出发而主张心效法性理，以避免心的恣肆。他指出纯粹至善之性理流行发用于日用之间，明觉之心应当以性理为标准而敬奉效法。"性师心弟"的尊卑关系只是从本原处所作的位分分判，并不是从现实流行处对其功用所作的分别。所以，性理作为老师并没有对心弟的现实操纵能力。艮斋对于心能尽性的能动功用是肯定的，而且对主体之心的肯定也是

① （韩）田愚著：《艮斋集·性师心弟辨辨》，第335册，第68—69页。

其"性师心弟"说的必要内容。韦堂从现实流行出发，强调心的能动功用的重要性。艮斋则注重性理对于心的本体依据意义，以及性理作为绝对准则的地位。

> 当日"心师气弟"云云。盖心为严师，心为主宰，张、程以来相传正
> 脉，而从古圣贤之意皆如此。（韦堂）
>
> 心欲为师，先须学于性而后可也，故张子曰"正心之始"，非泛然
> 指客心、私心以为师矣。气弟之说，正合勘破。彼谓气质耶？则气质
> 非能以明善而复性者也。又形气耶？则形气亦能虚心循理以为学者欤？
> （艮斋）①

针对艮斋"性师心弟"的譬喻，韦堂提出"心师气弟"的譬喻。张横渠说："正心之始，当以己心为严师，凡所动作则知所惧。"② 韦堂援引此说，以作为心师的理据，强调心对于气的主宰能力，因此必须居于老师的尊位。艮斋认为心师成立的前提是以性理为本并效法性理，指出张横渠所说的心是以性理为依据的本心，并非气欲夹杂的私心。即心师有相对的，而性师则是绝对的。对于气弟之说，艮斋反驳说不管是气质还是形气，都不是能动的主体，不足以成就明善复性的功用。在艮斋的思想体系中，心虽然属于气的位分，但心是虚灵明觉的，与形气、气质有决然的区别。并且，心能够自觉效法性理，这是气所不具备的。韦堂之说虽然意欲突出心的主宰地位，但是艮斋的批评却击中要害而无法反驳。

---

① （韩）田愚著：《艮斋集·性师心弟辨辨》，第335册，第69页。
② （宋）张载著，章锡琛点校：《张载集》，北京：中华书局，1978年，第280页。

病源始崇于心是气之一源也。认心为气，则末弊之膏肓，安得不至于斯乎?（韦堂）

舜之道心，亦不过气之灵觉原于性命之正。汤之制心，亦只是以性命之理制得灵觉之心。文王之小心，亦只是将气之灵觉而望性命之正。如未之见孔颜之"不逾矩"、"不违仁"，亦皆以灵觉之心，合于性命之正尔。（艮斋）①

韦堂认为心性一物，也就是心即理，指出艮斋"性师心弟"说的弊端在于把心当作气。如果把心作为气，则心只是气心，而气欲将混入理。韦堂心性一物的重点在于提升本心，强调心与理为一，必然不同意气心之说。艮斋并非将心等同于气，而是坚持心属于气的位分，实际上，他明确区分了心与形气、气质的区别。艮斋举例论证先圣贤所说的"心"，都只是气之灵觉，即使是道心，也只不过是原于性命之正而已。可见他始终坚持心与理的不杂，而反对心即理之说。这是韦堂与艮斋思想不可调和之处。

以上是韦堂与艮斋关于"性师心弟"说的第一回辩论。此后，韦堂又作《性师心弟再辨》，引艮斋之语以再次辩论。

心可言虚灵不昧，而性亦可言虚灵不昧欤? 性可言冲漠无朕，而心亦可言冲漠无朕欤?（艮斋）

"心性一而二、二而一者也，不可无分别，亦不可太说开成两个"者，非朱子之训乎? 今以虚灵不昧为一位而卑之在下，冲漠无朕为一位而尊之在上，其意以为字既异则位不得不异也，岂不闻心是字母，性、情字皆从

___

① （韩）田愚著:《艮斋集·性师心弟辨辨》，第335册，第69页。

心而生乎？愚窃谓虚灵不昧之中有冲漠无朕者在，性非在上之物，是在中之理。故心舍性不得，性舍心不得，虽有异名，初无二体也。今乃以字之异而欲顿成两个，使之二而不一者，是何意见耶？祗见其性不得加尊，而心日益卑下，可谓咄咄怪事矣。（韦堂）①

"虚灵不昧"语出朱子《大学章句》，"冲漠无朕"为程伊川之语。艮斋认为性是形而上之道，没有形迹，因此可以用冲漠无朕形容，心是形而下之器，有形迹，不可用冲漠无朕形容。心是有觉有为的，是虚灵不昧的，性是无觉无为的，因此不可用虚灵不昧形容。韦堂引朱子"心性一而二、二而一者也"之语以论证心性一物，不可分开说。他认为艮斋"性师心弟"说以性理为尊贵在上之物，而以心为卑贱在下之物，是将心性分开为二物，并进一步指出艮斋区分心性位分，是因为心与性文字的不同。实际上，艮斋也秉持朱子对心性关系的判定，也正是由此，艮斋反对韦堂心性一物的说法。艮斋对心性位分尊卑的划分，并非将心与性作为二者而进行隔绝，而是从性体心用的角度所作出的区分，目的在于强调性是心的本体依据。韦堂从性与情皆有"心"之字根出发，论证心与性、情的内在联系，并且说，心中有性在，性并非高悬于心之上的单独之物，而就是内在于心中之理。因此，心与性虽然名称不同，但是本体为一。韦堂还认为艮斋"性师心弟"之说不仅不能使性得到尊贵的地位，反而会导致心的卑下，并妨碍心的能动功用的发挥。其实，艮斋强调心对性理的自觉尊奉与效法，主张心通过自卑以成就自我。

概而言之，韦堂坚持心性不离而说心性是一物，艮斋着眼于心与性理不杂而区别二者位分，其思想根源在于韦堂以本心为理，而艮斋则以心属于气分。

---

① （韩）赵章燮著：《韦堂先生文集》，第 2020 册，第 135—136 页。

笔者以为，韦堂关于性内在于心的思想，符合朱子之说，但是就语义而言，"心性一物"与朱子对心性"一而二、二而一"的定义是不对称的，也就是说"心性一物"只能表达出朱子之义的部分意思，有所偏显而不能涵盖全部。这也是韦堂遭受艮斋批评的原因。艮斋"性师心弟"说以体用能所的关系来统合心性，既对心与性作出区分，又不妨碍二者的统一，符合朱子对心性"一而二、二而一"的定义。韦堂以心本体即是性本体，艮斋则认为分开言时，心有体用，性有体用，合而言之则性为体心为用，不承认心本体等同于性本体。因为在艮斋的思想体系中，性是纯粹至善而无觉无为的，心则只能是本善而有觉有为。

二、韦堂与黄瓒奎的论辩

艮斋弟子黄瓒奎批判韦堂《性师心弟辨》，故韦堂作《性师心弟再辨后》以回应。黄瓒奎批判韦堂的文章今不见，韦堂《性师心弟再辨后》引黄瓒奎之语而逐条辩论，故摘录此文以为文本依据，阐述二人对"性师心弟"说的不同意见。

> "一而二、二而一"，朱子于理气、心性皆如此说，何尝言心性一而非二，理气二而非一，如彼说乎？（黄瓒奎）
>
> 理气、心性两皆曰"一而二、二而一"者，言虽同而意则异也，何者？理气之曰一而二者，恐其道器之无别，而有如荀、扬之见者也；曰二而一者，恐其离器求道，有如老氏之说者也。心性之曰一而二者，恐其以灵觉为天性，有如陆、王之见者也；二而一者，恐其看作二歧，有如今师弟之论者也。然于理气二之之意为多，故曰决是二物，于心性一之之意为多，故曰心与理一，曰仁与心一物。盖二之之意多者，理气不分之为二，

则天理人欲混同无别矣；一之之意多者，心性不合之为一，则大本达道统属无主矣。（韦堂）①

黄瓒奎以朱子"一而二、二而一"的心性观为理据，批判韦堂理气是二物及心性是一物的观点。可见，黄瓒奎对韦堂的批判，大致与艮斋之意相同。韦堂认为从语言来看，理气与心性都可用"一而二、二而一"来描述，但是就含义而论，则需要区别看待。理气之所以说"一而二"，是因为理为道，气为器，必须强调道为形而上，器为形而下的区别。理气之所以说"二而一"，是防止道与器、理与气的分离。可知，在理气论上，韦堂遵循朱子不离不杂的观点。心性之所以说"一而二"，是为了防止将心之虚灵明觉直接等同于天性。心性之所以说"二而一"，是为了防止将心性看作二物。实际上，韦堂上述关于理气、心性关系的分析梳理，在艮斋学的思想体系中也是被承认的，因为艮斋与黄瓒奎也遵循朱子不离不杂的理气论观点。韦堂对艮斋"性师心弟"说的批评在于这样的譬喻将心性分为二物，当然就艮斋方面来看，肯定不会觉得"性师心弟"说分离心性为二物。艮斋及黄瓒奎对韦堂的批判在于其理气是二物及心性是一物的言说，如果严格从语言的语义界定来看，韦堂之说确实容易引起歧义。艮斋的"性师心弟"说则为心性关系预留了弹性空间，既突出对性本体的尊崇，也肯定心的主体能力，而不违背"一而二、二而一"的定义。韦堂认为"理气二之之意为多"及"心性一之之意为多"，主要是出于其对心的尊崇。他强调心的主宰能力，并且认为心之所以有主宰能力在于心与性一，倘若心与性二，则心不足以为主宰。

---

① （韩）赵章燮著：《韦堂先生文集》，第 2020 册，第 146—147 页。

虚灵谓之下拘禀受则诚有辨矣，如以此而直唤做理通，则心之与理又有别矣。盖心有觉有为，会思虑计度，会视听言动，性无觉无为，如何将心理做一物说？朱子曰"心比性微有迹"，安可谓理通乎？

心之得名为心，以其合理气、包动静而神明不测也，故谓之气者亦有之，然若论心之本体，则是理也，故曰"心则性也"，曰"性者，心之体也"。从古圣贤论心处多主理言，如孟子曰"仁，人心也"，张子曰"心统性情"，程子曰"心一也，有指体而言者，有指用而言者"，朱子曰"心之理是太极"，又曰"人之心，其德有四，曰仁、义、礼、智"，此等处亦不可谓理通乎？今以有觉有为，会思虑计度，会视听言动者为一物；以无觉无为，不会思虑计度、视听言动者为一物，乃判然以为二物之证。然心之所以能觉为、会思度者，以有觉为思度之理在其中矣，故朱子曰"所知觉者是理"，又曰"性便是会恁地做底理"，如何断之曰"理则无觉无为、不会思度"云云耶？朱子曰"心之虚灵何尝有物"，今以微有迹为真有迹而不谓之理通者，亦不通之论也。①

黄瓒奎认为虚灵明觉之心虽然属于气的位分，却是气之精英，与形气、气质有所区别，并且虚灵明觉之心也不可同于性理。心与性理的差别在于心有觉有为，性理无觉无为。栗谷有"理通气局"说，认为理无形，是通达的，气则有形，是有局限的。由此，黄瓒奎引朱子"心比性微有迹"之说，认为心有形迹而不可称作理通。韦堂心性一物的含义是心之本体等同于性之本体，或者说心之本体即是性理。在心性关系上，艮斋与黄瓒奎只能接受心性不离，但是不能接受心性等同，即使是心之本体，也不能等同于性理。韦堂不仅尊崇心，还

① （韩）赵章燮著：《韦堂先生文集》，第 2020 册，第 151—152 页。

主张理内在于心从而使心具有主宰能力。也就是说，心之能动，原于理之能动。理有觉有为，并且能思虑计度的观点，是艮斋、黄瓒奎所极力反对的。并且，艮斋还说："心之知觉作用，原于性而合于道，则曰主宰，不然则命之曰形役。"① 他主张心的主宰是相对的，有条件的，是以合于性理为前提的，如果违背性理则是形役，而不能称作主宰。韦堂反对将心只是作为形气之心，而着重于本体之心，也就是主理而言心，因此他所论述的本心是无形迹的，从而可以称作理通。

三、晦堂对"性师心弟"的批判

张锡英（1851—1926），字舜华，号晦堂，又号秋观，是寒洲李震相的弟子。他依循其师"心即理"的主张，作《性师心弟辨》以批判艮斋学说。

> 夫性，理也；心，兼理气也。心之本体，理也；所作用者，气也。或指其本体而曰理，或指其作用而曰气，或统而谓之兼理气，所指者各不同也。若乃以理管归性，以气单言心，则心只是理外之一物也。心无体，以性为体。性也，心也，一理也。而指其纯粹至善而为一心之本体者曰性，指其神妙不测而为一身之主宰者曰心。主宰者理也，不是性外别有个主宰之理，而所指而言，亦不同也。是故理气可以分开说，心性不可对待言也。夫理气以师弟言，则理为师而气为弟，父子言则理为父而气为子，君臣言则理为君而气为臣。今曰性师而心弟，则亦可曰性为父而心为子，性为君而心为臣乎？心者，天君也，天君之尊而反谓之臣，则其将以父而反行子职，以师而反为弟子乎？此则不待智者，可以立见。而为此说者，抑

---

① （韩）田愚著：《艮斋集》，第333册，第319页。

别有得于千圣贤所不道之说欤？①

晦堂持守程朱"性即理"的观点，不过对心则有更进一步的阐释。他认为就本体而言，则心可谓理；就作用而言，则心是气；统合而言，则心兼理气。也就是说，心可以从三个层面来论述。艮斋很少谈及本体之心，就其思想体系来看，不能承认本体之心即理的观点。他将心性看作统一的整体，而主张性体心用，将性分属于形而上之道，心则分属于形而下之器。晦堂认为以理言性，以气言心，则有分离心与理的弊病，强调理内在于心，与心为一。性理纯粹至善而为心之本体，心则神妙不测而具有主宰能力，心之主宰归根结底在于理之主宰。寒洲学派被称为"主理派"，即是在于其倡导理之主宰。艮斋对主宰作形而上下的区分，认为从本原处而言，性理是心之主宰，从流行发用处而言，则心具有现实主宰能力。晦堂主张主宰之理内在于心，心性不可以看作相对待的二物，而艮斋"性师心弟"的譬喻则分心与性为二。此外，晦堂强调心的主宰与至尊，他从现实层面的尊卑决然对立看待艮斋之说，认为其"性师心弟"是尊性贬心，所以强烈反对。实际上，艮斋所谓的性师，是从本原处肯定性理作为心之本体依据的绝对性；其所谓心弟，是强调心自卑以尊奉效法作为绝对准则之性理。艮斋并未否定心之现实主宰能力，只是从本原与流行两方面作出更加细致的分析梳理。

四、深斋对"性师心弟"的批判

曹兢燮（1873—1933），字仲谨，号深斋，又号岩栖，是岭南儒学者，著有《岩栖集》。深斋1917年作《性尊心卑的据辨》批判艮斋的学说，其中涉及

---

① （韩）张锡英著：《晦堂集》，《韩国文集丛刊》第148册，首尔：民族文化推进会，2012年，第480—481页。

对"性师心弟"说的批判，故摘录于此，以作简要分析。

> 况所谓"学礼"、"学道"、"学仁义"之类，又定为性师心弟者，有目皆睹。（艮斋）

> 夫所谓师与弟子者，以其觉觉其未觉、以其无能效其能之名也。使为心者，初无仁、义、礼、道之本然，而必学而后能之，则其说是矣。然亦有所谓不学不虑之良知良能，所谓人皆有之之恻隐、羞恶、辞让、是非之心，未知此等亦必待学于性而后有者乎？夫真心蓦发，不待思议，是性是心，不容开析，只管扩充，不须商量。今必曰"以心师性而后得之"，则烦挐散缓，不成道理，真不免张无垢所谓"当恻隐时体其仁，当羞恶时体其义"之病矣。若乃纳交、要誉之心纷然交发，则此当以性为师，而去其不当师者，可也，于是有学仁、学义等说。然此是下一截事，与本心之体不相干。朱子以道心为无拣择之心，人心为有拣择之心，又谓："孟子论心，在内者要推出去，在外者要收入来。"然则田氏所谓心弟者，只是说得有拣择、要收入之心。或曰："子必以良知之本心为言，不近于阳明之说欤？"曰："阳明之病，在于但求诸心，而不求诸物；但知无拣择者之当推致，而不知有拣择者之当讲辨。故'致良知'三字，遂为吾儒家之大讳，然良知之当致，则不可以此而诬之。"田氏深惩于阳明及近世心即理之说，故不得已而为此论，其救世之心，固亦至矣，然终不免矫枉过直之病。又'性师心弟'四字，语面差异，未论义理如何，决然是明、清间浅儒口法，不类洛、闽辞气。（深斋）①

---

① （韩）曹兢燮著：《岩栖集·性尊心卑的据辨》，第 350 册，第 263 页。

艮斋"性师心弟"说强调心对性理的尊奉、效法，本体之性理是绝对的准则，是形而上的，心则是实践的主体，是形而下的，心与性以体用形式呈现的一体关系。深斋对老师与弟子关系的理解与艮斋之本意有差别，深斋将性师与心弟置于同一层面，性师是已觉之主体，心弟是未觉之主体，无能之心主体效法有能之性主体。如此，则心与性理决然是二分的，也就是说性理外在于心，这是深斋所批判的。深斋认为良知、良能及四端之心，是先天具有的，并不是向外学习而后天获得的，因此性和心之间的师生关系是不能成立的。当然，艮斋也坚持性理内在于心，性理为心之本体依据，则必然内在于心，只是深斋的理解有所偏差。深斋认为心与理一，理通过心而自然显现，不需人的思虑考量，因此不必对心与性作相对待的分析，只需要根据理的显发而扩充。深斋指出艮斋的"性师心弟"说强调心的后天学习，繁琐散漫，反而妨碍心对性理的彰显。深斋也认识到从现实道德实践而言，性理准则的存在具有必要性，但认为这只是气心状态情境下的必要，倘若就本体之心而言，则只需要做扩充的工夫。从这种意义上，深斋认为艮斋"性师心弟"说只是从人心角度出发的工夫，而忽略了本体之心的层面。

深斋自设问答，以阐明己说与阳明学"致良知"说的区别。他认为阳明学的弊端在专注于求心而遗漏物之理，只言本体之心而忽略现实之气心，导致"致良知"之说遭受批判，但是，致良知的思想不可因阳明之说而废弃。深斋对阳明学的批评，只是阳明学的末流弊病，并非阳明学的宗旨，实际上王阳明建构了庞大而精密的心学体系，对诸多概念作出了自己独特的阐释与界定。王阳明说"意之所在便是物"①，因此"物"不再是外在的隔离的事物，而是与心有着直接关联。又说："夫物理不外于吾心，外吾心而求物理，无物理矣；遗

---

① （明）王阳明著，吴光、钱明、董平、姚延福编校：《传习录》，《王阳明全集》（新编本）第1册，杭州：浙江古籍出版社，2010年，第6页。

物理而求吾心，吾心又何物邪？"①心即理，物理并不是与心隔绝的外在之理，专注于求本心而遗漏物理，则已经失去本心。此外，阳明虽然从本心出发倡导"致良知"，但并非全然不顾现实之人心，相反，致得良知真切笃实，则人心自然去得人欲而回归道心。关于深斋对阳明学的批判，此不多论。

深斋认为艮斋之学说是对阳明学与心宗"心即理"学说的回应与对抗，是具有针对性的不得已之论，只不过难免矫枉过直的弊病。他虽然在学术上批判艮斋"性师心弟"之说，但是对艮斋的救世之苦心，却充满同情。这也是值得注意的。

五、古堂对"性师心弟"的辩护

金忠浩（1946—　），号古堂，阳斋权纯命的弟子，艮斋的再传弟子。古堂2013年作《性师心弟论》，阐述并辩护"性师心弟"之说。其言：

> 群圣贤之单传，群经传之真诠，我艮斋老先生一言以蔽之曰"性师心弟"，若使圣人复起，不易斯言矣。②

古堂坚信艮斋"性师心弟"之说，认为此说得前圣贤单传之心法，是对儒家经典的真切诠释。古堂也再次确认了"性师心弟"说在艮斋心性论中的重要地位：

> 盖天以无极之真，二五之精，化生烝民，莫不赋之以真精，是以人得其真而为纯善之性，得其精而为至灵之心。性虽纯善而无形无为，心则

---

① （明）王阳明著：《传习录》，《王阳明全集》第1册，第47页。
② （韩）金忠浩：《性师心弟论》，手稿本。

至灵而有形有为。无形无为而纯善，故只有寂感之理而为自然之主宰；有
形有为而至灵，故本有寂感之机而为能然之主宰也。夫性者，具万理而纯
善，固为无言之师；心者，有万能而至灵，若不师性，或流于不善。①

在艮斋思想基础上，古堂从多方面对性与心作出了重要的阐述，印证了
"性师心弟"说的内涵。从来源看，得太极之真而为性，得阴阳五行之精而为
心。从特质而言，性纯粹至善，无形状，无作为；心则灵明，有形迹，有作
为。由此特质，性只是寂感之理，作为绝对的准则，是心的本原依据；心则原
本具有寂感之机，而有现实操纵主宰能力。用师生的譬喻，则性只是无言之
师，发见于日用之间；心则因其灵明而具有自觉效法性的能力。但是心之自觉
效法性，只是从应然层面而言，从实然层面看，心具有背离性而为恶的可能。
古堂所说之性与心的概念，不离艮斋心性论要义，其所说自然之主宰与能然之
主宰，亦即艮斋"性为心宰"说对主宰的二重界定。可见，古堂在艮斋思想的
基础上，确认"性师心弟"之义。

呜呼！此"性师心弟"四字展也，创明夫群圣群经之真诠，大有功于
儒门者也。然而从来渊源多派而学术分裂，得闻他渊源之创言，则全不究
其本源出于何圣贤、何经传，专为贬斥而贬斥之，为攻击而攻击之，此岂
心之慎思明辨而师性之道也哉？②

"性师心弟"之说引起广泛的关注与争论，涉及诸多学派。如韦堂虽属栗
谷学派而深受芦沙奇正镇与华西李恒老的影响，晦堂属于寒洲学派，深斋属于

---

①② （韩）金忠浩：《性师心弟论》，手稿本。

岭南学派。古堂认为"性师心弟"说发明经典，实得儒学精义，而遭受批评的主要原因是门户之见。论辩可谓贯穿了整个朝鲜儒学，这使得朝鲜儒学丰富多彩的同时也表现出学术分裂的状况，以及学派之间的争论。

小　结

从本原而言，"心本性"指"心原性"，即性为心之本体依据。从现实流行而言，"心本性"指"心学性"，心应当尊奉、效法性。"心原性"是"心学性"的前提。艮斋"心本性"的理据在于"性即理""性体心用"，性为本体之性理，心是性理之妙用，性为绝对的标准，因此心需要遵循性。"心本性"之说是面临现实道德困境而提出的，具有强烈的实践指向。艮斋作《心本性说》，韦堂作《性根心说》以批判其说。"性根心"以心主宰性情为理论基础，主张性内在于心，心为性之载体。韦堂认为"心本性"颠倒了心与性的位置，因此将"心本性"视为"性根心"的对立面。韦堂实际上错会了艮斋之意，即"心本性"是指心原于性，心以性为本，也就是说性是心的本体依据。从这种意义上来看，"心本性"与"性根心"并不是同一层面的对立之说。韦堂之性理内在于心的观点，也是艮斋所认同的，只是他强调性理作为绝对准则的优先地位。

艮斋作《性师心弟独契语》阐述其"性师心弟"之说，认为"性师心弟"的名称虽然是自己创造的，但是其所蕴含的学理却是与圣贤义理相吻合的。"性师心弟"的内涵可以细分为"性为心师"与"心师性"两个层面，"性为心师"强调性理作为准则的优先地位，"心师性"强调主体之心尊奉、效法性理的能动功用。批判者认为性无知觉无为，所以不能称作师，而认为有知觉、能作为之心才足以称为师，坚持"心师"的论调对抗"性师"之说。艮斋从价值的绝对标准立意，认为本体之性理纯粹至善，虽然无为而是有为之主，心有可能为善，有可能为恶，不足以作为绝对的标准。艮斋借由"性师心弟"的譬喻，既确保了性理的本体地位，又充分肯定了心的主体功能，不仅为道德实践确立了绝对准则，又提供了实践的动力，具有重要意义。"性师心弟"说是艮斋心性论的核心论题，可谓其心性论诸说的归结。

关于"性师心弟"说，韦堂与艮斋进行了精妙的论辩，韦堂作《性师心弟辨》，艮斋作《性师心弟辨辨》回应，韦堂又作《性师心弟再辨》。韦堂以本心为理，坚持心性不离而说心性是一物。艮斋以心属于气分，着眼于心与性理不杂而区别二者位分。韦堂从现实流行出发，强调心的能动功用的重要。艮斋则注重性理对于心的本体依据意义，以及性理作为绝对准则的地位。艮斋弟子黄瓒奎批判韦堂《性师心弟辨》，韦堂作《性师心弟再辨后》以回应。在心性关系上，艮斋与黄瓒奎认为心性不离，反对心性等同，即使是心之本体，也不能等同于性理。韦堂主张理内在于心从而使心具有主宰能力。晦堂作《性师心弟辨》批判艮斋学说，他依循其师寒洲"心即理"的主张，从三个层面来论述心。艮斋主张性体心用，反对本体之心即理的观点。深斋亦批判艮斋"性师心弟"说，认为此说分判心与性理为二，致使性理外在于心。实际上，艮斋以体用形式呈现心与性的一体关系。艮斋再传弟子古堂作《性师心弟论》，在艮斋思想基础上阐述性与心的概念，印证了"性师心弟"说的含义。从他们的比较中，可知艮斋认识心性的独特观点，既区别于华西学派，又不同于寒洲学派，所以，应将艮斋的心性论置于"本性论"中来理解。

第五章　比较与辨正

第一节　阳明与艮斋心性论之比较

　　阳明学从最初传入朝鲜就遭受到李退溪等大儒的强烈批判[1]，这种批判一直持续到朝鲜末期，代表人物之一就是艮斋[2]。艮斋是栗谷学派的集大成者，就学术宗旨而言，可视为程朱一系，其思想除有朝鲜性理学的渊源外，也有辨析阳明学的自觉，他曾依据黄宗羲《明儒学案·姚江学案》所载阳明诸条而立辨，作《阳明心理说辨》十条。[3]艮斋学与阳明学多有抵牾，这正是值得探究之处。

---

[1]　李滉（1501—1570），号退溪，是朝鲜前期的大儒，被称为"朝鲜的朱子"。李退溪曾作《传习录论辨》，严正而系统地辨斥阳明学。

[2]　蔡仁厚综评艮斋学行曰："性理之学，折中朱子。评斥心学，严守学统。"见蔡仁厚：《韩儒艮斋之心性论》，第18页。

[3]　杨祖汉说："从艮斋对阳明的批评，可以凸显了艮斋与阳明是分属不同的义理型态，此不同相似于伊川朱子与陆王之不同，由于是不同的义理型态，故艮斋对阳明的批评，是两种义理型态之不同，并无严格的对错可讲。"见杨祖汉：《艮斋对阳明心学的诠释——以〈阳明心理说辨〉为中心》，《艮斋学论丛》2014年第17辑，第101页。

一、阳明"心即理"与艮斋"性尊心卑"

阳明主张"心即理",直截指明本心,此本心即为性、天理。阳明说:"心之体性也,性即理也。"① 又称:"这心之本体,原只是个天理。"② 此心无私欲的遮蔽,就是本心,就是天理。由此,阳明进一步说:"心即理也。天下又有心外之事,心外之理乎?"③ 心理为一,故而天下没有脱离心之事,没有与心隔绝之理。概而言之,阳明"心即理"之说包含两方面意义:一、本心具有本体地位,这对应于艮斋学或朱子学意义下的性和天理之理论地位;二、心理为一,不可外心以求理。④

艮斋强调"性尊心卑",以心性之形上形下位分为正学异端的判定标准。他宣称:"性居尊位而心从而尊之,则为儒者之学也。心不尊性而自尊焉,则为异端之学矣。"⑤ 性居理位,心属气分,心尊性则为正学,心自尊则为异端之学,心性之位分必须严格区分。在艮斋看来,阳明"心即理"之心理为一,就是将心混于无情之理,直接与理等同。而儒学讲究心理合一,并非认心为理、心理等同。心属气分,因此不可避免有不合于理之处,如果将心完全等同于理,就忽视了其运用不合于理的方面。笔者以为,阳明学意义下的"心"并不等同于艮斋学意义下的"心",二者在义理层面是有差异的,这是需要注意辨别的。艮斋虽然坚持"性尊心卑"的位分差异,不过在他看来,心性是一体的关系,正如他所说:"何以有性心尊卑之等?一本故也"⑥。当然,艮斋所谓"一本"之心性关系,是多元一体,而他着眼于"一本"之中的心性位分差等。

① (明)王阳明著:《传习录》,《王阳明全集》第 1 册,第 37 页。
② 同上,第 39 页。
③ 同上,第 2 页。
④ 日本学者山井涌将王阳明"心即理"思想的提出,归结为两点:第一,心就是理,心本来就合于理;第二,心外无理,正因为理在心中,故不能于心外求理。参见(日)山井涌著,陈威瑨译:《明清思想史研究》,济南:山东人民出版社,2019 年,第 57 页。
⑤ (韩)田愚著:《艮斋私稿》,《艮斋全集》第 5 册,第 251 页。
⑥ (韩)田愚著,柳永善编:《艮斋先生性理类选》,第 170 页。

这与阳明所说的"心即理"是有差异的，阳明主张心理为一、心性为一，强调心性本体意义上的等同。不过，艮斋对心性"一本"的界定，表明心与性理无内外之别，这可应对阳明对程朱一系外心以求理的批评。

艮斋在心性位分上主张"性尊心卑"，在心性活动能力方面主张性理无为而心有为。艮斋说："无为而为主之谓性，有为而为役之谓气，本性而宰气之谓心。"① 性虽然居尊位，却是不活动的；气虽然只能居卑位，却是能够活动的；心属于气分，也只能居卑位，却是能够活动的，并且，心具有本于性而主宰气的特质。心对形气的主宰在于心之明觉。艮斋用理气框架限定心性关系，因此心只是知觉之心，即使心有知、有为而能不违理，亦不能逾越其作为气的位分。心性之形上形下的分判，是必须的。换而言之，心性之尊卑位分，超越于心性之活动能力。艮斋关于心性有为无为的思想，源于朱子"人心有觉，道体无为"② 之意，认为心有知觉而能活动，性理作为道体是不活动的。艮斋所言之心，多从人心的角度出发，而阳明所说的心，则直指本体之心，故二者的理论多有差异之处。

那么，"性尊心卑"得以成立的理论依据何在？即无为之性理，何以能够居尊位，而有为属气之心，又为何只能居卑位呢？艮斋在《理无为》中说："夫理之无为的然，而何以为气之主？凡气之有为，若无此理为之根极则何以有成乎！此理之所以为不宰之宰，而有不使之使也。"③ 艮斋继承朱子、栗谷"理弱气强"思想，承认理无为而气有为的现实状况，但是强调理的根柢性，即以理为气的本体依据。他进一步指出："学者动便说'心即理'，主心便是主理，却从何处讨根柢来？《论语》曰'心不违仁'，心之造化必依于仁，这方是

---

① （韩）田愚著：《艮斋私稿》，《艮斋全集》第 5 册，第 266 页。
② （韩）田愚著，柳永善编：《艮斋先生性理类选》，第 174 页。
③ （韩）田愚著：《艮斋私稿》，《艮斋全集》第 6 册，第 59 页。

主理。若已落知识灵觉上运用，则虽极于神妙，终是形而下底伎俩矣。"①在艮斋的思想体系中，心只是形而下之妙用，不足以为道德标准，必须有理作为"根柢"。就是说，心的妙用，必须以理（性）为本体依据才能显发。艮斋说："心该体用之说，愚亦平生所笃信而无疑者也，然此自心之能主宰处言耳，若自性之为根柢处说，则静而虚明纯　之心，动而恻隐羞恶之心，又无非根极于性而有此妙用也。此性之在动在静而为心之本体，心之所以能动能静而为性之妙用者然也。"②艮斋对心性之体用关系作明晰的分辨，从主宰和根柢两方面讨论心性的作用，认为从心之主宰处而言，可以说心该体用，但是还必须认识到性之为根柢枢纽，就此而言，则只能说性体心用。并且，由于"心本性"，性理之根柢超越于心之主宰。阳明"心即理"之说，主张心理为一，即体即用，自无性心体用之分判。

艮斋对阳明学的批判重点在于"心"的本体地位。艮斋说："大抵心字，但可谓之与理无间，不可直抬起作道体。"③又说："心是具理底，非即是理。理字是道与性与太极之谓也。"④他认为心具理而与理无间，但不能等同于性理。其理据就在于他用理气框架来言心性，对性理与心作形上形下的严格分判，主张"性尊心卑"，认为"心属气分"，故道体只能是性理，而妙用是心，即性体心用。这是艮斋学与阳明学思想形态差异的关节点。

艮斋《阳明心理说辨》引阳明之说而立辨：

　　　　心之本体，即天理也。天理之昭明灵觉，所谓良知也。（阳明）
　　　　心之本体，即是天理，此若以性当之，即是圣门议论。今以昭明灵觉

---

① （韩）田愚著：《艮斋私稿》，《艮斋全集》第 5 册，第 304—305 页。
② （韩）田愚著：《艮斋私稿》，《艮斋全集》第 1 册，第 349 页。
③ （韩）田愚著：《艮斋私稿》，《艮斋全集》第 4 册，第 498 页。
④ （韩）田愚著：《艮斋私稿》，《艮斋全集》第 6 册，第 2 页。

者言，此与告子、释氏认心为性者何别？（艮斋）①

阳明所言之本心，是具有道德意义的本体。艮斋所言之心，是理气架构中属气分之心。二人所言之心的内涵原本就有巨大差异。阳明所言之良知，是天理之昭明灵觉发见处，而又能于发见处显现天理，就此意义而言，良知是即活动即存有、即体即用。当然，阳明的良知体用观也经历了一个变化的过程，而这一过程某种程度上也体现了其摆脱朱子学之理论窠臼的过程。《传习录》上卷中，阳明以未发之中表述天理、本体，此时的未发之中是寂然不动的，但可感而遂通，此对应于朱子学的理无为。《传习录》中下卷，阳明以未发之中表述良知，并称之为寂然感通，此良知是即寂即感、即体即用的，也代表着阳明走出了朱子学理气架构下的二分模式。在艮斋的思想体系中，理是无为的，昭明灵觉只是气的活动，理为体而气为用。概而言之，艮斋不能认同阳明之本心即天理的界定，不能接受阳明将昭明灵觉的良知之用抬升作为本体的思想，只认准性属理的尊位。

二、阳明"致良知"与艮斋"小心尊性"

阳明以良知为本心，将良知提升至本体地位，而倡导"致良知"的工夫论。阳明说：

> 心之虚灵明觉，即所谓本然之良知也。②
> 吾心之良知，即所谓天理也。致吾心良知之天理于事事物物，则事事

---

① （韩）田愚著：《艮斋私稿续编》，《艮斋全集》第 8 册，第 83 页。
② （明）王阳明著：《传习录》，《王阳明全集》第 1 册，第 52 页。

物物皆得其理矣。①

　　盖良知只是一个天理自然明觉发见处，只是一个真诚恻怛，便是他本体。故致此良知之真诚恻怛以事亲便是孝，致此良知之真诚恻怛以从兄便是弟，致此良知之真诚恻怛以事君便是忠。只是一个良知，一个真诚恻怛。②

　　就知觉能力而言，良知是心之虚灵明觉；就发用而言，良知是天理自然明觉发见处；就本体而言，吾心本有之良知，即是天理，具有等同于天理的本体地位。统贯而言，"良知是即活动即存有的"③。心理为一，故心之虚灵明觉，即是天理自然明觉发见。良知不只是单纯的知觉活动，因其真诚恻怛而是具有道德意义的本体。④阳明对良知本体地位的确定，是其"致良知"工夫论的前提。阳明所强调的道德实践，就是要扩充本心固有良知之天理，以达到天理在事事物物上的呈现。

　　良知说是阳明最重要的论题之一，艮斋也意识到这一点，他说："'天理之昭明灵觉，所谓良知也。'此是王氏错见之源也。"⑤艮斋论"知觉"与"良知"曰："知觉从心上统发未发言，而其发有精有粗；良知从理上专指其发处言，而有善无恶。故学者于知觉须是有拣择去取之功，于良知却只要保守扩充，以全其本然而已。二者虽同出于心灵，而其苗脉面貌各自不同。"⑥艮斋也认识到良知与知觉的差异，从发处辨析二者区别，认为对于良知要保守扩充。不过，

---

① （明）王阳明著：《传习录》，《王阳明全集》第 1 册，第 49 页。

② 同上，第 92 页。

③ 牟宗三著：《从陆象山到刘蕺山》，《牟宗三先生全集》第 8 册，台北：联经，2003 年，第 181 页。

④ 牟宗三说："良知不只是一个光板的照明之心，而且因其真诚恻怛而是有道德内容者，此即阳明之所以终属于儒家而不同于佛老者。"见牟宗三著：《从陆象山到刘蕺山》，第 179 页。

⑤ （韩）田愚著：《艮斋私稿》，《艮斋全集》第 4 册，第 500 页。

⑥ （韩）田愚著：《艮斋私稿》，《艮斋全集》第 3 册，第 6 页。

在艮斋的思想体系中，"良知"并不是核心论题，只是一般的概念，并无特殊的含义，艮斋也必然不能肯定良知的本体地位。阳明则对良知有着更丰富的阐释和界定，二人所言之良知概念已相距甚远。

艮斋对良知说的批判重点在于良知的本体地位，在艮斋的思想体系中，道体（本体）只能是性理。艮斋对良知本体地位的否定，也就必然导致其对"致良知"工夫论的否定。这种理论分歧，导致了艮斋与阳明的工夫论的差异。艮斋言："万古最尊是性（本体），六合可用惟敬（功夫）。"① 艮斋以性理为最尊的本体，反对"良知"、"本心"的道体地位，而提倡"小心尊性"，推崇"敬"的工夫。艮斋又说："使陆、王以气之虚灵知觉为心，而能时时刻刻视上面性字为本源，不敢不奉而守之，则理学单传，不过如此。朱、李二先生，何苦辟之如彼之严？只为其心自认为理，而不复以性为归宿，所以流于口谈心理而身陷气学也。"② 艮斋认为阳明学以虚灵知觉之心为理，而不以性为本体依据，从而导致心身不一的流弊，只有"小心尊性"才能避免这样的弊端。

艮斋提倡"小心尊性"的工夫论，源于对心的自恣的担忧。艮斋虽然以心为气之灵，但是对心的活动十分警惕，他指出："心虽磨炼得极精细，比之冲漠无朕之道，毕竟微有迹。盖灵之与真，原自有辨而然也，圣人不欲指心以为道，其谨严之意，岂不以是欤？此是吾儒第一义理，亦第一防闲。"③ 艮斋对心性作形上形下的严格分判，因此既肯定心的虚明灵觉，又坚守其属气的位分，认为心只是"灵"，终究微有迹，而不能是"真"，并且认为这是儒学最重要所在，也是最需要分辨防范之处。艮斋说："所谓心者，未免有时做病，不似太极、性命原自有准则，而无待于操存检防者矣。"④ 他认为性理为道体，自有准

---

① （韩）田愚著：《艮斋私稿》，《艮斋全集》第 5 册，第 251 页。
② （韩）田愚著：《艮斋私稿》，《艮斋全集》第 4 册，第 500 页。
③ 同上，第 476 页。
④ （韩）田愚著：《艮斋私稿》，《艮斋全集》第 5 册，第 330—331 页。

则，而心则因属气的位分，不稳定而有差失，需要时时操存检防。由此可见，艮斋"小心尊性"的工夫论，是以其"性尊心卑"的本体论为基础而展开的。

艮斋对"心"的警惕，与其思想渊源有莫大的关系。艮斋继承朱子、栗谷"理弱气强"的思想，主张理无为自然，气机自尔。在这样的思想体系中，理对气、心的管摄在现实层面因人欲滋生干扰而是有限的，因此心有恣肆的可能。此正如艮斋所说："盖性理微妙，而心气粗强，故心气往往不循轨辙，而横逸奔放矣。性理既无觉察之明，又无操纵之力，不奈何它矣。"① 另外，艮斋对"心"的警惕，也源于其对社会人心的深刻洞察，及对学术潮流的反思回应。正如他所描述："近日士流，其心往往妄自尊大，无复敬畏，而下视性命，欲以其说涂人耳目，及其闻钦承仁义之说，犹仇敌然，甚可畏也。"② 艮斋生活在浮躁动乱的时代，人心不安、思想混乱的境遇，促使他竭力寻求思想出路。

由于自身理论建构的必然和外界因素的刺激，艮斋提倡"小心尊性"的工夫论，而"小心尊性"的关键在于"敬"。艮斋说："盖心是活物，才自失照管，便不本于性，而下与情欲形气之属，同沦于不善之地。呜呼危乎！其可不瞬瞬息息而用夫敬也乎？"③ 就活动能力而言，性理弱而心活泼，性理对心没有现实的约束力，因此时时刻刻需要"敬"的照管。艮斋充分重视"敬"，以之为心作主宰的关键，他说："敬者，心之所以为主宰也。只言心则只是虚灵精妙之气耳，着个敬字工夫，如舟在大洋中不辨方所，而仰见北极，始有子午可指。心而无敬便放倒，无复可以承夫理而宰乎身者也。"④ 他认为心之所以能够承载理而主宰一身，在于敬，当然，敬只是工夫，敬的对象则是性。

艮斋"小心尊性"之说，尤其注意心的自主性，"敬"的工夫并不是外在

① （韩）田愚著：《艮斋私稿》，《艮斋全集》第 6 册，第 59 页。
② （韩）田愚著，柳永善编：《艮斋先生性理类选》，第 148 页。
③ （韩）田愚著：《艮斋私稿》，《艮斋全集》第 5 册，第 357 页。
④ 同上，第 268 页。

牵绊强制，而需要心的自省自修。他说："今欲做工夫，此心外，又有何物能做师性工夫也。"① 又说："求是心求之，师是性理之发见者。"② 心之所以重要，由其自知自明的先天特质。艮斋认为心是神明灵觉的，因此心知性（理）是本然应当而无需证明的，其关注重点是心的谦虚受教，即心自发的"敬"。心的功用的发挥，在于"自心自修"，他解释道："夫自心自修，亦不过主性以修气而已，此为性学正宗。斯理也，《中庸》已言之。戒惧慎独，主性也；己百己千，修气也。不主性不修气者，与孔氏之传判异矣。"③ 倘若自心自省，主性修气，则上可以承性命之正，下可以矫治其气质之偏，以至于与天地合德而为一，实现道德的圆满。

三、阳明"四句教"与艮斋"性师心弟"

（一）阳明"四句教"

艮斋对阳明学的批判主要集中于"心"的本体地位，而表现出对心的恣肆的担忧。对此，可尝试从阳明四句教中寻求一回应。阳明曰："无善无恶是心之体，有善有恶是意之动，知善知恶的是良知，为善去恶是格物。"④ 阳明晚年立此四句教，并以此为彻上彻下工夫，可视为其理论核心。

"无善无恶是心之体"，心之本体是纯粹至善的。阳明直截言本体之心⑤，心之本体为性，为天理，就这种意义而言，本体之心超越相对待之善恶，是纯粹至善的。艮斋坚持"心属气分"，只能承认"心本善"。他说："虽谓之纯

---

① （韩）田愚著：《艮斋私稿》，《艮斋全集》第 6 册，第 16 页。
② 同上，第 15 页。
③ 同上，第 61 页。
④ （明）王阳明著：《传习录》，《王阳明全集》第 1 册，第 129 页。
⑤ 牟宗三说："此心自为形上的道体的心即天心。"见牟宗三著：《王阳明致良知教》，《牟宗三先生全集》第 8 册，台北：联经，2003 年，第 33 页。

善，亦似无碍，但此虽至神至灵，而终是涉于气，故必如程朱'心本善'之训，然后上可以配纯善之性，下可以化不齐之气，参赞化育而立人极矣。"① 艮斋笃守程朱"心本善"之说，反对心是纯粹至善的。在他的思想体系中，只有性（理）为道体而纯粹至善，心不能脱离气分，故而只能是本善，不足以与纯粹至善之性齐等。心本于性，因而可以"配纯善之性"；心灵于气，因而可以"化不齐之气"。只有确认心之本善，才能更好地发挥心的功能，从而成就"参赞化育而立人极"之功。阳明自然也承认心的属气的层面，但是这并非阳明的关注点和理论原初点，或者说，这是阳明认为可以用本体之心而超越的一个层面。此外，阳明所言之本心，既作为本体，而又是活泼泼的、有为的、光明的。阳明对本心能动之肯定，为成德工夫提供了源源不断的动力，正如他所说："以此纯乎天理之心，发之事父便是孝，发之事君便是忠，发之交友治民便是信与仁。"② 当然，此纯乎天理之本心，必须是无私欲之蔽的，这需要作"正心"的工夫，去人欲、存天理，以保证其纯粹至善。艮斋以性理为本体，是无为的、微弱的，只具有作为本体依据的意义；心虽是有为的，却不足以为本体，只能是妙用。艮斋思想体系中，性理是道德实践的准则，成德工夫的动力则来自于心，心之所以自作主宰，在于本性。阳明则以心为本体而又为动力源泉，心之为本体，方能为源泉，心之为源泉，方能为本体，二者关系相辅相成。

"有善有恶是意之动"，意念的发动有善有恶。阳明以心体为至善，则现实中的善恶问题只能归于意念发动。意是心之所发，是虚灵明觉之良知应感而动者。意念的发动有善恶的区别，在于人有习心，而导致本体受蔽，私意间隔，心有不正。因此，阳明强调"诚意"的修养工夫，并以此为"正心"工夫的着

---

① （韩）田愚著：《秋潭别集》，《艮斋全集》第 9 册，第 24 页。
② （明）王阳明著：《传习录》，《王阳明全集》第 1 册，第 3 页。

落处。所谓诚意，"凡其发一念而善也，好之真如好好色；发一念而恶也，恶之真如恶恶臭"①，即是要去人欲而循天理，务求自慊而无自欺。阳明以私欲之蔽为道德实践的阻碍，艮斋则更为警惕心的恣肆，把现实中的恶归于心的不稳定性，这源于其对心属于气的位分的坚持。

"知善知恶的是良知"，良知具有辨别是非善恶的能力。阳明认为良知是先天的，不假外求。阳明不仅强调良知辨别是非善恶的能力，并直截以良知为心之本体，为自身准则，为道德实践的出发点。阳明既肯定良知的本体地位，又肯定其知是非的能力，这就使得良知可以穿透妄念、昏塞，而确保本心的纯粹至善。正如阳明所言："良知者，心之本体，即前所谓恒照者也。心之本体，无起无不起，虽妄念之发，而良知未尝不在，但人不知存，则有时而或放耳。虽昏塞之极，而良知未尝不明，但人不知察，则有时而或蔽耳。虽有时而或放，其体实未尝不在也，存之而已耳；虽有时而或蔽，其体实未尝不明也，察之而已耳。"②良知本体常在而常明，人之良知不能畅通发见，是由于私意障碍，而良知被遮蔽了，必须"致良知"，以胜私复理，使良知得以充塞流行，以达到极致的境地。阳明又说："尔那一点良知，是尔自家底准则。尔意念着处，他是便知是，非便知非，更瞒他一些不得。尔只不要欺他，实实落落依着他做去，善便存，恶便去。"③良知既是道德准则，又能辨别是非，所谓致良知，只是实实在在依良知而行。实实在在依良知而行，即是意诚。如上所言，意之动有善有恶，从而使得心有不正，诚意的工夫，着落处在于致良知。由此，有善有恶之意，在良知处得以归于善。艮斋虽然也认肯良知不同于一般的知，但是并不能承认其本体地位，也不承认其作为道德准则的可靠性。在艮

①　（明）王阳明著：《大学问》，《王阳明全集》第 3 册，第 1018 页。
②　（明）王阳明著：《传习录》，《王阳明全集》第 1 册，第 67 页。
③　同上，第 102 页。

斋思想体系中，本体或准则，只能是纯粹至善的性理，心所需要做的，就是尊敬效法性理。

"为善去恶是格物"，格物是为善去恶的道德实践活动。"意之所在便是物"①，阳明所言之物，是心所发之意念联结之事物，是谓"心外无物"。阳明并非不重视外在事物，只是将事物通过意而与自身紧密联系。阳明解"格"为"正"，亦是通过事事物物，去其心之不正，以全其本体之正。随意所在某事而格之，即是诚意；物格而去得人欲归于天理，则是良知得致。阳明格物论，是其免于沦入空寂所在。"随时就事上致其良知，便是'格物'；着实去致良知，便是'诚意'；着实致其良知而无一毫意必固我，便是'正心'。"②实则，阳明之"正心""诚意""致知""格物"工夫相贯通，而又以"致良知"为总摄。阳明的工夫论面向是良知天理的扩充实现，艮斋则是通过虚明灵觉之心复归纯粹至善之性理，此可谓正相反。

就阳明"四句教"来看，艮斋所批判的心之本体地位，可用"无善无恶是心之体"来回应，阳明直截言明天理之本心，此是纯粹至善的，即是性。这是二人学术体系分歧的根本所在。艮斋所批评的心的恣肆，阳明归于"意"之有善有恶，而此善恶又可由"良知"判定是非，通过"致良知"而达到至善。概而言之，成圣成贤是艮斋学和阳明学的共同目标，重视道德实践也是二者的共通点，但是二者的理论分歧却是明显存在而不可调和的。

（二）艮斋"性师心弟"

艮斋学归属于程朱一系，也必然需要面对阳明学的批评。艮斋在杂著《体言》中用问答式对话，对迂回流弊的批判，进行了详尽的说明，可视为一

---

① （明）王阳明著：《传习录》，《王阳明全集》第 1 册，第 6 页。
② 同上，第 91 页。

回应：

> 　　或问："人之为学，子以为心是气也，须要心本于性，与其如是而流于迂回之弊，曷若指心之本善者以为理，而从其所欲而自不逾矩之为直截也耶？"愚对曰："如使所谓心者，果是至理，则岂不是人之所甚幸。顾以从心不逾矩者，圣人之妙用，而非可以袭取也。至于自心自省，务要合理，则其功夫切于己，而有可据之迹矣。然则人之为学，先其切己可据者，后其不思不勉者，是乃由浅入深，从生至熟之序，使其由是而勉勉不已焉，则所谓从心不逾矩者，亦将可以驯致。今必以是为迂回难成，而直截以自然中道者从事焉，吾见其失先后之序，违高下之等，其弊将至于恃心自圣，而圣人之妙用，终非一朝一夕之所能致，是亦两病之而已矣。况所谓心者，固是神明之物，毕竟是有作为运用，而不离乎气字位分，故其本善者，但能不碍夫理而助其流行耳，恐未可据之以为极则也。况所谓理者，乃是无为之物，又安有所欲之可论乎？无乃于心理之妙，茫然两无所见，而徒为此大言，以乱其真也耶？"①

　　问者以为认心为气，而后要心本于性，有流于迂回的弊端，不如指明心之本善者为理，而以此与理为一之心为出发点，做简易直截的推致工夫。这里问者所提出的疑惑，可代表阳明学对程朱学流弊之批评，就学术宗旨而论，此亦可视为阳明学对艮斋学流弊之批判。阳明说："凡鄙人所谓致良知之说，与今之所谓体认天理之说，本亦无大相远，但微有直截迂曲之差耳。譬之种植，致良知者，是培其根本之生意而达之枝叶者也；体认天理者，是茂其枝叶之生意

---

① （韩）田愚著：《艮斋私稿》，《艮斋全集》第 5 册，第 253—254 页。

而求以复之根本者也。然培其根本之生意，固自有以达之枝叶矣；欲茂其枝叶之生意，亦安能舍根本而别有生意可以茂之枝叶之间者乎？"① 阳明认为体认天理、复归本性的为学进路支离，有迂曲的流弊，因此，强调从本心之根本出发，以"致良知"为学问大头脑。当然，在阳明的思想体系中，良知头脑是当下具足的，这也是阳明主张"心即理"，以本心言良知的用意所在。对于这种批评，艮斋认为由心而出发之"不思不勉"的妙用，只有圣人才能做到，常人为学，则应当就切于自身而有可据处自心自省，循序渐进，而终可达到圣人的境界。相对于迂回之弊的批评，艮斋更多的是对"恃心自圣"的担忧。艮斋认为心有作为运用，不能离去气的位分，虽能助于理之流行，但不足以与理相等同而居尊位，也不足以为道德准则。倘若以心为终极原初点，则既不能见心之妙用，也不能见理之为本体，而了无所得。

　　面对批判，还可以由艮斋"性师心弟"说作一回应。艮斋指出："性师心弟，大概言为心者运用之际，以性善之发见者为模范而一一效法也。"② "性师心弟"说涵盖了"性尊心卑"与"小心尊性"两方面的意义，实质诉求在于"心本性"，换言之，只有性才能作为道德准则，心必须自省自修，以性为尊而效法性。艮斋又说："圣人之所本者，性也；其本之者，心也。学问之道无他，心本性而已矣。"③ 艮斋以心性为体用关系，性为体，心为妙用，而心之妙用必须以性为本体依据。此与阳明言本体之心、良知之天理、致良知，是有分歧的。阳明学的特征是即体即用，即工夫即本体，而非性体心用。

　　艮斋《性师心弟独契语》有言："'性师心弟'四字，是仆所创，然六经累数十万言，无非发明此理，可一以贯之。"④ 艮斋认为"性师心弟"之名虽为自

---

① （明）王阳明著：《王阳明全集》第 1 册，第 233 页。
② （韩）田愚著：《艮斋私稿》，《艮斋全集》第 4 册，第 520 页。
③ （韩）田愚著：《艮斋私稿》，《艮斋全集》第 1 册，第 320 页。
④ （韩）田愚著：《艮斋私稿》，《艮斋全集》第 5 册，第 169 页。

己所创，实则圣贤精义无非在于此，自己只是拈出此名而已。又说："孔子，人师也，其道且有不待言而显者，故尝欲无言，而颜氏便能默识。圣人之蕴，亦不言而化，而教万世无穷矣。今性之发见于日用之间者，精微曲折，无非至善，以若心之神明灵觉者，何待逐一指点，而后知其为可师而学之耶？但得心弟自虚以受教，则厥德将与天地同其体用矣。"[①] 艮斋以孔子、颜子为例，解释"性师心弟"之所以成立的理据。就是说，性是纯粹至善的道体，虽然无为无言，但显发于日用之间，能够先天地呈现于心，而神明灵觉之心，也不待一一指点，先天具有知性的能力，心所需要做的就是谦虚受教、敬奉性理，如此做修养工夫，则有望成圣成贤，与天地合德。艮斋还指出："吾人身上道体自在，如何不能体得以明之？未尽，诚之为至尔。"[②] 他认为性理具于人心，心性是一体的关系，这种一体的关系，也足以保证心先天具有体认性理、发明性理的能力，而这种能力无须证明，只需切实做工夫。

艮斋虽然以性为尊，但是也十分注重"心"的妙用，心尊性是此心自觉谦卑以敬奉性理，而非外在强迫。艮斋"此心自卑"的思想，源于《易》"卑以自牧"之说[③]。正如艮斋所说："盖尊性是心尊之，至于心，则是自卑，非有物而卑得心者。"[④] 谦卑之心，实具有自主的特点。也正是因为这种自主的特点，从现实经验来看，心具有不受理管摄而违悖理的可能性，因此艮斋始终对心保持警惕的态度，强调"心本性"。总而言之，在艮斋的思想体系中，心具有主宰的能力，而心之为主体，前提是以性理为本体依据。就心性关系而论，作为本体依据的性对心并没有很强的实质控制能力，心有为善为恶的可能性，同时具有选择为善为恶的自主性。这也体现了艮斋"性师心弟"说的意义所在，也就

---

① （韩）田愚著：《艮斋私稿》，《艮斋全集》第 5 册，第 169—170 页。
②③ （韩）田愚著，柳永善编：《艮斋先生性理类选》，第 148 页。
④ 同上，第 191 页。

是说，由于自心自省，故而在心尊性的自我谦卑中，能够得到精神的纯粹和升华，从而得到自我满足。[①] 这种精神的纯粹和升华，完全在于自我本身的自由抉择，而因此得到的自我满足，也成为道德实践源源不断的内在动力。可以说，艮斋心性论具有成德实践的应然性，但是不能保证实然性，而需要切实作修养工夫。

第二节　艮斋对华西心说的批判

李恒老（1792—1868），号华西，学无师承而思想独特，自成一派。华西的学术传承人为其高弟金平默（号重庵，1819—1891）与柳重教（号省斋，1832—1893）。华西学派与退溪学派及栗谷学派联系密切而又存在着差异，关于华西学派的思想渊源，韩国学者李丙焘说："华西之学，如退溪，不由师承，而直接私淑于朱子，故其为学方法与思想，多与退溪同。"[②] 他又指出省斋"于东儒最尊尤庵，以为朱子后正宗也"。[③] 韩国学者李宗雨从思想层面论述说："省斋以退溪与尤庵的学说为基础主张心合理气，认为本心是理，用理体气用来理解心合理气。"[④] 宋时烈，号尤庵，是栗谷学派的正统传人。华西虽然尊崇尤庵，但同时也批判栗谷学派的心性论思想，表现出与栗谷学派的复杂关系，

---

① 此正如杨祖汉所说："田艮斋十分郑重性师心弟之义，这可以用康德所说的人在正视其现实意志的不纯粹时，一定会尊敬道德法则来解释，如上文所说由于此所尊敬的是由自己的理性给出来的道德法则，故在尊敬法则时也会同时对于能够给出此法则的自己，或恰当地说，自己的人格（能够给出无条件的道德律令要求自己定要遵守之这种人性或人格性）会产生尊敬，于是在以性为尊、以己为卑，或以性为师、以心为弟子的谦卑心情可以同时让自己因为正视自己的人格性而得到精神上的提升。"见杨祖汉：《朝鲜儒学对朱子思想的诠释》，《孔学堂》2017 年第 1 期（总第 10 期），第 44 页。
② （韩）李丙焘著：《韩国儒学史略》，首尔：亚细亚文化社，1986 年，第 299 页。
③ 同上，第 299 页。
④ （韩）李宗雨：《艮斋学派与华西学派思想的异同及特色》，《艮斋先生의　学问과　思想》2016 年第 3 辑，第 612 页。

而与退溪学派较亲近。当然，华西学派的思想也遭到了栗谷学派艮斋的激烈批判。柳永善为艮斋所作《墓碣铭》称："全翁临终眷眷为千载之托曰：'君每以华门心说为斯道害，今重庵以栗翁说为非公，传道之斯文危如一发，而彼又以新说鼓动后进，辞辟之责，君可任之。'重庵即金氏平默也。先是，柳省斋重教祖述华西心说，以心为理、为大本，今金氏又如是，而直有揍逼于栗翁，故有是托也。"[1] 任宪晦，号全斋，是艮斋的业师。重庵曾与全斋游于洪直弼（号梅山，栗谷学派传人）之门，有同门之谊，而重庵主张华西之说，以为明德主理，全斋倡导梅山之说，以为明德主气，故有分歧。他们的这种思想分歧，直接延续到他们的弟子辈。艮斋从 33 岁（1873 年）开始，与省斋进行了长达 14 年的性理说往复论辩。[2] 艮斋对华西学派的批判可谓终其一生，不辜负其业师全斋的临终嘱托。艮斋的批判言辞随处可见，集中体现在《华西雅言疑义》《心说正案辨》等篇章，本文以此为文献基础而进行分析阐述，探究艮斋学与华西学心说思想的差别。

一、华西的心说思想

华西从理气关系阐述心，认为心可以"以理言"，也可以"以气言"，倡导本心主理。对此，华西在《心与理同异说》与《心与气质同异说》两篇文章中有详细的论述分析。此外，重庵与省斋所编《华西先生雅言》十二卷，也充分展现了华西的思想，是必须参考的重要文献资料。

华西说："心有以气言者，朱子所谓气之精爽是也；心有以理言者，程子所谓自存诸人而言谓之心是也。以气言则心是性命之郭，神明之舍，五脏之一也；以理言则一身之主宰，万化之纲领也，孟子所谓天之所以与我而先立乎

---

① （韩）柳永善撰：《墓碣铭》，（韩）田愚著：《艮斋全集》第 13 册，第 252—253 页。
② 参见（韩）琴章泰：《艮斋学在韩国思想史上的地位》，第 186 页。

其大者是也。"① 心 "以气言",是指心不离气的层面,此气心包含性理,而为性理之载体。心 "以理言",是理先天具于心,并能够显现于心而有主宰性。"心者,合理与气而立名也,单指理一边,则曰本心也。"② 心 "以气言" 与 "以理言" 的思想基础是 "心合理气",心合理气,本心主理。华西说:"理,心之本体;气,心之所乘。凡说心者,论气不论理,本原不明;论理不论气,善恶不分。"③ 他认为只有从理与气两个面向论述心,才能既见本原,又兼顾现实善恶问题。"宋子曰:'心有以气言者,有以理言者',此二句实是论心之八字打开也。"④ 宋子即尤庵宋时烈。华西从理气两个面向论述心的思想实际上渊源于宋尤庵。

华西所谓心之 "以理言" 与 "以气言",不是绝对的,而是有条件的相对说法。"以理言则当与气质相对而初不相杂,以气言则当与德性相对而不能无分。若不分别此两边异同而混合为一,则说心谓理乎则疑于知觉运用之涉乎气也,说心谓气乎则疑于虚灵神妙之近乎理也。"⑤ "以理言" 潜在地蕴含了本心与气质不杂,"以气言" 则潜在地蕴含了气心与性理的区别。华西反对心与理混合为一的观点,认为心不能直接归属于理或者气,主张从理与气两个面向论述心。心如果单独从理的层面论说,则不能说明心之知觉运用与气的关联;如果单独从气的层面论说,则不能说明心之虚灵神明之内在依据。

华西肯定心的主宰能力,并且将这种主宰的依据归之于天理,而摆脱气欲的干扰。"盖心者人之神明,主于一身而管乎万事者也,其原则出于天而非人

---

① (韩)李恒老著:《华西集·心与理同异说》,《韩国文集丛刊》第 305 册,首尔:民族文化推进会,2003 年,第 83—84 页。
② (韩)李恒老著,金平默、柳重教编:《华西先生雅言·卷三·神明第七》第 1 册,第 100 页。
③ (韩)柳重教著:《省斋集·华西先生语录》,《韩国文集丛刊》第 324 册,首尔:民族文化推进会,2004 年,第 397 页。
④ (韩)李恒老著,金平默、柳重教编:《华西先生雅言·卷三·神明第七》第 1 册,第 111 页。
⑤ (韩)李恒老著:《华西集·心与气质同异说》,第 305 册,第 83 页。

之所得私也，其用则应于物而非人之所得已也。言其本体则理而已矣，言其所乘则气而已矣，故以理言心亦得，以气言心亦得。"① 心统摄理气，心之本体为理，心之发用为气。"以理言"与"以气言"只是对心之体用的不同方面表述。"理本尊而无对者也，气本卑而有对者也。无对故两在不测而体万物而不遗，有对故一定不易而局一方而不通。周子所谓'物则不通，神妙万物'，栗谷所谓'理通气局'是也。"② 周子所谓神妙之妙，是有运用不测的能动作用，栗谷所谓理通之理，是指冲漠无征兆的本体。不过，华西认为理是具有主宰性的，所以本体之理即具有神妙之用，二者是一体的，而不是冲突的。

由心与理有不杂的一面推论，则心与理有主客彼此的差异，华西也承认这一点，以为在人者为心，在物者为理，不过他更注重心理合一的层面。他说："所谓心者，神明知觉，恻怛慈爱，恭敬羞恶之类是也。所谓理者，耳目有视听之理，父子有爱敬之理，天地有健顺之理，水火有寒热之理之类是也。虽曰彼此之分，各有攸主，然其理则未尝不一也。譬如鉴之明，即鉴之理也，而物之照于鉴而形者亦理也。钟之鸣，即钟之理也，而物之撞于钟而响者亦理也。"③ 华西扩大了理的概念，从作用而逆推本体，认为心之作用就如同鉴之明与钟之鸣，都是理的显现，从这个方面可以说本心即理。华西所谓的"以理言"，是心与理合一的状态，这种状态之下的心，具有主宰的能力，既能应酬外在事物，又能见事物之理。当然这种心与理合一的状态不是实然的现实，而是应然的面向。"朱子曰：'人心之灵，莫不有知，天下之物，莫不有理。'又曰：'众物之表里精粗无不到，而吾心之全体大用无不明。'以此观之，则'人心之灵，莫不有知'者理也，'天下之物，莫不有理'者亦理也，'众物之表里

---

① （韩）李恒老著：《华西集·心与气质同异说》，第 305 册，第 82—83 页。
② （韩）李恒老著，金平默、柳重教编：《华西先生雅言·卷三·神明第七》第 1 册，第 99 页。
③ （韩）李恒老著：《华西集·心与理同异说》，第 305 册，第 84 页。

精粗'理也，'吾心之全体大用'亦理也。"① 华西引朱子之言而作阐述，认为心的灵明作用是理的表现，事事物物都具有理，心之理与物之理是统一的理，而不是分隔的二者，如此可说心理合一。

华西虽然批判栗谷学派的心性论思想，但并不意味着华西否定李栗谷的所有思想，相反，他在李栗谷"埋通气局"说的基础上论证心理合一。"在我之心，在物之理，以理言则无彼此之分，以气言则有彼此之分，所谓理通气局者是也。心与理会，固非难事，但心之所乘者气也，理之所乘者亦气也，是以心有气禀之所拘，情欲之所蔽，理有识见之未及，智虑之未至。于在我者，有省察克治之功。于在物者，有穷格讲学之功，然后心与理一而复其初。"② 从理而言，则心与理合一，从气而言，则心与理有区别。理具有通达的属性，因此本心能够超越气心而与物理合一。正是因为心合理气，所以会受到气的拘束与遮蔽。如此，则需要做格物穷理与省察克治的工夫，以达到心与理的合一。在华西看来，心与理合一，并不是实然的现实状况，相反，这是需要不断做修养工夫才能达到的境界。"但知心之在己，而不知物必有理，则释氏师心顿悟之学也。但知理之在物，而不知心之为主，则俗学口耳功利之说也。"③ 华西主张心理合一，因此批评佛学只知心而不知理，而另外一种虽知物理，却不知心的主宰能力，也只能是口耳功利之学，不能真正做到德性修养实践。

关于心、性、情的关系，华西说："心也，性也，情也，一理也。自主宰而言谓之心，其体谓之性，其用谓之情，所谓心统性情是也。"④ 他认为从总体来说，心、性、情一理。分而言之，心统摄性与情，性为心之体，情为心之用。"心者，人之神明而合理气包动静者也，性则心之体而理之乘气而静者也，

---

① ③ （韩）李恒老著：《华西集·心与理同异说》，第305册，第84页。
② （韩）柳重教著：《省斋集·华西先生语录》，第324册，第398页。
④ （韩）李恒老著，金平默、柳重教编：《华西先生雅言·卷三·神明第七》第1册，第103页。

情则心之用而理之乘气而动者也。"①这里，华西从对心、性、情的概念界定，三者与理气的关系，以及三者之动静状态，分析了心、性、情之间的差别。心之合理气与性之理乘气也有对举的意味，即心之合理气，理气没有主客之分；性之理乘气，则理为主而气为客。心具有神明的主宰能力而包涵动静，性作为心之本体没有主宰能力而只是静。可见，在华西的思想体系中，心与性是同一层次的概念而能够用动静描述，并且可以说性只是心的本体面向。

华西从理气言心，并推而及于性、情，指出理关涉心、性、情的本原，气则关涉心、性、情的善恶问题。"心上不分理气，则释氏心善，阳明良心之说是也。性上不分理气，则告子食色是性之说，释氏作用是性之说是也。情上不分理气，则异端诸家任情纵欲之类皆是也。"②华西站在儒学正统的角度，批判佛学、阳明心学、告子之学，认为这些异端学说的谬误就在于不分理气。佛学为本心之学，忽略了气心的层面。阳明心学倡导的"心即理"，也是不顾及气心的言论。告子的性论思想，则将气质之性混入本然之性。任情纵欲之类的异端学说，是将情之恣肆混入自然之情。

华西说："明德者，就人方寸中指言其天命之本体而已，由其神明虚灵主宰统摄而言则谓之心，由其名目条理零碎界破而言则谓之理。"③他认为明德为本心而主理，并且具有主宰能力。"理与气合而为心，故论其德之不杂乎气者，则静而为性，动而为情，未尝不善也；论其德之不离乎气者，则其静也有中与偏倚之不同，其动也有中节与过不及之不同。"④就心合理气而言，明德亦合理气，也必须从理与气两个面向论述。从理而言，明德表现为性与情（不杂于气），都是善的。就气而言，明德表现为性时有中与不中的可能，表现为情

①（韩）李恒老著，金平默、柳重教编：《华西先生雅言·卷三·神明第七》第1册，第97页。
②（韩）柳重教著：《省斋集·华西先生语录》，第324册，第396页。
③（韩）李恒老著，金平默、柳重教编：《华西先生雅言·卷三·心一第八》第1册，第120页。
④ 同上，第124页。

时有中节与不中节的可能。华西将明德的不中与不中节归于气的影响，他说："盖理气虽不相离，此则纯粹至善者也，彼则杂糅不齐者也。是以明德之体所以不全，气使之拘也。明德之用所以不达，气使之蔽也。"① 理为纯粹至善，气则是杂糅不齐的。明德之体用不全、不达，是气的拘束、遮蔽。

华西说："人心道心，不妨说互发。心一也，而有为道理而发时，有为形气而发时，此非互发耶？"② 关于人心道心问题，华西在李退溪"理气互发"说的基础上，主张道心可说理之发，亦可说气之发；人心可说理之发，亦可说气之发。人心与道心虽有不同，而只是一心。"以理言，则道心固理之发也，人心亦理之发也；以气言，则人心固气之发也，道心亦气之发也。看其所主，而道心主于理，故谓之理发；人心主于气，故谓之气发。"③ 道心与人心的问题，也必须从理气两个面向论述。即道心、人心为理之发与气之发的问题关键归结于从理而言，还是从气而言。道心与人心的差别不在于理发还是气发，而是道心主于理，人心主于气。

二、艮斋《华西雅言疑义》要旨

华西过世后，其高弟重庵与省斋共同编辑《华西先生雅言》十二卷，充分体现了华西的思想。1881 年，艮斋四十一岁，作《华西雅言疑义》，批判华西的心说思想。其言：

> 心者，合理气而立名，单指理一边曰本心。（华西）
> 愚按：本心，得非有灵觉神识，能涵理明义，尽性立极底物事耶？以

---

① （韩）李恒老著：《华西集·大学明德章句说》，第 305 册，第 70 页。
② （韩）李恒老著，金平默、柳重教编：《华西先生雅言·卷三·心一第八》第 1 册，第 117 页。
③ 同上，第 114 页。

此而谓之理，则理之有为明矣，可疑也。（艮斋）①

华西认为心可从理的面向而言，也可以从气的面向而言，本心主理。艮斋则认为即使是本心，也不能脱离心之主宰能力，而主宰能力只能归于气的层面，从理无为的角度出发，本心不能为理。艮斋主张理无为而气有为，坚持性理的纯粹至善，因此反对华西本心主理的思想。此外，二人对本心的概念界定亦有所不同，需要区分。华西以本心主理，是指向意义，而艮斋关注的重点在于本心不能为理，是判定意义。

> 心者，理与气妙合，而自能神明者也。（华西）
> 愚按：此语似欠宾主之别，必若朱子所谓"灵处只是心，不是理"，尤翁所谓"理气合而虚灵者心也，虚灵中所具者理也"之训，然后始得分晓矣。（艮斋）②

华西认为心合理气，心的主宰能力根源于自身。也就是说，道德修养的主体和道德实践的动力是合一的。艮斋则强调心与性理的主客之区别，即心具有性理而不是性理，性理是心的本原根据。具有主宰能力的只能是心，性理是心的主宰能力的根源，性理本身不具有现实主宰能力。

> 孔子曰："形而上者谓之道，形而下者谓之器。"朱子最喜横渠"心统性情"之语。若认心为气而已，则气反统摄乎理矣，所谓上下之分，果安施也哉？（华西）

---

① （韩）田愚著：《艮斋集·华西雅言疑义》，第 333 册，第 139 页。
② 同上，第 140 页。

　　愚按尤庵先生曰：“太极为阴阳之主，而反为阴阳之所运用。”上句即
形而上下之分也，下句乃心统性情之说也。盖以心有知而理无为言，则曰
心统性情；以性为本而心为用言，则曰理为气主，言各有当，初不相碍。
若必欲执上下之分，施之于心统性情之说，则独不念有知有为者，假冒形
上之名。而纯善无恶者，降在形下之等乎？仁在觉下，自是朱子之所斥，
则似未可将心字放在性字上面，如华老之见也。（艮斋）①

　　华西认为心合理气，可从理言，可从气言，反对将心局限于气的观点。如
果心只是形而下之气，性为形而上之理，心就没有统摄性情的主宰能力。本心
主理，因此心才能统摄性情。华西尊奉宋尤庵，这里艮斋引宋尤庵以批评华西
之说。艮斋继承李栗谷“心是气”的观点，认为性理为太极，是形而上的，心
为阴阳，是形而下的。性理无为，是心的本原依据；心则具有现实主宰能力，
但是必须本于性理。艮斋巧妙地将性理与心的主宰作本原与现实的区分，既保
证了性理作为绝对权威的地位，也承认了心的现实主宰能力。艮斋认为华西本
心主理之说，是将有为有知之心混入无知无为之理，降低了性理的权威。艮斋
严分理气，判定性属于形而上的位分，心属于形而下的位分，因此极力反对华
西的尊心之说，以护卫性理的尊位。艮斋因时代背景而洞见心之弊病，故有
“理弱气强”之说以呼应现实，同时又以“性尊心卑”为旨，表达复性的期盼；
华西则从积极的一面看待心，故对心多有肯定以至于尊心，表现出朱子学的心
学化倾向。

　　宋子曰：“心有以气言者，有以理言者。”此二句实是论心之八字打开

---

① （韩）田愚著：《艮斋集·华西雅言疑义》，第 333 册，第 140—141 页。

也。（华西）

　　愚按：心有以气言，尤翁指心之当体言，华老以心之所乘言。心有以理言，尤翁并心之所具言，华老指心之本色言。两说虽同，而所指自异，读者似不可以不察也。（艮斋）①

华西与艮斋的思想分歧在于心主理还是心具理。华西与艮斋都尊崇宋尤庵，不过二人对宋尤庵思想的解读，却有着极大的差异。华西认为心合理气，因此心可以从理气两个面向而言，并将这种思想追溯至宋尤庵。艮斋则指出华西之说与宋尤庵之说只是言语相似，其内涵则有不同。他认为心以气言，宋尤庵指心是气，华西指心以气为载体；心以理言，宋尤庵指心具理，华西指本心主理。也就是说，在艮斋看来，宋尤庵所理解的心是属于气的位分而具有理，华西所理解的心是载于气而主理。当然，艮斋所理解的宋尤庵之说，是与其自身思想体系相一致的。

　　心外无性，性外无心。心之知觉，即性之知觉。性之知觉，即心之知觉。安有各为二物之理？（华西）

　　愚按：心性一源，则固未尝有二物也，然心性有知无知之分，则又不能无也。必以此外无彼，彼外无此者为言，则奚独心性然也？固未尝有形性也，然形之所以为形，性之所以为性，则岂可以莫之辨哉？故尤翁曰："心性虽可谓之一物，然心自是气，性自是理，安得谓之无彼此哉？"今华老之言乃如此，是未可知也。且使心性无辨、知觉互属，而无害于道，则释氏之认心为性、认知觉为性者，吾儒又何苦而斥之也？甚可疑也。（艮斋）②

---

① （韩）田愚著：《艮斋集·华西雅言疑义》，第333册，第141页。
② 同上，第142—143页。

此处二人的分歧就在于对知觉的形而上下之判定。华西主张心、性一理，心之本体为性，并且心性皆有知觉。艮斋认同心性一源，不过主张心有知而性无知。心属于形而下，有知有为，性属于形而上，无知无为，心与性的位分必须辨析清楚。如果心与性混同，则是佛学认心为性以及认知觉为性的异端学说。华西将心的神明妙用视为形而上，因此从本心主理而言，心的知觉即性的知觉。艮斋则严格区分理气之有为无为、有知无知，将知觉完全归于形而下。

> 道心，即太极也。人心，即阴阳也。大体，即太极之谓也。小体，即阴阳之谓也。（华西）

> 愚按：道心两字，便有理气之分，道是太极之理，心是阴阳之气也。道心云者，指知觉之发本于性命之正者而言，故栗翁以道心为本然之气也。大体，孟子既以心官之有思者为言，尤似未可直以为理也。夫道心与大体，虽皆合理之心，而终是有知有思之物，岂得以太极之冲漠无眹者当之乎？若直以有知觉有思虑者命之为太极，则其所以知觉、所以思虑之枢纽根柢，又是何物也？（艮斋）①

华西认为从理而言则为道心，从气而言则为人心，如此可说道心即太极，人心即阴阳。艮斋继承李栗谷的道心是本然之气的观点，认为道心不可直接指为理，道心与人心的区别只是在于知觉的发用是否本于性命之正。并且，道心有知觉智思，这也就不能归于无知无为之理。艮斋严格分判理气之有为无为，坚持理是气之知觉、思虑的终极根据。也就是说，有知觉的心并不能成为自身的本原根据，必须追溯至无为的理。在华西的思想体系中，心合理气，因此本

---

① （韩）田愚著：《艮斋集·华西雅言疑义》，第 333 册，第 143—144 页。

心主理，但是在艮斋的思想体系中，心只是具理，并不是理。

三、艮斋《心说正案辨》要旨

省斋著《华西先生心说正案》表彰师说，并附以己说。艮斋作《心说正案辨》批判华西及省斋的心说思想。其言：

> 心，是物也，必有为是物之理，是所谓心之道也。心，气也，但就此气上面指其德，则曰理也。（华西）
>
> 心既曰物也气也，则无复可疑，但所谓心之理、心之德者，是指性云尔，则心为气，性为理，自是吾儒宗旨。华门诸子，何为复有心即理之论也？若曰性外又自有心之理、心之德，上下数千年，吾儒门中，未闻有此语。（艮斋）①

华西从理气关系理解心，以本心主理，将心的主宰能力归结为理，强调心理合一。艮斋严格分判心与性理的位分，认为心只能属于形而下。心与性是性体心用的关系，心具性理，但心不能直接指称为性理。他坚持性理的权威与绝对，否认性之外又所谓心之理。华西关注心的指向，艮斋则关注心的位分界定。

> 所谓明德，非心之理而何？（华西）
>
> 心之理当是性，今却将虚灵神明所以具得性理而应得事务底心字以当之，何也？华丈答金监役书论明德云："以心当之，则认气为德矣。"据此则其认心与明德有理气之分的然矣。但朱子于明德、尽心两处所释一同，

---

① （韩）田愚著：《艮斋集·心说正案辨》，第333册，第77页。

恐未有此理彼气之分，如华门之见，大可疑也。且明德云者，据孔经，则明是弘道之人，决非不能弘人之道。据朱注，则明是有觉之人心，决非无为之道体；明是尽性之心，决非不知检心之性矣。(艮斋) ①

关于明德是理还是气的问题，朝鲜时代不同派别的儒者们有着长期的持续论争，其中，华西学派秉持"明德主理"，艮斋学派主张"明德是气"，具有鲜明的代表性。华西坚持心合理气，心的主宰能力的依据在于心之理，明德具有神明妙用，因此说明德主理。艮斋坚持理无为而气有为，明德具有能动作用，因此只能是心。华西认为将明德视作心，是将明德降低为气，而不能保证明德的妙用。艮斋认为将明德视理，是将有为之气混于无为之理。艮斋根据孔子与朱子的思想，认为明德有妙用，因而是道德实践的主体，而不是绝对权威的道德标准。华西与艮斋都尊崇朱子学说，但是在具体阐释方面，却产生了极大的分歧，这与朱子思想本身两边照料的特征也有着莫大的关系。

指气言心者，依本分辨位正名之辞也。指理言心者，就上面推明发挥之辞也。(省斋)

此为模糊支离之说也。如辨位正名则议政是人臣也，就议政上面推明发挥，则亦可指议政为人君乎？无是理矣。若曰辨位正名，则议政固是臣，而其所承用则实君命也，则庶矣。(艮斋) ②

艮斋认为心是气，华西认为本心主理。对于这种分歧，省斋指出艮斋之说是分辨心与性的位分，华西之说是强调心的主宰能力的根据在于理。省斋的观

①② (韩) 田愚著：《艮斋集·心说正案辨》，第 333 册，第 77 页。

点，有调和艮斋与华西的心说论争的意味。省斋作为华西的高弟，并不是全盘接受华西的心说思想，而是在自身体认的基础上做出了一定的修正。省斋认为心能够以理言，也能够以气言，主张理是心的本体，反对心即理的观点。不过对于省斋的调和意见，艮斋认为表述得并不彻底。艮斋坚持心只能属于形而下的位分，强调性理是心的能动作用的本原根据，反对尊心为性理之说。

> 心既合理与气，则其知觉运用，须有理为主时，有气为主时。所谓本心者，乃单指其理为主一边而名之也。（省斋）
>
> 不逾矩、不违仁之心，岂不是理为主？而其知觉运用者，心之能也。其矩与仁，乃为性之理也。盖道器、真灵、上下之分，则初无圣人凡人之别矣。（艮斋）①

省斋继承师说，在心合理气的基础上，秉持本心主理的观点。也就是说，心的主宰能力源于理的主宰性。艮斋指出知觉运用只是心的能动作用，心之不逾矩、不违仁，即是理占据主导地位。但是，不逾矩、不违仁之心并不能指称性理，只有作为心之标准的矩与仁才是性理。艮斋的这种观点，归结于他对性为形而上，心为形而下是严格界定。并且主张心与性理的形而上下的区别，具有普遍性。

> 神明灵觉，举其当体则是气，而究其本体则是理也。（省斋）
>
> 阳明与舒国用书言："心之本体即天理也。"答周道通书言："心之本体即是天理。"今柳之指神明灵觉之本体为理者，不知其与阳明异同何如。

---

① （韩）田愚著：《艮斋集·心说正案辨》，第333册，第78页。

> 要之本体即理，归之性分，则无病。但柳曾与余往复，每不肯以性当之，是性外有理而疑于二，如朱子之所斥矣。（艮斋）①

关于心与理气的关系问题，省斋使用了当体与本体的概念，认为心不能脱离气的成分，因此在当下表现为气的状态，但是心之所以有神明灵觉的妙用，归根究底在于心的本体是理。艮斋坚持理无为而气有为，因此省斋以神明灵觉为之本体为理的观点，就是同于阳明心学的异端学说。在艮斋的思想体系中，分而言之，则心有心之体与心之用；合而言之，则心与性的关系是性体心用。由此，则心之体不能直接指称理，而作为本体的性才是理。在艮斋看来，省斋以本心主理，而不涉及性，则是有心之理与性之理，是违背理一的原则的。省斋之所以坚持本心主理，是为道德实践寻求动力，而艮斋对性为理的坚持，则是为了确保性理的权威地位，树立道德实践的绝对标准。

四、艮斋心性思想与华西心说的分歧

艮斋心性思想与华西心说的分歧不可避免，正如韩国学者琴章泰所说："对于韩末道学中最新出现的'心主理'论，以'心即气'的栗谷传统为根据，提出'性主理'论（性理心气论），为了牵制心的恣意判断，作为价值基准的普遍真实性来强调'性'的地位。"② 为了应对华西"心主理"的思想，艮斋倡导"性主理"论，强调性理的本体地位及绝对价值标准，以防止主体之心的恣肆。

艮斋强调理无为而气有为，坚持理气形而上下的区分，并由此判定性归属于形而上的位分，心归属于形而下的位分。华西认为本心主理，强调本心的主

---

① （韩）田愚著：《艮斋集·心说正案辨》，第 333 册，第 77 页。
② （韩）琴章泰：《艮斋学在韩国思想史上的地位》，第 198 页。

宰性，其心说思想的基础是心合理气。艮斋强调心与性的位分区别，华西强调心的主理的指向。艮斋认为心之神明妙用只能属于形而下，华西将心之神明妙用作为形而上。华西说："心包形气神理。形阴而气阳，形而下之器也；神用而理体，形而上之道也。形乃心之所舍，气乃心之所乘，神乃心之妙用，理乃心之本体。"①

关于心性关系，艮斋将心与性视作共同体而主张性体心用，华西则认为心性一理，心之本体为性，心统摄性与情。二者的差别在于，艮斋强调"心本性"，即性是心的本原根据，不能承认华西心的本体是性的观点。

关于明德的争论，艮斋依据李栗谷之说而主张明德是心，华西主张明德是理。李栗谷《圣学辑要》载《中庸》及《大学》首章而解释曰："天命之性，明德之所具也。率性之道，明德之所行也。"②据此，艮斋说："夫明德，分明是虚灵光明之心，能包得仁性道理，而做出德行事业者也。"③艮斋认为明德只能属于心的位分，明德只是具有性理，但终究不能等同于理。华西则强调明德为本心而主理，心的主宰能力直接源于理。林月惠教授指出："华西为学之特色在于：'明德（心）主理'，'心为主宰'。"④

艮斋学与华西学都是面向现实的学问，都致力于解决道德实践所面临的困境。艮斋心性思想所回应的是心理混同以及盲目尊心所导致的心的恣肆。华西心说思想所回应的是道德实践的动力问题。因此，艮斋强调确立性理的绝对权威，华西则寻求道德实践的动力。思索面向的差异，致使他们建构了不同的思维模式，开拓出不同的领域。但是思想体系的分歧，又产生了一定的张力，致

---

① （韩）李恒老著，金平默、柳重教编：《华西先生雅言·卷三·神明第七》第 1 册，第 107 页。
② （韩）李珥著：《栗谷全书》中，第 790 页。
③ （韩）田愚著：《艮斋集》，第 332 册，第 23 页。
④ 林月惠：《艮斋学派与俛宇学派之思想异同及其特征——以田艮斋与郭俛宇的〈心说论辨〉为中心》，《艮斋先生의 学问과 思想》2018 年第 4 辑，第 554—555 页。

使对方必然作出回应。正是因为不同思想之间的激烈交锋，才成就了朝鲜儒学的繁荣盛况。

第三节　艮斋对寒洲"心即理"说的批判

李震相（1818—1886），号寒洲，属于退溪学派。他倡导"心即理"的学说，批判栗谷学派"心即气"思想，也批判阳明的"心即理"思想。艮斋作为栗谷学派的传人，必须回应寒洲的学说与批判。

一、寒洲"心即理"的思想

寒洲的杂著《心即理说》集中表现了其心性论思想，本文以此文献为基础，阐述寒洲"心即理"的思想。

寒洲对"心即理"的论证逻辑是心为性情之总名，性情只是一理，故心为理。他说："夫心者，性情之总名，其体则性。性外无心，心外无性。若心之以盛性言者，心之舍也，医家之所谓心，而非吾之所谓心也。心之所异于性者，以其兼情，而情乃已发之性也，性情只是一理，则心之为理者固自若也。"①朱子将心性看作一个整体而主张性体心用，寒洲则突出心的独立，以心统摄性与情，认为心自有体用，性为心之体，情为心之用，并且强调心性合一。寒洲"心即理"所面临的难题是心之情与性的隔阂，对此，他从已发未发的角度将性与情统一在理的范畴之下。

寒洲"心即理"之说的论证，还建立在对退溪"心合理气"之说的阐释基础上。"退陶李先生论心曰'统性情'、'合理气'，而中图单指理，下图兼指

---

① （韩）李震相著：《寒洲集·心即理说》，《韩国文集丛刊》第318册，首尔：民族文化推进会，2003年，第141页。

气。夫所谓合理气，即此乃玉石之说；而单指理者，明其所用之在玉；兼指气者，示其所包之实石也。然而卞和之献，以玉而不以石，论心者主理而不主气。先生尝曰：'心之未发，气未用事，惟理而已，安有恶乎？'此乃的指心体之论。吾所谓莫善于心即理者此也。"①寒洲用玉石之譬喻，指出论述心可从三方面来说，总说则心合理气，此可称为玉石；单指理而言，则心为理，此为石中之玉；兼指气而言，则心为气心，此为玉外之石。就像卞和因石中之玉而进献，退溪论心是主理而言，并且强调理的能动性。心体未发的状态只是理，而无恶。寒洲的"心即理"依循退溪主理的传统，也是立足于本体之心而言的。关于寒洲对"心即理"思想的论证，林月惠教授指出："寒洲是从退溪学派主理的能动性，以及'心性情一理'的推论而得出'心即理'的命题。亦即心之所以为心，是从其以性理为根据，为主宰来着眼。"②笔者深以为然。

寒洲"心即理"之心，不是指承载性的气心，而是本体之心。此本体之心为性为理，而超越于气。"但理未有无气之理，单言理则有所不备。故性则理也，而又言气质之性；心即理也，而又谓发于思虑则有不善。苟其杂气而言之，恶亦不可不谓之性，而放辟邪侈亦此心也。然心之真体，终不囿于气也。"③寒洲从理气不离的观点出发，在性亦有气质之性的前提下，承认心之发用有不善。即从气的发用层面而言，心会有放辟邪侈的可能，而性亦会流于恶。并且，他进一步指出心之真体为性理，能够超越于气。这就为气心不为理的批判，预先作出了回应与反驳。寒洲进一步指出道心为即理之本心。"舜之戒禹曰：'人心惟危，道心惟微。惟精惟一，允执厥中。'夫心一而已矣，而谓

---

① （韩）李震相著：《寒洲集·心即理说》，第 318 册，第 142 页。
② 林月惠：《艮斋学派与俛宇学派之思想异同及其特征——以田艮斋与郭俛宇的〈心说论辨〉为中心》，第 555 页。
③ （韩）李震相著：《寒洲集·心即理说》，第 318 册，第 141 页。

之人心者，心之从气者也，谓之道心者，心之从理者也。人心易见，道心难明，精以察之，一以守之，则本心之正，在理而不在气也明矣。"①寒洲认为心可从主理与主气两个方面看待，人心是从气而言，是气心，道心是从理而言，是理心。精察的工夫都是针对本体之心而开展的，也就是说做工夫只能主理，而不能在气。

"心即理"是工夫论意义上心与理合一的境界，必须依赖修养实践的工夫才能达到。他指出："虽然心为气禀所拘，而不若圣人之光明纯粹，则不可恃本心之同，而不求所以明之也。固当于吾心合理气处，扩其理而制其气，然后真心之纯乎天理者，可得以见矣。苟不到圣人之心浑然天理（圣人之心。乃天地之心。而人之本心也。）处，则'心即理'三字，未可以遽言之也。"②虽然本心为理，人人皆有与理合一之本心，但是心会被气禀所拘束，因此需要做明心的工夫。因为心是合理气的，所以明心工夫论的关键在于扩充心之理而制约心之气。只有做工夫以达到圣人之心纯乎天理、光明纯粹的境界，才能称"心即理"。如果无条件地直接将"心即理"当作理论基点，则会导致气心混入本心，泯灭修养实践的意义。

寒洲认为"心即理"三字，是千圣相传之的诀，这就不得不面对阳明的"心即理"之说。他指出：

> 夫吾心之天理，即太极之全体，而今以真阴真阳流行凝聚者当之，则遗了太极而反以阴阳为本体矣。天下事物，莫不有自然之理，而一切扫除，只欲于吾心上认取，则所谓理者亦甚猥杂，而非其洁净之全体矣。故李先生辨之曰："阳明不知民彝物则真至之理，即吾心本具之理，顾乃欲

---

① （韩）李震相著：《寒洲集·心即理说》，第318册，第141页。
② 同上，第143页。

事事物物搅入本心衮说。"既不知民彝物则真至之理，是不以四德五常之理谓之心也。所谓理者果何理也？即向所谓阴阳精气流行凝聚之物而已，此岂非心即气之谓乎？然则其不以阴阳精气流行凝聚之物，谓之心谓之理，而真能以仁义礼智忠孝敬慈之实，谓之心谓之理，则退陶亦当首肯之矣。①

阳明学传入朝鲜之初就遭到朝鲜儒者的极力反对，其中重要的代表是李退溪。从寒洲所引内容来看，退溪主张本心先天具理，并且物理即是吾心本具之理，认为阳明区分物理与心之理，又勉强地将物理纳入本心。寒洲依据退溪对阳明的批评，认为阳明之学是认心为气，并且其返归于心上求理的工夫论也有弊端。寒洲所谓的"心即理"是指本心先天具理，阳明的"心即理"是指心体之良知等同于天理，这是二者学说的差别所在。关于寒洲对阳明认心为气的批判，值得分辨。阳明是理气一元论者，因此不会从理气分论本心良知，而是强调本心良知的即体即用。寒洲则从理气二元的角度分析阳明学，未免有不恰当之处。

寒洲依循退溪主理的思想而进一步提出"心即理"之说，也必然要批判栗谷学派的"心即气"思想。他说：

夫谓心即气者之所以为不善何也？心为一身之主宰，而以主宰属之气，则天理听命于形气，而许多粗恶盘据于灵台矣。心无体，以性为体，而今谓之气，则认性为气，告子之见也，而人无以自异于禽兽矣。心是性情之统名，而以心为气则大本达道皆归于气，而理为死物，沦于空寂矣！

---

① （韩）李震相著：《寒洲集·心即理说》，第318册，第142页。

从古圣贤，莫不主义理以言心，而以心为气之说行，则圣贤心法一一落空，学无头脑，世教日就于昏乱矣。①

寒洲主张心的绝对主宰，并且认为这种主宰的依据只能是理。栗谷学派"心即气"之说则将心之主宰能力归属于气，如此则天理反而听命于形气。这对于主张理的能动性的退溪学派来说，是不能接受的。并且根据寒洲心之体为性的理论，栗谷学派的主张是认性为气而同于告子之见解。认性为气，则人同于禽兽。此外，寒洲坚持心是性情之统名，如果心是气，则心之体用都局限于气，而不能显现出理的能动作用。这样一来，理就成为了死理。否定理的能动性，则圣贤之学，就会无主脑。

寒洲还以玉石为譬喻，认为栗谷学派"以心为气"是认玉为石，阳明"以心为理"是认石为玉。他进一步说："其实则以心为理与以心为气，其为见气而不见理则一也。"即栗谷学派与阳明学的弊病都在于只见气而不见理。

二、艮斋《李氏心即理说条辨》要旨

艮斋71岁（1911年）时，作《李氏心即理说条辨》，摘引寒洲《心即理说》26条而逐一辨析驳斥。本文以《李氏心即理说条辨》为主要文献，分析艮斋对寒洲"心即理"说的批判。

寒洲在《心即理说》中批判栗谷学派"心即气"之说，艮斋征引程朱等人之言论，认为"心即气"正是孔孟程朱圣贤相传之思想，并非栗谷学派所创之奇谈怪论。艮斋《李氏心即理说条辨》曰：

---

① （韩）李震相著：《寒洲集·心即理说》，第318册，第142—143页。

心即气之说，实出于近世儒贤。（寒洲）

程子曰："心如谷种，生之性是仁。"邵子曰："心者，性之郭郭。"（朱子于此二说，皆深取之。）……孔子曰："操则存，舍则亡，出入无时，莫知其乡者，惟心之谓与。"（心是气分上物事，故有是言也。）朱子曰："存者，此心之存也。亡者，此心之亡也。非操舍存亡之外，别有心之本体也。"（心果是理，而理亦可以操舍存亡论乎？）……孟子曰："理义之悦我心，犹刍豢之悦我口。"（口与刍豢非一物，则心与理义独无辨乎？）朱子曰："知觉正是气之虚灵处，灵处只是心，不是性，性只是理。"……又曰："只有性是一定，情与心与才，便合着气了。"凡圣贤之论心，如此者极多，而李氏乃谓出于近世儒贤之说，（近世儒贤，暗指栗、尤以下诸贤。）其意未可知也。（艮斋）①

艮斋对寒洲的批判以朱子的思想为标准。对于心性关系，朱子采取程子与邵雍的说法，认为心包含性。性即理，则心只能属于气。从孔子之语来看，心有存亡，能活动，则心必然属于气分，因为在朱子的思想体系中，理是无为的。心如果是理，则作为绝对准则的理是不能用操存舍亡来论述的。艮斋举孟子之语，从语义逻辑的层面，指出心与理义为二物。他又举朱子原文，说明心是明觉虚灵的，性理是无觉无为的；心夹杂气，是相对的，性理则是绝对的准则，纯粹至善。

以心为气，玉工之谓之石也。（寒洲）

使近世儒贤，指气质精神为心，则当曰以石为玉也。今指虚灵神明、

---

① （韩）田愚著：《艮斋集》，第333册，第88—89页。

涵理而体道者为不可直谓之理，奈何不下而属于气分，则所谓气者，非粗恶庞杂之物，乃是气之一原，与理无间底，然则恶可不分精粗，而概谓之石乎？但石一而已矣，气则有几多般样。观《语类》贺孙录，论心神魂魄，皆以为气，而辨别得有精有粗处可见，此又不可不知也。（艮斋）①

寒洲认为"心即气"的思想只见到心属气的层面，未认识到本体之心先天具理的层面，指出这是只见到玉石表面之石，而不识石中之玉。艮斋认为寒洲的玉石之譬喻不妥帖，指出气有精粗之分别。也就是说，虚灵神明之心虽然不能等同于性理而具有本体地位，只能属于气的位分，但是心是精气，是与理无间的。艮斋虽然在本体论方面不承认心等同于理的地位，但是他亦重视心的虚灵明觉，而与形气、气质作出区分。

　　道心者，心之从理者。（寒洲）
　　曰心之从理，则心之非理明矣，若理则何可言从理？且心即是理，则道心谓之道理，心之从理，谓之理之从理，皆不词矣。（艮斋）②

寒洲倡导"心即理"之说，以人心为气心，道心为理心。艮斋秉持栗谷学派"心即气"之说，主张道心属于形而下的气分。此处，艮斋从语义角度分析寒洲之说的逻辑混乱，认为心从理与心即理存在语义矛盾。艮斋将寒洲"心即理"理解为"心是理"的概念定义，因此从语义层面反驳其说。当然，寒洲言"心即理"，并非是作概念定义，而是依循退溪主理的能动性而强调本心先天具理，侧重心与理的不离。

---

①② （韩）田愚著：《艮斋集》，第333册，第89页。

　　"心即理"三字，未可遽言之。（寒洲）

　　吾意心果是理也，众人亦是此心，圣人亦是此心，安有两样心，可以遽言、未可以遽言之分乎？若乃"性即理"，固未尝有到圣人，未到圣人之异，又未尝有可遽言、未可遽言之分也。只此亦足以见"心即理"三字，未得为后圣不易之论也。（艮斋）①

　　寒洲强调"心即理"并非概念界定，而是心理合一的状态，因此不可将气心混入理，也不可将现实的人心看作是本体之心。艮斋将"心即理"视为本体论概念界定，如此，"心即理"就成为了"性即理"的对立面。艮斋从"性即理"的普遍性，来反驳"心即理"不具有普遍。圣人之性为理，众人之性亦为理，凡圣之间没有差别。但是在寒洲的思想体系中，圣人之心为理，而众人之心则不为理，这样来说，则"心即理"没有普遍性，心也就不足以作为本体论依据。

　　孔子之从心所欲不逾矩，心即理也。（体即道，用即义。）苟其气也，安能从之而不逾矩乎？（寒洲）

　　心果是理也，从心已是循理，循理而再有不逾矩，则理外复有理，头上又有头乎？吾圣人门中，无此议论，无此法门。大抵心虽神妙活化，然毕竟是气分上物事，故虽孔子，也不敢便道从心，须是操存得此心极精细，然后方敢言从心，然又必指矩为归宿处。故吕氏曰："说个不逾矩。可知圣人心中刻刻有个天则在，（圣人之心，未尝自圣。心学家之心，动辄自圣。）不是即心是道。"（此四字，是佛、禅、陆、王论心语，李氏亦只

---

① （韩）田愚著：《艮斋集》，第 333 册，第 95 页。

是此见。）此本天本心之别也。李氏于此等界分，不甚明晰，往往将心与理儱侗说做一物，如朱子之所讥，何也？所引体即道，用即义，亦谓其所存所发与理无间云尔，非谓圣人分上，更无心矩能所之分也。（艮斋）①

寒洲"心即理"说是工夫论意义上的境界论，不是本体论意义上的"心是理"，因此需要做修养实践的工夫。艮斋则从本体论层面进行语义分析，认为从心即是循理，循理则不可再言不逾矩。实际上艮斋所反对的是"即心是理"，即心是理则道德修养实践全无意义。艮斋以心属于气分，必须本于性理，即使是孔子这样的圣人也需要以性理为依据操存此心。在心性关系方面，艮斋遵循朱子不离不杂的观点，相对来说，寒洲则更加强调心与性不离的方面，而忽略了心性不杂的方面，因此艮斋批判寒洲之说是将心性混作一物。

程子心性一理。（寒洲）

心性一理，犹言君臣一体，父子一体，宜于一中，看得有二也。大凡心性，也有分说时，也有合说时。合说时，非独心性一理，如道器形理，皆未尝有二物也。分说时，心仁有谷种生性之谕，心性有如椀盛水之譬，圣人释氏有本天本心之别。人心道体，有有觉无为之辨，是恶可偏执一说而尽废其余哉？（艮斋）②

程子心即性也，性即理也。（寒洲）

心即性，言其二者之无间也。性即理，指其一物而无二也。（艮斋）③

---

① （韩）田愚著：《艮斋集》，第333册，第89页。
②③ 同上，第90页。

对于心性关系，寒洲认为程子持心性一理的观点。艮斋指出程子心性一理不是指心等同于性理，而是指心与性理为统一的整体。心性虽然是统一体，但并不是完全无区别的。心性关系可以合说，也可以分说，心性一体是合说的讲法，就分说的讲法来看，心包含性，心是性理的承载体。心有知觉有为，而性理无觉无为，因此既要看到心性一体的关系，也要看到心性为二的方面。寒洲据程子"心则性也，性则理也"，认为程子主心体而为言。艮斋则将程子"心即性"与"性即理"分别看待，认为"心即性"是指心与性的不离的关系，"性即理"指性就是理的本体论界定。艮斋的这种分析梳理是建立在程朱思想体系之上的理解，有其依据。不过寒洲引用程子之语，并非为了论证"心就是理"的观点，而是为了说明圣贤主心体而言，心体就是性理。也就是说，艮斋的批判与寒洲的本意，有着一定的差距。

> 心固是主宰底，而所谓主宰者，即此理也。（寒洲）
>
> 问："天地之心，天地之理，理是道理，心是主宰底意否？"曰："心固是主宰底意，然所谓主宰者，即是理也。（言若论极本之主宰，所谓理者，乃可以当之。盖天地之心，即下文所谓似帝字者。这个心以二五之气，化生人物，固是主宰底意，然此心之所以为主宰者，以其本于太极之理，而为之用，故必着然字，以转却上句语脉，乃以主宰即是理者断之也。'即是理'理字，是问者对心之理，非后儒和心之理，宜精以察之。）不是心外别有个理，理外别有个心。"（艮斋）①

寒洲引用朱子之语，强调心的主宰能力，并且将心之主宰归于理的主宰。

---

① （韩）田愚著：《艮斋集》，第 333 册，第 91 页。

艮斋指出寒洲窜改朱子原文，偏离朱了原意，而得出白己想要的意思。艮斋对朱子的这句话，也作出了另一种完全不同的解释。据朱子语意，则"固是"、"底意"等词表达出对心之主宰赞同而又留有余地之意，"然"字则表达出转折之意，"然"后的内容才是主体内容。实际上，朱子的本意是强调心之主宰的依据在于理。心只是现实层面的主宰，追溯至本原，理才是绝对的主宰。比如天地之心以阴阳之气主宰万物化生，但这只是本于天理才有的发用，理才是终极主宰。寒洲与艮斋的分歧点在于理是否具有能动性。寒洲依循退溪学派的观点，主张理的能动作用。艮斋从本原与发用两个方面论述，就发用而言，心具有现实主宰能力；就本原而言，理是心之主宰的依据。

> 退陶先生论心。（寒洲）
>
> "统性情"、"合理气"两句，宜仔细理会。窃详退翁立文之意，统似是统合之义，恐非上统下、尊统卑，如近儒之见也。……"合理气"气字，恐是指虚灵精英者言，未可直以粗浊渣滓当之，此以"合性与知觉，有心之名"，推之可见。（艮斋）①

> 李先生辨之云云。（寒洲）
>
> 退溪先生所谓民彝物则真至之理，即吾心本具之理，此理字，非指性体言，而另将心字为理，如近世心理家之见乎？只此一处无异论，他余皆将释冰矣。（艮斋）②

寒洲阐释退溪的主理思想，而进一步强调本心先天具理及理的能动作用，

---

① （韩）田愚著：《艮斋集》，第333册，第92页。
② 同上，第93页。

倡导"心即理"的思想。艮斋从自身思想体系出发，对退溪的思想作出另一种解释，认为"心统性情"的统是指心统合、包含性与情，并不代表心具有主宰性与情的能力，也不代表心具有高于性与情的本体地位。艮斋对心性作形而上下的分判，因此必然不能承认心的至尊地位。退溪以心为"合理气"，艮斋认为此气指虚灵精英，而非普通的形气，因为只有这样，心才具有虚灵明觉的特质。退溪主张心本具理，艮斋也认可这一点，认为心先天包含性理，但是艮斋指出不能以此为依据，直接指称心为理。艮斋指出这就是寒洲"心即理"说谬误的根本所在。

> 《传习录》云云。（寒洲）
>
> 王氏认心为理，故尝言："仁，人心也。心体本弘毅，不弘不毅者，私欲蔽之耳。"又言："心无私欲，即是天理。"此是他错见真赃处。而李氏特把无欲是理之云，以为心即理三字不可判舍之证，此是二家合掌之一大公案也。若乃吾儒议论，则不但曰胜私欲，而必着复于礼，然后乃曰事皆天理。不但曰心无私，而又必曰有其德。不但曰心无私，而又必曰事当理。此乃为本天之学，与彼之做无本菩萨者，判然别矣。（艮斋）①

寒洲批评阳明"心即理"之说是认气为理，强调自己"心即理"之说与阳明之说的不同。艮斋认为阳明学与寒洲学都只见心而不见性理，主张心无私欲即是天理，因此将阳明学与寒洲学都归于本心之学。本心之学是与儒学正统本天之学相对的异学。本心之学只在心上做工夫，陷入空虚而无实质归着处；本天之学不仅关注心，也关注心之实理与外在的事物，不仅摒除心之私欲，更要

---

① （韩）田愚著：《艮斋集》，第333册，第93页。

复归天理。艮斋之说虽然有其理据，不过寒洲"心即理"之说还是在朱子体系下的思想，在思想形态方面与阳明学有着根本的差异。

> 心是性情之统名。（寒洲）

> "心者性情之统名"，本蔡西山语，而朱子无所可否，李氏却谓先生首肯之。吾惧夫流俗诮儒者亦有矫诏之习也。……李氏谓以心为气则理为死物，此亦误矣。昔上蔡杂佛而以仁为活物，则朱子不取，而曰："说得有病痛"。其答陆氏书，亦以认得灵昭作用底为太极者归之禅学。今李氏之见，与谢、陆无别，此难以自附于朱门矣。（艮斋）①

寒洲以"心是性情之统名"来论证心、性、情一体，并主张心的独立，以性为心之体，以情为心之用。艮斋指出寒洲的论据出于蔡元定，而朱子并没有明确的肯定与否定，也就是说寒洲的论据并不能代表朱子的思想。此外，艮斋坚持心性一体，即性为体，心为用，不承认性为心之体的观点。寒洲担忧以心为气，则理不能显示能动作用而为死理，道德实践也就缺乏动力。艮斋则举例说明在朱子的思想体系中理是无为无觉的，将理看作有知觉作用的观点，是禅学之见解。

三、艮斋"心即气"与寒洲"心即理"的差别

关于艮斋"心即气"与寒洲"心即理"的差异，蔡家和教授指出："艮斋与寒洲对心的看法不同，艮斋是在对心做出归类定义，而寒洲是对心的神妙找出其不离之根据。"② 从上文所述艮斋对寒洲的批判，可知确实如此。艮斋将寒

---

① （韩）田愚著：《艮斋集》，第 333 册，第 94 页。
② 蔡家和：《艮斋学派与寒洲学派的思想异同及其特色——艮斋"心是气"与寒洲"心即理"的差异比较为中心》，《艮斋先生의 学问과 思想》2016 年第 3 辑，第 629 页。

洲"心即理"的命题视作本体论概念界定，反对心具有本体论的尊位，维护性理的本体论地位。实际上，寒洲"心即理"的命题强调本体之心先天具理，心与理不离，正是因为心与理的这种关系，心显现理的能动作用而具有主宰性。

笔者以为，除此之外，艮斋与寒洲的理论分歧还在于二者对理是否具有能动作用的判定。这可追溯至退溪与栗谷对理发气发的争论。退溪主张"理气互发"，而表现出强烈的主理倾向，栗谷则主张"气发理乘一途说"，强调理无为不发，有为而能发用的只是气。寒洲属于退溪学派，将退溪主理的倾向发挥到极致而提出"心即理"之说，强调本体之心的主宰性。艮斋则坚守栗谷之说，认为性是形而上之理，心是形而下之气，对心性作严格的分判。他说："性则纯善，而心则只可言本善。心当操当检，而性则非可操可检之物。"① 性为理，是纯粹至善的道体，心则属于气的位分，可为善亦可为恶，只能是本善。性理之为道体，不可于此做工夫，心则不稳定而需要做操持、检束的工夫。艮斋还说："大抵心字，但可谓之与理无间，不可直抬起作道体；但可谓之比性较粗，不可拽下来做夜气，（心是操则存，舍则亡，而有得失者也。气乃搅便浊，静便清，而无功夫者也。）二者不容无辨。"② 即心与理不离不杂，但是作为道体的只能是性理。虽然心不足以为道体，但是心属于精气，只是比性略微粗些，不能等同于普通的形气。心具有虚灵明觉的特征，是修养工夫的践行处，如果心只是普通的形气，则不能担当尽心知性知天的重任。艮斋提出"性为心宰"之说，从本原与发用两个方面论说主宰。从本原方面来说，作为道体的性理，无觉无为，心则虚灵明觉，不过性理是心的依据，心的神妙，只是性理的发用。从发用方面来看，性理没有现实的作用，心则表现出强大的主宰能力。艮

① （韩）田愚著：《艮斋集》，第 332 册，第 295 页。
② （韩）田愚著：《艮斋集》，第 333 册，第 92 页。

斋说:"以心属气,而心不敢自用,必以性理为头脑。"① 可知性理为绝对的主宰,心为相对的主宰,心的发用,必然以性理为本原依据。

艮斋"心即气"与寒洲"心即理"思想虽然存在理论分歧,不过皆具有极其重要的意义,可从工夫论的角度分析。儒学是道德修养实践的学问,艮斋"心即气"的思想则意在确保性理作为道德准则的绝对至尊地位,寒洲"心即理"的思想致力于解决道德实践的动力问题。艮斋面对社会人心的混乱,看到心之恣肆所带来的问题,确保性理作为绝对准则的地位与权威,强调"小心尊性",时时刻刻以性理为标准而待人接物。寒洲则着眼于道德实践的虚伪,言行不一,强调理的主宰能力,增进人道德实践的行动力与信心。

小　结

阳明注重"心",对"心即理""致良知"等论题有丰富而深刻的讨论阐释。艮斋关注心性的形上形下、尊卑位分及心性之间的平衡关系,而阐述了"性尊心卑""小心尊性""性师心弟"诸说。阳明直接就本体之心立论,强调致良知之天理,强调道德实践的知行合一,并以此来统贯、超越气心的层面。艮斋则严格分判理气、心性,警惕属气位分之心的不稳定性和为恶的可能性,主张以性理为尊,作"心本性"的自觉循理工夫。阳明的"四句教"综合诸核心论题,以至善之本心为原初点,通过对良知天理的扩充,而实现道德的完满。艮斋的"性师心弟"说,由心的自卑自谦敬奉性理,而得到精神的纯粹和升华,以至于自慊的境地,并藉由自慊而产生的道德实践内动力,作修养工夫以复归天理。

---

① (韩)田愚著:《艮斋集》,第333册,第94页。

　　华西心说思想主要体现在《心与理同异说》《心与气质同异说》《华西先生雅言》中。艮斋作《华西雅言疑义》《心说正案辨》，批判华西的心说思想。华西从理气关系理解心，以本心主理，将心的主宰能力归结为理，强调心理合一。艮斋严格分判心与性理的位分，认为心只能属于形而下。心与性是性体心用的关系，心具性理，但心不能直接指称为性理。华西以本心主理，是指向意义，而艮斋关注的重点在于本心不能为理，是判定意义。华西与艮斋的思想分歧在于心主理还是心具理。关于明德的争论，艮斋依据栗谷之说而主张明德是心，华西主张明德是理。

　　寒洲的杂著《心即理说》集中表现了其心性论思想，艮斋作《李氏心即理说条辨》逐一辨析驳斥寒洲之说。寒洲阐释退溪的主理思想，而进一步强调本心先天具理及理的能动作用，倡导"心即理"的思想，批判栗谷学派"心即气"之说。寒洲倡导"心即理"之说，以人心为气心，道心为理心。艮斋秉持栗谷学派"心即气"之说，主张道心属于形而下的气分。寒洲"心即理"说致力于解决道德实践的动力问题，其经由工夫论所达至的境界论，可谓成学之境，而非入学之始。艮斋将寒洲"心即理"的命题视作本体论概念界定，反对心具有本体论的尊位，倡导"心即气"，意在确保性理作为道德准则的绝对至尊地位。寒洲与艮斋的学问朝着不同方向发展，拓宽了不同的领域，丰富了朝鲜性理学的内容。此外，寒洲学派也有郭钟锡（1846—1919，号俛宇）这样优秀的大儒，与艮斋一同形成了朝鲜末期儒学的两座高峰。

结　语

　　艮斋天资聪颖、勤奋好学，既有深厚的家学渊源，又师从名儒全斋任宪晦，为栗谷学派嫡传。他擅长书法、文章而笃志于道，面临道学衰微的境况而以斯道为己任，著书立说，捍卫儒道，终生不懈。他年少成名，多次获得朝廷征召而因形势婉拒出仕。面临国家危亡的局势，他以在野之儒士，怀抱满腔爱国之情，隐遁继华岛，日夜忧愤而坚韧不屈，讲学论道，开淑后进，为国家精神的恢复振兴保存了一线微阳。其艰苦卓绝的孤竹精神，是一缕不散的清风。

　　艮斋笃守程朱、栗谷之学，而作进一步阐述，开展出宏大且精密的思想体系，其中最突出的就是心性论。艮斋心性论以"性即理"为基石，呈现出浓厚的"本性"特征，极大地拓展了对程朱性理思想的理解，甚至可以说近乎将程朱性理思想推拓至极致境地了。对于人性物性异同的争论，他主张人性物性相同。对于明德与道心归属的争论，他主张明德属于气而为心，道心亦属于气。栗谷倡导"气发理乘一途说"，艮斋由此阐述性的本体地位，以及心的主体特征。栗谷"心即气"的思想，是艮斋判定心属于气的位分的理论基础。栗谷提出"气机自尔"的思想，艮斋据此指出心的发动为自然而发，肯定心的主动能力。栗谷"理为气主"强调性理无为，而为有为之气之主，艮斋据此强调性理对于心的本原意义。

艮斋心性论内容丰富，主要包括"性尊心卑""性为心宰""小心尊性""心本性""性师心弟"诸说。"性尊心卑"从性与心的位分判定二者之尊卑，以彰显性理之为绝对价值标准。"性为心宰"直接言明性理的主宰，此主宰指自然而言，非指现实操纵，强调性理对心的本原意义。"小心尊性"强调心自觉尊奉性理，通过心的自觉谦卑以达到心合理的境界。"心本性"一方面肯定心以性为本，一方面强调心应当效法性。"性师心弟"进一步推展其"心本性"的含义，形象而鲜明地表述了性与心的关系。性理无言而自然发见于日用之间，心虚灵明觉而具有自觉效法性师的能力。性师与心弟为独立的个体，但是性师是心弟的准则与精神寄托。"性尊心卑"从本体层面判定心性的尊卑，奠定了艮斋心性论的基础。"小心尊性"的理论基础是"性尊心卑"，理论前提是"性为心宰"。"性师心弟"不仅是"心本性"的具象表达与扩展完善，更是艮斋心性论的核心论题与最后归结。艮斋心性论诸说内容互相涵盖，关系密切，有其内在逻辑。

艮斋将阳明学、华西学与寒洲学都归于心宗而进行批判，也正是在这种论辩中，艮斋的心性论思想得到进一步深化。需要注意的是，阳明学与华西学、寒洲学实质上存在着截然的差异，需要细致分辨。总体来说，华西学、寒洲学还是属于程朱理学内部的思想形态，只是表现出尊崇"心"的强烈倾向。此外，华西学派与寒洲学派也批评阳明学说。如此说来，艮斋学与阳明学的区别更加明显。艮斋学与阳明学因思想形态不同而互相有隔阂，我们可以尝试以批判为参照，反观另一种理论的核心论题，以见各自的理论坚持。如艮斋批判阳明学混心于理，容易导致心的恣肆，我们可以探寻阳明学是如何面对这一理论难题；阳明学批判程朱学向外寻理，无学问头脑而迂回，我们可以试着通过艮斋思想探寻程朱一系成德实践何以可能。这种思想的碰撞，能够激发出儒学精神的活力。阳明面对程朱之学的流弊而意图补足，艮斋承接程朱之学，面对阳明心学的流弊而意图纠偏。从这种层面来看，阳明学与艮斋学都有其实际效益，只是面向不同而已。并且，程朱、栗谷、艮斋一系，确实具有成德实践的必要价值性 ①。

艮斋心性论独具特色，表现为推尊本体之性，界定主体之心，创造性地阐述心性关系。从道德价值而言，性是纯粹至善的；从特质而言，性是无为、无形、无情意、无造作的，这些都表明性足以成为绝对价值准则。艮斋面临的现实境况是国家危亡、道学衰微，面临的道德境况是私心自用、猖狂恣肆，这些都促使他极力维护以天理为表现的权威。就心性论而言，就是要确保性理作为绝对准则的地位。艮斋将性置于本体地位，将心界定为主体。从位分而言，心只能属于气，但心是精爽之气，虚灵明觉，因此不能直接等同于形气。从道德价值层面而言，心是本善的，因其不稳定而可能为善也可能为恶。由此，艮斋十分警惕心的猖狂恣肆，强调操心捡气。从特质而言，心是明觉的，具有能动的妙用。艮斋推尊本体之性，并不代表贬低主体之心，而是强调心的自觉谦卑、自觉反省、自我操持。艮斋不仅指出心之自觉及具性行道的特质，还充分肯定心作为主体而主动发动的能力，为道德修养提供了自动力。对于心性关系，艮斋用"性师心弟"的譬喻表达"性体心用"，主张性理为心的本原依据，心应当尊奉性理。合而言之，性为心之体，心为性理之用；分而言之，性与心各自有体用。但是，心之本体，不能直接等同于性理。性与心并非尊贵与下贱的对立关系，而是不离不杂，表现为"一而二、二而一"的精妙关系。这种关

---

① 杨祖汉认为："若以牟先生的朱子学诠释来对照，可以看出艮斋的说法，正可以为被牟先生视为别子，并非成德之教的本质的工夫的朱子学理论，给出一个回应，说明了这一个理论型态确是儒门必须要有的讲法。"杨祖汉著：《从当代儒学观点看韩国儒学的重要论争续编》，第 568—569 页。

系不适合用一元或者二元的范畴来表述，或者说超出了一元与二元的范畴。这种关系的关键在于为性本体与心主体之间提供了一定的张力。"一而二"，则性理是心的本体依据，性理与心又是独立的个体；"二而一"，性理与心虽然独立存在，但是性理与心合一。概而言之，艮斋延续朱子学两边照料的传统，在肯定性的价值优先的同时，又肯定心的现实主动。也就是说，在坚持性的本体地位的同时，也确保了心的主体能力。性的本体地位是就根源处而言，心的主体能力是就流行上而言。性的本体地位与心的主体能力同时并存，而又必须从根源处与流行上分别看待。这是艮斋心性论的特色，也是对程朱、栗谷理学的实质发展，而并非是单纯的同语反覆（tautology）①。

艮斋心性论具有重要意义，可以从四个方面进行分析。第一，是程朱理学在韩国的创新发展。艮斋心性论诸说的论证，都离不开程朱思想的支撑。并且，艮斋在与华西学派、寒洲学派论辩的过程中，也是以程朱思想为判断标准，辨析义理之精微，阐述其思想。可以说，艮斋继承发展程朱理学，而又在新的历史条件、思想境遇中，建立自己的思想体系。因此，艮斋学具有理学的共性，又具有地域的特殊性，是程朱理学在韩国的新形态。第二，是栗谷性理学的延续拓展。艮斋依托于栗谷性理学，创造性地提出心性论诸说。这些学说内涵丰富，意味着艮斋思想在一定层面具有独立于栗谷学的意义。在朝鲜末期诸学派的论争中，艮斋高举栗谷旗帜，回击华西学派与寒洲学派的疑难与批判，不仅维护了栗谷思想，也深化了自身的思想。这种形势的差异，导致了艮斋思想与栗谷思想必然存在一定的差异。这种差异，也意味着艮斋思想的独特

---

① 关于"同语反覆"之论，李东熙说："艮斋的《性师心弟说》或《性尊心卑说》，不仅在性理学的语法上有一些令人语塞的感觉，即使说提取内容的核心，该命题则传达着与孟子的'性善'或性理学的'性即理'相同的信息。这种表达方式并非叙述某种事实，而是为了进行道德劝诱的伦理学标语口号，最终只能称之为'性善'与'性即理'的同语反覆。这一解释不仅指艮斋，还适用于韩末大部分的性理学者。"参见（韩）李东熙：《艮斋对朱子·退溪·栗谷性理说的解释》，《艮斋先生의 学问과 思想》2018 年第 4 辑，第 257 页。

之处。可以说，艮斋学不仅是栗谷学的延续，更是代表了栗谷学发展的新高度。第三，是区别于心学的思想形态。艮斋学与阳明心学思想形态的差异，导致其学术论域、核心论题等方面的差异，促使他们的思想探索朝着不同的方向延展，从而丰富了儒学思想的多样性，也为学术研究提供了进一步探讨的宝贵资源和可资借鉴的范式。第四，是韩国现代儒学精神的源泉。艮斋不仅集栗谷性理学之大成，并且通过艮斋学派传承着儒学精神，可谓继往开来。韩国学者吴钟逸就曾论断："艮斋的主张不仅是一个时代的哲学，还是对儒家心性论的创造和回复，能够为未来时代提供新的经验教训。"① 儒学思想的现实意义，必须落到实践中，艮斋心性论为现代人们的道德修养实践提供了有益的借鉴。

艮斋对性理的尊崇，彰显了道德准则的重要地位。其倡导的主体之心自觉尊奉性理，是使主体获得崇高精神的自我满足的有效途径。随着时代的变迁，艮斋心性论也需要进行现代转化，以更好地发挥效益。需要注意的是，艮斋心性论强调性理的权威，应当避免性理权威的外化与僵化，以至于束缚主体能动功用的发挥。

艮斋是朝鲜时代末期最绚丽的晚霞，为儒学增添了一道亮丽的色彩。

---

① （韩）吴钟逸：《艮斋〈性师心弟说〉之性理学史的意义》，《艮斋先生의 学问과 思想》2018 年第 4 辑，第 84 页。

参考文献

一、古籍

1.（汉）孔安国传，（唐）孔颖达正义，黄怀信整理：《尚书正义》，上海：上海古籍出版社，2007年。

2.（汉）司马迁撰：《史记》（10册），北京：中华书局，1959年。

3.（汉）郑玄注，（唐）孔颖达正义，吕友仁整理：《礼记正义》，上海：上海古籍出版社，2008年。

4.（魏）王弼撰，楼宇烈校释：《周易注校释》，北京：中华书局，2012年。

5.（魏）王弼注，（晋）韩康伯注，（唐）孔颖达疏：《周易注疏》，北京：北京图书馆出版社，2003年。

6.（唐）孔颖达等撰：《春秋正义》（影印本），上海：商务印书馆，1934年。

7.（唐）孔颖达撰：《周易正义》（影印本），北京：北京图书馆出版社，2003年。

8.（唐）李鼎祚撰，王丰先点校：《周易集解》，北京：中华书局，2016 年。

9.（宋）周敦颐著，陈克明点校：《周敦颐集》，北京：中华书局，1990 年。

10.（宋）张载著，章锡琛点校：《张载集》，北京：中华书局，1978 年。

11.（宋）程颢、程颐著，王孝鱼点校：《二程集》，北京：中华书局，1981 年。

12.（宋）程颢、程颐撰，潘富恩导读：《二程遗书》，上海：上海古籍出版社，2000 年。

13.（宋）程颐撰，王孝鱼点校：《周易程氏传》，北京：中华书局，2016 年。

14.（宋）程颐撰，孙劲松，范云飞，何瑞麟译注：《周易程氏传译注》，北京：商务印书馆，2018 年

15.（宋）朱熹撰，廖名春点校：《周易本义》，北京：中华书局，2009 年。

16.（宋）朱熹撰，朱杰人、严佐之、刘永翔主编：《朱子全书》，上海：上海古籍出版社；合肥：安徽教育出版社，2010 年。

17.（宋）朱熹撰：《四书章句集注》，北京：中华书局，2012 年。

18.（宋）黎靖德编，王星贤点校：《朱子语类》，北京：中华书局，1986 年。

19.（宋）陆九渊著，钟哲点校：《陆九渊集》，北京：中华书局，2020 年。

20.（明）王阳明著，吴光、钱明、董平、姚延福编校：《王阳明全集》（新编本），杭州：浙江古籍出版社，2010 年。

21.（明）王阳明撰，邓艾民注：《传习录注疏》，上海：上海古籍出版社，2012 年。

22.（清）黄宗羲著，沈芝盈点校：《明儒学案》，北京：中华书局，2008 年。

23.（清）阮元校刻：《十三经注疏》（上下册），北京：中华书局，1980 年。

24.（清）孙诒让撰，王文锦、陈玉霞点校：《周礼正义》，北京：中华书局，2013 年。

25.（清）焦循撰，沈文倬点校：《孟子正义》，北京：中华书局，2017 年。

26.（韩）曹兢燮著：《岩栖集》，《韩国文集丛刊》（第 350 册），首尔：民族文化推进会，2005 年。

27.（韩）郭钟锡著：《俛宇集》，《韩国文集丛刊》（第 340—344 册），首尔：民族文化推进会，2005 年。

28.（韩）韩元震著：《南塘集》，《韩国文集丛刊》（第 201—202 册），首尔：民族文化推进会，1998 年。

29.（韩）金平默著：《重庵集》，《韩国文集丛刊》（第 319—320 册），首尔：民族文化推进会，2003 年。

30.（韩）李珥著，朱杰人、朱人求、崔英辰主编：《栗谷全书》（3 册），上海：华东师范大学出版社，2017 年。

31.（韩）李柬著：《巍岩遗稿》，《韩国文集丛刊》（第 190 册），首尔：民族文化推进会，1997 年。

32.（韩）李恒老著，金平默、柳重教编：《华西先生雅言》（3 册），出版信息不详。

33.（韩）李恒老著：《华西集》，《韩国文集丛刊》（第 304—305 册），首尔：民族文化推进会，2003 年。

34.（韩）李滉著：《退溪集》，《韩国文集丛刊》（第 29—31 册），首尔：民族文化推进会，1989 年。

35. （韩）李震相著：《寒洲集》，《韩国文集丛刊》（第 317—318 册），首尔：民族文化推进会，2003 年。

36. （韩）柳重教著：《省斋集》，《韩国文集丛刊》（第 323—324 册），首尔：民族文化推进会，2004 年。

37. （韩）柳永善著：《玄谷先生文集》，韩国文集编纂委员会编：《韩国历代文集丛书》（第 352—357 册），首尔：景仁文化社，1999 年。

38. （韩）奇正镇著：《芦沙集》，《韩国文集丛刊》（第 310 册），首尔：民族文化推进会，2003 年。

39. （韩）任圣周著：《鹿门集》，《韩国文集丛刊》（第 228 册），首尔：民族文化推进会，1999 年。

40. （韩）任宪晦著：《鼓山集》，《韩国文集丛刊》（第 314 册），首尔：民族文化推进会，2003 年。

41. （韩）宋秉璿著：《渊斋集》，《韩国文集丛刊》（第 329—330 册），首尔：民族文化推进会，2004 年。

42. （韩）田愚著，柳永善编：《臼山风雅》，光州：重川出版社，1965 年。

43. （韩）田愚著：《田愚全集》（8 册），韩国学文献研究所编：《韩国近代思想丛书》，首尔：亚细亚文化社，1984 年。

44. （韩）田愚著：《艮斋先生全集》（上下册），首尔：保景文化社，1984 年。

45. （韩）田愚著：《艮斋先生私稿》（9 册），韩国文集编纂委员会编：《韩国历代文集丛书》（第 321—329 册），首尔：景仁文化社，1999 年。

46. （韩）田愚著：《艮斋先生文集》（5 册），大田：忠南大学校图书馆，1999 年。

47. （韩）田愚著：《艮斋集》（5 册），《韩国文集丛刊》（第 332—336 册），首尔：民族文化推进会，2004 年。

48.（韩）田愚著：《艮斋全集》（16 册），大田：学民文化社，2011 年。

49.（韩）田愚编：《五贤粹言》，大田：学民文化社，2019 年。

50.（韩）权纯命著：《阳斋集》，首尔：骊江出版社，1988 年。

51.（韩）吴熙常著：《老洲集》，《韩国文集丛刊》（第 280 册），首尔：民族文化推进会，2001 年。

52.（韩）吴震泳著：《石农集》（上下册），首尔：骊江出版社，1988 年。

53.（韩）张锡英著：《晦堂集》，《韩国文集丛刊》（第 148—149 册），首尔：民族文化推进会，2012 年。

54.（韩）赵章燮著：《韦堂先生文集》，韩国文集编纂委员会编：《韩国历代文集丛书》（第 2019—2020 册），首尔：景仁文化社，1997 年。

55. 佚名：《华岛渊源录》，首尔：保景文化社，1985 年。

二、专著

1. 蔡方鹿著：《朱熹与中国文化》，贵阳：贵州人民出版社，2000 年。

2. 蔡方鹿著：《宋明理学心性论》，成都：巴蜀书社，2009 年。

3. 陈来著：《东亚儒学九论》，北京：生活·读书·新知三联书店，2008 年。

4. 陈来著：《朱子哲学研究》，北京：生活·读书·新知三联书店，2010 年。

5. 陈来著：《中国近世思想史研究》，北京：生活·读书·新知三联书店，2010 年。

6. 陈来著：《有无之境——王阳明哲学的精神》，北京：北京大学出版社，2013 年。

7. 陈来著：《宋明理学》，北京：北京大学出版社，2020年。

8. 陈荣捷著：《朱学论集》，上海：华东师范大学出版社，2007年。

9. 陈荣捷著：《王阳明传习录详注集评》，台北：台湾学生书局，2013年。

10. 陈文新著：《顿悟人生：禅宗的人生哲学》，北京：华夏出版社，1997年。

11. 陈文新，（韩）闵宽东合著：《韩国所见中国古代小说史料》，武汉：武汉大学出版社，2011年。

12. 成中英著：《世纪之交的抉择：论中西哲学的会通与融合》，北京：中国人民大学出版社，2017年。

13. 丁为祥著：《实践与超越：王阳明哲学的诠释、解析与评价》，西安：陕西人民出版社，1994年。

14. 丁为祥著：《儒家主体精神探索：丁为祥学术论集》，贵阳：孔学堂书局，2015年。

15. 丁为祥著：《学术性格与思想谱系：朱子的哲学视野及其历史影响的发生学考察》，北京：人民出版社，2012年。

16. 董平著：《王阳明的生活世界》，北京：中国人民大学出版社，2009年。

17. 杜维明著：《现代精神与儒家传统》，北京：生活·读书·新知三联书店，2013年。

18. 冯天瑜，（日）刘建辉，聂长顺主编：《语义的文化变迁》，武汉：武汉大学出版社，2007年。

19. 郭齐勇编著：《中国哲学史》，北京：高等教育出版社，2006年。

20. 郭齐勇著：《中国儒学之精神》，上海：复旦大学出版社，2009年。

21. 郭齐勇著：《儒学与现代化的新探讨》，北京：商务印书馆，2015年。

22. 郭齐勇著:《儒学新论:郭齐勇学术论集》,贵州:孔学堂书局,2015 年。

23. 郭齐勇著:《现当代新儒学思潮研究》,北京:人民出版社,2017 年。

24. 郭齐勇著:《中国思想的创造性转化》,上海:上海教育出版社,2018 年。

25. 黄俊杰著:《东亚儒学史的新视野》,上海:华东师范大学出版社,2008 年。

26. 黄俊杰编:《东亚儒学研究的回顾与展望》,上海:华东师范大学出版社,2008 年。

27. 黄俊杰编:《朝鲜儒者对儒家传统的解释》,台北:台湾大学出版中心,2012 年。

28. 黄俊杰著:《东亚儒学:经典与诠释的辩证》,上海:华东师范大学出版社,2012 年。

29. 黄心川主编:《东方著名哲学家评传(韩国卷)》,济南:山东人民出版社,2000 年。

30. 劳思光著:《新编中国哲学史》,桂林:广西师范大学出版社,2005 年。

31. 李明辉著:《四端与七情:关于道德情感的比较哲学探讨》,上海:华东师范大学出版社,2008 年。

32. 李甦平著:《韩国儒学史》,北京:人民出版社,2009 年。

33. 李学勤主编:《十三经注疏》(整理本),北京:北京大学出版社,2000 年。

34. 林月惠著:《诠释与工夫:宋明理学的超越蕲向与内在辩证》,台北:中研院文哲所,2008 年。

35. 林月惠著:《异曲同调——朱子学与朝鲜性理学》,台北:台湾大学出版中心,2010 年。

36. 林月惠、李明辉编:《高桥亨与韩国儒学研究》,台北:台湾大学出版中心,2015 年。

37. 刘宗贤、蔡德贵主编:《当代东方儒学》,北京:中国社会科学出版社,2015 年。

38. 楼宇烈主编:《东方哲学概论》,北京:北京大学出版社,1998 年。

39. 梅珍生著:《道家政治哲学研究》,北京:中国社会科学出版社,2010 年。

40. 梅珍生主编:《中国精神的哲学阐释》,武汉:湖北人民出版社,2015 年。

41. 牟宗三著:《心体与性体》,《牟宗三先生全集》第 5—7 册,台北:联经,2003 年。

42. 牟宗三著:《王阳明致良知教》,《牟宗三先生全集》第 8 册,台北:联经,2003 年。

43. 欧阳祯人著:《先秦儒家性情思想研究》,武汉:武汉大学出版社,2005 年。

44. 欧阳祯人著:《从简帛中挖出来的政治哲学》,武汉:武汉大学出版社,2010 年。

45. 欧阳祯人著:《从心性到政治》,北京:中国社会科学出版社,2017 年。

46. 欧阳祯人著:《思孟学派新论:欧阳祯人学术论集》,贵阳:孔学堂书局,2017 年。

47. 潘畅和著:《东亚儒家文化圈的价值冲突:以古代朝鲜和日本的儒家文

化比较为中心》，北京：中国社会科学出版社，2012 年。

48. 钱明著：《阳明学的形成与发展》，南京：江苏古籍出版社，2002 年。

49. 钱穆著：《宋明理学概述》，《钱宾四先生全集》第 9 册，台北：联经，1998 年。

50. 钱穆著：《朱子新学案》，《钱宾四先生全集》第 11—15 册，台北：联经，1998 年。

51. 孙劲松著：《心史：永明延寿佛学思想研究》，北京：商务印书馆，2013 年。

52. 孙劲松著：《净心与洗心：佛易杂谈》，北京：商务印书馆，2014 年。

53. 唐明邦著：《天人之学：唐明邦自选集》，北京：中央编译出版社，2013 年。

54. 韦政通著：《中国思想史》，长春：吉林出版集团有限责任公司，2009 年。

55. 吴光主编：《阳明学综论》，北京：中国人民大学出版社，2009 年。

56. 吴震著：《阳明后学研究》，上海：上海人民出版社，2016 年。

57. 向世陵著：《理气性心之间：宋明理学的分析与四系》，北京：人民出版社，2008 年。

58. 萧汉明著：《周易本义导读》，济南：齐鲁书社，2003 年。

59. 萧汉明著：《传统哲学的魅力》，北京：中华书局，2008 年。

60. 萧萐父著：《吹沙集》，成都：巴蜀书社，2007 年。

61. 萧萐父著：《吹沙二集》，成都：巴蜀书社，2007 年。

62. 萧萐父著：《吹沙三集》，成都：巴蜀书社，2007 年。

63. 萧萐父，许苏民著：《明清启蒙学术流变》，北京：人民出版社，2013 年。

64. 萧萐父著:《中国哲学史史料源流举要》,北京:文津出版社,2017 年。

65. 邢丽菊著:《韩国儒学思想史》,北京:人民出版社,2015 年。

66. 徐远和著:《儒学与东方文化》,北京:人民出版社,1994 年。

67. 杨国荣著:《心学之思:王阳明哲学的阐释》,北京:中国人民大学出版社,2009 年。

68. 杨祖汉著:《从当代儒学观点看韩国儒学的重要论争》,上海:华东师范大学出版社,2008 年。

69. 杨祖汉著:《从当代儒学观点看韩国儒学的重要论争续编》,台北:台大人社高研院东亚儒学研究中心,2017 年。

70. 姚才刚著:《儒家道德理性精神的重建:明中叶至清初的王学修正运动研究》,北京:中国社会科学出版社,2009 年。

71. 余英时著:《宋明理学与政治文化》,长春:吉林出版集团有限责任公司,2008 年。

72. 余英时著:《朱熹的历史世界:宋代士大夫政治文化的研究》,北京:生活·读书·新知三联书店,2011 年。

73. 张立文著:《宋明理学研究》,北京:中国人民大学出版社,2016 年。

74. 张立文著:《李退溪思想研究》,北京:东方出版社,1997 年。

75. 张学智著:《明代哲学史》,北京:中国人民大学出版社,2012 年。

76. 张昭炜著:《阳明学发展的困境及出路》,北京:中国社会科学出版社,2017 年。

77. 周月琴著:《退溪哲学思想研究》,杭州:杭州出版社,1997 年。

78. 周月琴著:《儒教在当代韩国的命运》,北京:知识产权出版社,2014 年。

79. 朱红星、李洪淳、朱七星著：《朝鲜哲学思想史》，延吉：延边人民出版社，1989 年。

80. 朱七星著：《中国朝鲜日本传统哲学比较》，延吉：延边人民出版社，1995 年。

81. 钟彩钧主编：《东亚视域中的儒学：传统的诠释》，台北："中央研究院"，2013 年。

82.（韩）成百晓著：《艮斋의　哲学史思想》，民族文化，1983 年。

83.（韩）崔根德著：《韩国儒学思想研究》，北京：学苑出版社，1998 年。

84.（韩）崔英辰著，邢丽菊译：《韩国儒学思想研究》，北京：东方出版社，2008 年。

85.（韩）崔在穆著，朴姬福、靳煜译：《东亚阳明学》，北京：中国人民大学出版社，2009 年。

86.（韩）崔在穆著，钱明译：《东亚阳明学的展开》，台北：台湾大学出版中心，2012 年。

87. 韩国哲学会编：《韩国哲学史》（上中下三册），首尔：东明社，1987 年。

88. 韩国哲学会编：《韩国哲学史》，北京：社会科学文献出版社，1996 年。

89.（韩）金吉洛著，李红军译：《韩国象山学与阳明学》，北京：社会科学文献出版社，2016 年。

90.（韩）金哲洙著：《韩国哲学思想史论》，坡州：韩国学术情报，2000 年。

91.（韩）李丙焘著：《韩国儒学史》，首尔：亚细亚文化社，1987 年。

92.（韩）李丙焘著：《韩国儒学史略》，首尔：亚细亚文化社，1986 年。

93.（韩）柳承国著，姜日天、朴光海等译：《韩国儒学与现代精神》，北京：东方出版社，2008 年。

94.（韩）闵宽东、陈文新主编：《朝鲜汉籍稀见版本丛刊》第一辑（影印本），武汉：崇文书局，2020 年。

95.（韩）郑德熙著：《阳明学对韩国的影响》，台北：文史哲出版社，1986 年。

96.（韩）裴宗镐著：《韩国儒学史》，首尔：延世大学校出版部，1992 年。

97.（韩）琴章泰著，韩梅译：《韩国儒学思想史》，北京：中国社会科学出版社，2011 年。

98.（韩）吴锡源著，邢丽菊、赵甜甜译：《韩国儒学的义理思想》，上海：复旦大学出版社，2014 年。

99.（韩）尹南汉著：《朝鲜时代的阳明学研究》，集文堂，1982 年。

100.（韩）尹丝淳著，邢丽菊、唐艳译：《韩国儒学史——韩国儒学的特殊性》，北京：人民出版社，2017 年。

101.（日）岛田虔次著，蒋国保译：《朱子学与阳明学》，西安：陕西师范大学出版社，1986 年。

102.（日）山井涌著，陈威瑨译：《明清思想史研究》，济南：山东人民出版社，2019 年。

三、学位论文

1. 金日：《艮斋经学思想研究》，延边大学硕士学位论文，2018 年。

2.（韩）安东教：《艮斋의 性师心弟说과 复性论》，精神文化研究院硕士学位论文，1992 年。

3.（韩）金钟晳：《艮斋의 性理思想研究》，圆光大学校硕士学位论文，

1995 年。

4.（韩）崔典栗:《艮斋의　性理学研究》,圆光大学校硕士学位论文,
1999 年。

5.（韩）孟贤姝:《艮斋田愚의　性理学에　관한　研究》,忠南大学校硕士学位论文,2001 年。

6.（韩）徐正昊:《艮斋田愚의　性师心弟说에　대한　研究》,国民大学校硕士学位论文,2003 年。

7.（韩）양교식:《간재　전우의〈大学记疑〉에　대한　연구》,全州大学校硕士学位论文,2011 年。

8.（韩）이종록:《전우의　西学认识과　斥邪论》,韩国学中央研究院硕士学位论文,2016 年。

9.（韩）李宗雨:《寒洲学派와　艮斋学派의　心性论争研究》,成均馆大学校博士学位论文,2004 年。

10.（韩）유지웅:《艮斋의　心论과　明德说研究》,全北大学校博士学位论文,2016 年。

11.（韩）길태은:《艮斋田愚의　경학사상　연구——"四书讲说"을　중심으로》(艮斋田愚经学思想研究——以"四书讲说"为中心),全北大学校博士学位论文,2020 年。

四、期刊论文

1. 蔡方鹿:《朱子与艮斋的经学思想——以继承和发展为中心》,《艮斋先生의　学问과　思想》,2016 年第 3 辑。

2. 蔡家和:《艮斋와　巍岩李柬의　思想同异와　特征——人性物性同异와　未发心体善恶을　중심으로》,《艮斋学论丛》,2012 年第 13 辑。

3. 蔡家和：《田艮斋对朱子与栗谷理学的承继发展》，《艮斋学论丛》，2013年第 15 辑。

4. 蔡家和：《艮斋学派与华西学派之思想异同及其特色——以田艮斋与柳重教论辩为中心》，《艮斋先生의 学问과 思想》，2016年第 3 辑。

5. 蔡家和：《艮斋学派与寒洲学派的思想异同及其特色——艮斋"心是气"与寒洲"心即理"的差异比较为中心》，《艮斋先生의 学问과 思想》，2016年第 3 辑。

6. 蔡仁厚：《韩儒田艮斋之心性论》，《鹅湖学志》，1999年第 23 期。

7. 陈绘宇：《朝鲜末期"心说论争"之概述及其意义》，《东华汉学》，2019年第 29 期。

8. 方国根、罗本琦：《简论儒学在朝鲜和日本的传播、发展及影响》，《东方论坛（青岛大学学报）》，2005年第 3 期。

9. 方国根、罗蒙：《中、朝（韩）、日儒学思想理论特色撷论》，《社会科学战线》，2005年第 4 期。

10. 傅武光：《艮斋对朱子经学思想的继承发展》，《艮斋先生의 学问과 思想》，2018年第 4 辑。

11. 黄莹暖：《艮斋的〈四书讲说〉诠释——以〈大学记疑〉之"明德"义为中心》，《艮斋先生의 学问과 思想》，2016年第 3 辑。

12. 黄莹暖：《艮斋〈四书讲说〉的诠释特色——以〈读孟子〉为中心》，《艮斋先生의 学问과 思想》，2016年第 3 辑。

13. 黄莹暖：《艮斋〈四书讲说〉的诠释特色》，《艮斋学论丛》，2016年第 21 辑。

14. 李明辉：《台湾学界关于韩国儒学的研究述评》，《哲学动态》，2009年第 12 期。

15. 李明辉：《田愚论四端七情》，《中国文哲研究集刊》，2017 年第 50 期。

16. 梁宗华：《朝鲜儒学的本土化与民族化历程》，《中国哲学史》，2005 年第 4 期。

17. 林月惠：《艮斋对栗谷与牛溪性理说的诠释》，《艮斋学论丛》，2013 年第 15 辑。

18. 林月惠：《艮斋学派与俛宇学派之思想异同及其特征——以田艮斋与郭俛宇的〈心说论辨〉为中心》，《艮斋先生의 学问과 思想》，2018 年第 4 辑。

19. 宋志明：《艮斋对朱子心学的诠释》，《江苏师范大学学报》（哲学社会科学版），2013 年第 39 卷第 1 期。

20. 宋志明：《从朱子到艮斋的儒者共识》，《艮斋学论丛》，2016 年第 21 辑。

21. 吴光：《艮斋历史精神的继承与发展》，《艮斋先生의 学问과 思想》，2014 年第 1 辑。

22. 解光宇、解立：《论朱熹与田愚的宗法思想》，《合肥学院学报》（社会科学版），2008 年第 25 卷第 4 期。

23. 解光宇：《朱子와 艮斋의 礼学思想》，《艮斋学论丛》，2008 年第 8 辑。

24. 邢丽菊：《韩国儒学的"理"概念》，《世界哲学》，2015 年第 6 期。

25. 徐兴无：《朱子와 艮斋의 文学思想》，《艮斋学论丛》，2009 年第 9 辑。

26. 杨朝明：《艮斋对于梁启超文化观念的诠释》，《艮斋学论丛》，2016 年第 21 辑。

27. 杨朝明：《艮斋〈四书讲说〉的性理学诠释》，《艮斋先生의 学问과 思想》，2018 年第 4 辑。

28. 杨祖汉：《朱子理一分殊论的现代意义》，《艮斋学论丛》，2006 年第 5 辑。

29. 杨祖汉：《艮斋와 芦沙의 猥笔论辨》，《艮斋学论丛》，2008 年第 8 辑。

30. 杨祖汉：《艮斋学派와 芦沙学派思想同异와 特征》，《艮斋学论丛》，2010 年第 10 辑。

31. 杨祖汉：《艮斋学派와 渊斋学派의 思想同异와 特征》，《艮斋学论丛》，2011 年第 11 辑。

32. 杨祖汉：《艮斋와 遂庵权尚夏의 思想同异와 特征》，《艮斋学论丛》，2012 年第 13 辑。

33. 杨祖汉：《艮斋对阳明心学的诠释——以〈阳明心理说辨〉为中心》，《艮斋学论丛》，2014 年第 17 辑。

34. 杨祖汉：《朝鲜儒者田艮斋对朱子思想的理解——比较牟宗三先生的说法》，《中正汉学研究》，2016 年第 1 期。

35. 杨祖汉：《艮斋对老洲吴熙常学术思想的继承发展》，《艮斋学论丛》，2016 年第 21 辑。

36. 杨祖汉：《朝鲜儒学对朱子思想的诠释》，《孔学堂》，2017 年第 1 期（总第 10 期）。

37. 杨祖汉：《石农、阳斋对艮斋〈气质体清说〉的继承》，《艮斋学论丛》，2017 年第 23 辑。

38. 杨祖汉：《从"心本于性"看韩儒田艮斋的儒家人文关怀》，《当代儒学研究》，2020 年第 29 期。

39. 杨祖汉：《朱子的"明德注"与韩儒田艮斋、华西学派的有关讨论》，《哲学与文化》，2021 年第 48 卷第 7 期。

40. 张立文：《中国与朝鲜李朝朱子学的比较及特质——以朱熹、退溪、栗谷、艮斋为例》，《社会科学战线》，2017 年第 6 期。

41. 张学智：《朱子与艮斋的经世思想》，《艮斋先生의 学问과 思想》，2014 年第 1 辑。

42. 张学智：《艮斋性理学的结构及其特色》，《中国哲学史》，2020 年第 1 期。

43. 钟彩钧：《朱子与艮斋的伦理思想——以气概念为中心》，《艮斋学论丛》，2007 年第 6 辑。

44. 朱建民：《朱子与艮斋的理气思想——以艮斋的气质本体清粹说为中心》，《艮斋学论丛》，2007 年第 6 辑。

45.（韩）安东教：《鼓山-艮斋학파의 明德说과 出处观》，《艮斋学论丛》，2004 年第 4 辑。

46.（韩）安晋吾：《艮斋哲学思想的特征》，《艮斋先生의 学问과 思想》，2018 年第 4 辑。

47.（韩）安在淳：《艮斋学派的思想发展历程及其意义》，《艮斋先生의 学问과 思想》，2014 年第 1 辑。

48.（韩）崔一凡：《艮斋理气说의 特质》，《艮斋思想研究论丛》，1994 年第 1 辑。

49.（韩）崔英辰：《艮斋理气论의 基本立场》，《艮斋思想研究论丛》，1994 年第 1 辑。

50.（韩）崔英成：《全北地域艮斋学派의 学脉继承과 义理实践》，《艮斋学论丛》，2011 年第 12 辑。

51.（韩）崔英成：《새만금地域에서의 艮斋의 讲学活动과 意义》，《艮斋学论丛》，2016 年第 22 辑。

52.（韩）都民宰:《〈秋潭别集〉에 나타난 艮斋의 义理精神》,《艮斋学论丛》,2004 年第 4 辑。

53.（韩）都民宰:《艮斋의 礼学思想》,《艮斋学论丛》,2009 年第 9 辑。

54.（韩）郭信焕:《艮斋의 朱子太极动静说에 대한 해석》,《艮斋学论丛》,2013 年第 15 辑。

55.（韩）郭信焕:《艮斋田愚之"尊性明气"的哲学》,《艮斋先生의 学问과 思想》,2018 年第 4 辑。

56.（韩）郭積:《艮斋的守道论在现实中的展开》,《艮斋先生의 学问과 思想》,2014 年第 1 辑。

57.（韩）黄俊渊:《韩国近代史에 있어서 艮斋思想의 继承发展》,《艮斋学论丛》,2010 年第 10 辑。

58.（韩）黄俊渊:《艮斋的经世思想考察》,《艮斋先生의 学问과 思想》,2014 年第 1 辑。

59.（韩）黄义东:《艮斋对全斋任宪晦学术思想的继承发展》,《艮斋先生의 学问과 思想》,2015 年第 2 辑。

60.（韩）黄义东:《艮斋性理学中理气的地位与功能》,《艮斋先生의 学问과 思想》,2018 年第 4 辑。

61.（韩）金承炫:《艮斋田愚의 义理思想에 대한 一考——艮斋의 著述에 나타난 积极论과 消极论을 중심으로》,《艮斋学论丛》,2007 年第 7 辑。

62.（韩）金承炫:《艮斋의 人物性论과 气质体清说》,《艮斋学论丛》,2008 年第 8 辑。

63.（韩）金基铉:《艮斋的处世观与守道意识》,《艮斋先生의 学问과 思想》,2014 年第 1 辑。

64.（韩）金文俊:《艮斋의 抗日精神과 韩国精神史的意义》,《艮斋学论丛》, 2004 年第 4 辑。

65.（韩）金文俊:《艮斋田愚의 尤庵学术思想계승》,《艮斋学论丛》, 2014 年第 17 辑。

66.（韩）金文俊:《艮斋对尤庵宋时烈学术思想的继承》,《艮斋先生의 学问과 思想》, 2015 年第 2 辑。

67.（韩）金映镐:《艮斋的经学思想考察——以〈论语说〉为中心》,《艮斋先生의 学问과 思想》, 2016 年第 3 辑。

68.（韩）金庚坤:《艮斋的〈孟子〉诠释特色——以〈读孟子〉为中心》,《艮斋先生의 学问과 思想》, 2016 年第 3 辑。

69.（韩）金贞姬:《从〈中庸〉在儒家圆教之义理定位论艮斋的〈四书讲说〉诠释——以〈中庸记疑〉为中心》,《艮斋学论丛》, 2014 年第 18 辑。

70.（韩）金贞姬:《从〈中庸〉在儒家义理论艮斋〈四书讲说〉诠释》,《艮斋先生의 学问과 思想》, 2016 年第 3 辑。

71.（韩）金忠浩:《国译艮斋先生行状》,《艮斋思想研究论丛》, 1994 年第 1 辑。

72.（韩）李东熙:《艮斋田愚의 性理说에 대한 철학적 분석》,《艮斋学论丛》, 2008 年第 8 辑。

73.（韩）李东熙:《艮斋의 退溪思想 연구의 특징과 의의——退溪尊理说과 艮斋性尊说의 同实异名》,《艮斋学论丛》, 2015 年第 20 辑。

74.（韩）李东熙:《艮斋对朱子·退溪·栗谷性理说的解释》,《艮斋先生의 学问과 思想》, 2018 年第 4 辑。

75.（韩）李炯性:《艮斋田愚实践儒学的志向性考察》,《韩国思想与文化》, 2008 年第 43 期。

76.（韩）李炯性:《寒洲와 艮斋心说의 특징과 의의》,《艮斋学论丛》, 2015 年第 20 辑。

77.（韩）李天承:《农岩金昌协과 艮斋田愚의 同调异曲》,《艮斋学论丛》, 2012 年第 13 辑。

78.（韩）李天承:《艮斋对农岩金昌协学术思想的继承发展》,《艮斋先生의 学问과 思想》, 2015 年第 2 辑。

79.（韩）李文周:《艮斋의 礼说》,《艮斋思想研究论丛》, 1994 年第 1 辑。

80.（韩）李相昊:《艮斋田愚의 性理说》,《艮斋思想研究论丛》, 1994 年第 1 辑。

81.（韩）李相昊:《艮斋의 斥邪卫正思想——秋潭别集을 中心으로》,《艮斋学论丛》, 2007 年第 7 辑。

82.（韩）李相益:《艮斋对栗谷李珥性理学的继承发展》,《艮斋先生의 学问과 思想》, 2015 年第 2 辑。

83.（韩）李相益:《艮斋对陶庵性理说的接纳与批判》,《艮斋先生의 学问과 思想》, 2015 年第 2 辑。

84.（韩）李相益:《艮斋之"心统性情"解释与〈性师心弟说〉》,《艮斋先生의 学问과 思想》, 2018 年第 4 辑。

85.（韩）李宗雨:《寒洲学派和艮斋学派的主宰说论争及评价》,《东洋哲学》, 2004 年第 22 期。

86.（韩）李宗雨:《对韩国儒学史分类方法之主理、主气观念的批判研究——关于李震相学派和田愚学派的论争》,《东洋哲学研究》, 2004 年第 36 期。

87.（韩）李宗雨:《李震相学派和田愚学派的知觉说论争》,《东洋哲学研究》，2004 年第 37 期。

88.（韩）李宗雨：《寒洲学派和艮斋学派的心统性情说论争及其意义》，《东洋哲学研究》，2005 年第 42 期。

89.（韩）李宗雨：《艮斋田愚的心性说中性师心弟和心性一理的关系》，《东洋哲学》，2008 年第 29 期。

90.（韩）李宗雨：《艮斋田愚的伦理意识与实践方向》，《艮斋先生의　学问과　思想》，2014 年第 1 辑。

91.（韩）李宗雨：《艮斋对梅山洪直弼学术思想的继承发展》，《艮斋先生의　学问과　思想》，2015 年第 2 辑。

92.（韩）李宗雨：《艮斋对尤庵宋时烈学术思想的继承发展》，《艮斋先生의　学问과　思想》，2015 年第 2 辑。

93.（韩）李宗雨：《艮斋学派与华西学派思想的异同及特色》，《艮斋先生의　学问과　思想》，2016 年第 3 辑。

94.（韩）梁承武：《艮斋学之研究活动与未来方向》，《艮斋先生의　学问과　思想》，2014 年第 1 辑。

95.（韩）林玉均：《艮斋性师心弟说과　性尊心卑说의　韩国心性论上의　位置》，《艮斋学论丛》，2008 年第 8 辑。

96.（韩）林玉均：《艮斋田愚와　醒庵李喆荣의　性理思想의　同异와　特征》，《艮斋学论丛》，2012 年第 14 辑。

97.（韩）林玉均：《艮斋先生의　闻庆地域에서의　讲学活动》，《艮斋学论丛》，2015 年第 20 辑。

98.（韩）刘永奉：《艮斋의　〈和陶诗〉에　关한　研究》，《艮斋学论丛》，2013 年第 16 辑。

99.（韩）朴鹤来：《艮斋의　社会认识과　批判精神》，《艮斋学论丛》，

2007 年第 6 辑。

100.（韩）朴鹤来：《艮斋对渼湖金元行学术思想的继承展开》,《艮斋先生의 学问과 思想》, 2015 年第 2 辑。

101.（韩）朴洪植：《艮斋学의 现实的具现方法》,《艮斋学论丛》, 2014 年第 17 辑。

102.（韩）朴洋子：《田艮斋의 出处观에 관한 一考察》,《艮斋学论丛》, 2004 年第 4 辑。

103.（韩）琴章泰：《艮斋의 心说과 玄谷의 继承》,《艮斋学论丛》, 2004 年第 4 辑。

104.（韩）琴章泰：《艮斋学在韩国思想史上的地位》,《艮斋先生의 学问과 思想》, 2014 年第 1 辑。

105.（韩）权正颜：《艮斋的经学思想考察——以〈中庸记疑〉为中心》,《艮斋先生의 学问과 思想》, 2016 年第 3 辑。

106.（韩）宋河璟：《艮斋的生平与思想》,《艮斋先生의 学问과 思想》, 2014 年第 1 辑。

107.（韩）宋锡准：《艮斋〈性师心弟说〉和俛宇〈心即理说〉考察》,《艮斋先生의 学问과 思想》, 2018 年第 4 辑。

108.（韩）宋寅昌：《艮斋的哲学与现实认识》,《艮斋先生의 学问과 思想》, 2018 年第 4 辑。

109.（韩）苏炫盛：《艮斋田愚的〈大学记疑〉考察——以经典诠释上的外延特色为中心》,《艮斋先生의 学问과 思想》, 2016 年第 3 辑。

110.（韩）田炳述：《艮斋와 南塘韩元震의 思想同异와 特征——"天命之谓性"章과 "生之谓性"章에 대한 理解를 중심으로》,《艮斋学论丛》, 2012 年第 13 辑。

111.（韩）田炳郁：《艮斋对近斋朴胤源学术思想的继承发展》,《艮斋先生의 学问과 思想》, 2015 年第 2 辑。

112.（韩）吴钟逸：《朝鲜朝性理学의 洛论과 艮斋性理学의 특징》,《艮斋学论丛》, 2011 年第 11 辑。

113.（韩）吴钟逸：《艮斋学在现代韩国思想史上的地位》,《艮斋先生의 学问과 思想》, 2014 年第 1 辑。

114.（韩）吴钟逸：《艮斋〈性师心弟说〉之性理学史的意义》,《艮斋先生의 学问과 思想》, 2018 年第 4 辑。

115.（韩）尹用男：《艮斋哲学의 渊源的考察》,《艮斋学论丛》, 2004 年第 4 辑。

116.（韩）赵南旭：《艮斋의 历史认识과 时代精神》,《艮斋学论丛》, 2007 年第 6 辑。

117.（韩）郑炳连：《艮斋의 性师心弟说과 后代에의 影响》,《退溪学报》, 1996 年。

118.（韩）郑泰源：《간재의 도학자적 역사의식과 경학》(《艮斋之为道学者的历史意识及经学》),《艮斋学论丛》, 2009 年第 9 辑。

119.（韩）봉기종：《성사심제의 小考》(《性师心弟小考》),《艮斋思想研究论丛》, 1998 年第 2 辑。

120.（韩）윤용남：《간재의 체용이론과 이기설》(《艮斋的体用理论及理气说》),《艮斋思想研究论丛》, 1998 年第 2 辑。

121.（韩）황의동：《간재 전우의 사단칠정론》(《艮斋田愚的四端七情论》),《艮斋思想研究论丛》, 1998 年第 2 辑。

122.（韩）권정안：《간재의 경학사상》(《艮斋的经学思想》),《艮斋思想研究论丛》, 1998 年第 2 辑。

123.（韩）곽진:《간재 诗学의 그 특징》(《艮斋诗学的特征》),《艮斋思想研究论丛》, 1998 年第 2 辑。

124.（韩）김영호:《전간재 경학사상 고찰》(《田艮斋经学思想考察》),《艮斋思想研究论丛》, 1998 年第 2 辑。

125.（韩）김기현:《간재의 범도덕주의 철학사상에 관한 연구》(《艮斋的泛道德主义哲学思想相关研究》),《艮斋思想研究论丛》, 1998 年第 2 辑。

126.（韩）최근덕:《艮斋의 政治思想》,《艮斋学论丛》, 2000 年第 3 辑。

127.（韩）서원화:《艮斋의 社会教育思想初探》,《艮斋学论丛》, 2000 年第 3 辑。

128.（韩）이상선:《田愚의 认识论的特性》,《艮斋学论丛》, 2000 年第 3 辑。

129.（韩）이상호:《性理学的思维构造 속에서 바라본 艮斋의 인간 존재의 문제》(《从性理学的思维构造看艮斋的人间存在问题》),《艮斋学论丛》, 2000 年第 3 辑。

130.（韩）정병련:《간재의 "납량사의" 비판에 대한 노백헌의 재비판》(《老柏轩对艮斋〈纳凉私议〉批评的再批判》),《艮斋思想研究论丛》, 1998 年第 2 辑。

131.（韩）정병련:《阳斋权纯命의 生涯와 学问》,《艮斋学论丛》, 2000 年第 3 辑。

132.（韩）유명종:《艮斋의 性尊心卑의 性学》,《艮斋学论丛》, 2000 年第 3 辑。

133.（日）藤井伦明:《艮斋对朱子思想的继承发展及其思想特征——以理

气心性论为探讨中心》,《艮斋学论丛》,2014 年第 17 辑。

134.（日）藤井伦明:《艮斋思想의 "气质体清" 이론과 공부의 구조》(《艮斋思想之"气质体清"理论及工夫的构造》),《艮斋学论丛》,2016 年第 21 辑。

135.（日）藤井伦明:《艮斋思想에서의 心과 性》,《艮斋先生의 学问과 思想》,2018 年第 4 辑。

136.（日）小川晴久:《艮斋田愚と四七论辨》,《艮斋学论丛》,2013 年第 15 辑。

后　记

　　拙著是在笔者博士学位论文的基础上修改完成的。从最初选题到最后定稿，经历了一个漫长的过程，其中有许多缘由。

　　2018年笔者前往韩国训蒙斋进行了为期一年的留学交流。训蒙斋是河西金麟厚先生（1510—1560）于1548年创办的讲学堂，四百多年间，培养出松江郑澈、月溪赵希文等硕儒，是韩国儒学发展的产房。河西先生被称为"海东濂溪""湖南洙泗"，拥戴孔子与朱子为道学宗主，与退溪李滉、高峰奇大升一起使性理学扎根、开花于朝鲜。留学训蒙斋不仅是儒学知识的学习，更是儒家生命范式的体验。训蒙斋恰似儒学家庭的缩影，师道尊严、父慈子孝、兄友弟恭等儒学之义，鲜活地呈现于其间。在日常生活中，在与老师、同门学友的交往之间，在互相尊重、互相礼让中，儒学精义与内心产生碰撞，能够真切体会到德性的善和美，感受到儒学的生命力、凝聚力、感召力。这是笔者学习、研究儒学的内在动力。训蒙斋山长为古堂金忠浩先生，古堂先生从阳斋权纯命先生受儒学之业，阳斋先生是艮斋田愚先生的高足。这是笔者研究艮斋思想的学术渊源。笔者在训蒙斋期间，研读艮斋著作篇章，留心搜集相关文献资料，游览遗迹。这是选择此题目的现实基础。笔者本科及硕士研究生期间主要学习方向是程朱理学，博士研究生期间主要研习阳明学。由于这样的学习经历，对程朱学与阳明学之间的差异具有浓厚的兴趣。艮斋心性思想，继承程朱理学，辨析阳明心学，正是一个特别的案例。

笔者的学习研究与著书写作，得到很多老师、前辈学者、朋友的热忱帮助，内心十分感激。

感谢武汉大学中国传统文化研究中心欧阳祯人教授对笔者的悉心指导与帮助。在郭齐勇老师的指导与关怀下，欧阳祯人老师带领团队在珞珈山开设了"王阳明经典篇章会读班"。陈晓杰老师、连凡老师、焦堃老师、刘乐恒老师、王林伟老师等常常亲临会读班，带领哲学院、国学院、中国传统文化研究中心的博士生、硕士生具体而微地探讨学术问题，形成了浓厚的学术氛围。这种学习经历，是笔者学习生涯的重要组成部分，感恩老师们的无私付出。

感谢韩国训蒙斋山长古堂金忠浩先生赠送《栗谷全书》《艮斋全集》《圣学辑要》等书籍，德星书院山长敬华任龙淳先生赠送《全斋全集》，河西后裔金愚学先生赠送《河西全集》，学民文化社社长洪载坤先生赠送《朱子大全》，敬堂朴喆奎先生赠送《艮斋先生全集》，晚松金善镐先生赠送《华岛渊源录》《五贤粹言》。他们为笔者拙著的撰写提供了珍贵的文献资料。感谢田炳郁教授、朴钟元先生、朴贤修先生、训蒙斋学生许元、成均馆大学博士生吴亚坤与王丽君。他们为笔者查找韩文资料提供了极大的帮助。

感谢湘南学院周敦颐研究院张京华教授的支持与帮助，非常荣幸拙著能够收入《周敦颐理学研究丛书》，及受聘为周敦颐研究院客座研究员。艮斋继承程朱理学，原是濂溪一脉。训蒙斋创办者河西先生被称为"海东濂溪"，也体现出朝鲜性理学与中国本土宋明理学的渊源。笔者于训蒙斋研习艮斋学，拙著出版又借濂溪先生之光，种种因缘际会，似有天意，又在人为。感恩之余，惟有勤勉不懈，笃实奋进。

本人学养有限，疏漏在所难免，不足之处，恳请读者和专家学者批评指正。

后学陈微

于宁波工程学院

2024 年 4 月 10 日

图书在版编目(CIP)数据

韩儒艮斋田愚心性思想研究 / 陈微著. -- 上海：
上海三联书店，2025.7. --（周敦颐理学研究丛书）.
ISBN 978-7-5426-8843-9

Ⅰ. B312

中国国家版本馆 CIP 数据核字第 2025QZ2175 号

韩儒艮斋田愚心性思想研究

著　　者 / 陈　微

责任编辑 / 李天伟
装帧设计 / 徐　徐
监　　制 / 姚　军
责任校对 / 王凌霄

出版发行 / 上海三联书店
　　　　（200041）中国上海市静安区威海路 755 号 30 楼
邮　　箱 / sdxsanlian@sina.com
联系电话 / 编辑部：021 - 22895517
　　　　　发行部：021 - 22895559
印　　刷 / 上海颛辉印刷厂有限公司

版　　次 / 2025 年 7 月第 1 版
印　　次 / 2025 年 7 月第 1 次印刷
开　　本 / 710 mm × 1000 mm　1/16
字　　数 / 220 千字
印　　张 / 17.75
书　　号 / ISBN 978 - 7 - 5426 - 8843 - 9/B·954
定　　价 / 88.00 元

敬启读者，如发现本书有印装质量问题，请与印刷厂联系 021 - 56152633